Morlock

Hohe Schule der Verführung

Martin Morlock

Hohe Schule der Verführung

Ein Handbuch der Demagogie

Econon Verlag
Wien · Düsseldorf

1. Auflage 1977

Gesetzt aus der 11/13 Punkt Garamond der Linotype GmbH
Satz: Otto Gutfreund, Darmstadt
Papier: Papier- und Folienfabrik Schleipen GmbH, Bad Dürkheim
Druck und Bindearbeiten: J. Ebner, Ulm
Printed in Germany
ISBN 3 430 16823 6

Gewidmet
Den stimmberechtigten Bürgern
Einer föderativen Republik, in der
Nach statistischer Berechnung
2343 mal im Jahr gewählt wird.

M.M.

Inhalt

Was uns so sehnsüchtig von der Macht
träumen läßt, ist der Gedanke
an den Mißbrauch der Macht.
(*Paul Valéry*)

I. Die Sache

»Es hieße an einen Fortschritt glauben,
wollte man annehmen,
daß sich die Mittel ändern,
mit denen man auf Menschen wirkt.«
(Kurt Tucholsky)

Handbücher über besondere Wissensgebiete wenden sich zunächst an den Fachmann, in zweiter Linie an den Lernenden und schließlich, eher ungewollt, auch an den interessierten Laien. Ganz anders dieses Handbuch der Demagogie. Es will weder aufstrebende Demagogen anleiten noch vergeßlichen auf die Sprünge helfen, sondern zielt ausschließlich auf denjenigen Personenkreis ab, der von anderen Nachschlagewerken nur geduldet wird: auf die Nichtfachleute, die Unwissenden, die von demagogischer Aktivität am meisten Betroffenen.

Anstoß und Ansporn, ein solches Buch zu verfassen, gab der Soziologe Max Horkheimer, als er daran erinnerte, daß bereits in den dreißiger Jahren viele wertvolle Forschungen über die Techniken der Demagogie begonnen worden waren, aber nach Kriegsende abgebrochen wurden; so als wäre »das ganze Problem für alle Zeiten mit der militärischen Niederlage der faschistischen Aggressoren erledigt«. Horkheimer bedauerte diesen Abbruch nicht zuletzt deshalb, weil er das Interesse an der »Sphäre der bewußten Verdummung« keineswegs für bloß akademisch hielt. »Kennt man«, schrieb er 1972, »den bescheidenen Vorrat der Tricks und das Wesen ihres Effekts, so sollte es möglich sein, die Massen dagegen zu ›impfen‹, so daß sie sie als abgefeimte, aber auch abgebrauchte Instrumente erkennen, sobald sie ihnen vorkommen. Wer sich über die beabsichtigten Wirkungen Rechenschaft ablegt, wird ihnen nicht länger naiv verfallen, sondern sich schämen, so dumm sich zu erweisen, wie die Demagogen ihn einschätzen.«

Daß eine antidemagogische Massenimpfung ratsam, ja dringend geboten erscheint, meinen nicht nur Sozio- und Psychologen. Auch die Verhaltensforscher befürchten angesichts der »Zoosituation«, in der sich der moderne Mensch befindet, ein ständiges Anwachsen der Aggressivität auf der einen und zunehmende Apathie auf der anderen Seite, und sie zeigen uns am Beispiel der Paviane und Rhesusaffen, daß bei ranghohen Männchen soziale Eigenschaften wie Beschützermut und Toleranz gegenüber Schwächeren unter den gedrängten Bedingungen der Zoohaltung in Machtgier und Grausamkeit umschlagen, was die Herde stumpf und unterwürfig hinnimmt. So betrachtet, sind wir »Gefangene in den Käfigen unserer Städte« (Eibl-Eibesfeldt) für Demagogie anfälliger, als uns unsere Wahlergebnisse glauben machen.

Bevor man ein Übel bekämpft, sollte man sich darüber klar werden, was man exakt darunter versteht. Das ist in unserem Fall nicht ganz einfach, weil die Empfindlichkeit, mit der öffentlich Verlautbartes aufgenommen wird, individuell schwankt. Menschen, die schon bei dem Wort »Polemik« entrüstet die Stirn runzeln, das doch nichts Schlimmeres als Meinungsstreit meint, denken, wenn sie »Demagogie« hören, an wahre Abgründe von politischer Niedertracht, während andere noch die infamsten Hetztiraden für begnadete Rhetorik halten. Dazu kommt eine

Jahrtausende alte, wechselvolle Vergangenheit, die den Begriff so glatt und geschmeidig machte, daß es schwerfällt, ihn auf eine seiner Bedeutungen festzulegen. Versuchen wir es dennoch.

Führer des Volkes

Demagogie heißt, aus dem Altgriechischen übersetzt, Volksführerschaft. Ein Demagoge war in den frühen Demokratien, insbesondere im Stadtstaat Athen, ein Bürger, der aufgrund seines hohen Ansehens und seiner überragenden Redekunst die Beschlüsse der Volksversammlung zu beeinflussen verstand. Wann der Ehrentitel in Verruf geriet, ist nicht bekannt. Möglicherweise mit der Einführung des Scherbengerichts, einer im Jahre 469 v. Chr. getroffenen Maßregel, die es dem wortgewandten Politiker gestattete, einen Konkurrenten für zehn Jahre ins Exil zu schicken, wenn er nur genügend Mißgunst gegen ihn schüren konnte. Sicher ist, daß weder ein Kleon noch ein Cajus Gracchus, geschweige ein Cäsar den Schimpfnamen »Demagoge« je zu hören bekam; ihn umstrittenen Volksführern in die Vergangenheit nachzuschleudern, war Sache der Historiker.

Als mit dem Aufkommen des Christentums alle weltliche Macht von Gottes Gnaden ausging, also nicht mehr dem Volk abgeschmeichelt werden mußte, kam das Demagogentum für lange Zeit aus der Mode, ja wagte sich nicht einmal hinterm Rednerpult hervor, als es neben den Monarchen bereits Parlamente gab. Erst die Große Revolution von 1789 öffnete die Schleusen für das demagogische Genie eines Danton, Robespierre oder Bonaparte.

Zur Restaurationszeit, als die Fürstenkronen wieder fest

auf himmlischerseits gewünschten Häuptern saßen, erschien der Demagoge vielen als etwas so unvorstellbar Verwerfliches, daß Berufene darangingen, sein Wesen zu definieren. So bezeichnete ihn der Verlagsbuchhändler Joseph Meyer in seinem ersten Konversationslexikon als einen, »der auf die Leidenschaften und die niedrigen Neigungen des Volkes spekuliert, in aufwieglerischer Weise um die Gunst der großen Menge buhlt und staatsgefährliche Agitationen betreibt«, und fügte zur Abschreckung möglicher Nachahmer hinzu: »In der Regel geht der Demagog, nachdem er die Volksgunst verloren hat, im Kampf mit der gesetzlichen Staatsgewalt unter.« Meyers Zeitgenosse, der Fürst von Metternich, machte sich die Definition leichter. Für ihn war Demagoge, wer in der Kartei der Mainzer »Zentraluntersuchungskommission zur Ermittlung demagogischer Umtriebe« stand, mithin jeder, der sich zwischen 1819 und 1848 mißfällig über seine Politik äußerte, also auch der biederbärtige Turnvater Friedrich Ludwig Jahn.

Meyers jüngstes Enzyklopädisches Lexikon, um ein gutes Jahrhundert klüger, beurteilt den Gegenstand knapp, aber ebenso ungünstig. Nach seiner Lesart ist Demagogie »Volksverführung in verantwortungsloser Ausnutzung von Gefühlen, Ressentiments, Vorurteilen und Unwissenheit durch Phrasen, Hetze und Lügen«. Anders jedoch der alte Meyer, der auch die Agitation zum demagogischen Rüstzeug rechnete, versteht der neue darunter nichts Schlimmeres als »aggressive Werbung für ein bestimmtes, meist politisches oder soziales Ziel«. Das macht: Die Agitation hat, ähnlich wie zuvor schon die von christlichem Missionseifer geprägte und von erdnahen Weltanschauungen übernommene Propaganda, die höheren ideologischen Weihen erhalten.

Worin sich Propaganda und Agitation unterscheiden, macht uns Wladimir Iljitsch Uljanow, genannt Lenin, mit bemerkenswerter Offenheit deutlich. Was sagt der Propagandist, was der Agitator, wenn seine Zuhörerschaft überwiegend aus Arbeitslosen besteht? Lenin: »Ein Propagandist wird darauf hinweisen, daß Arbeitslosigkeit das notwendige Ergebnis der immer wiederkehrenden Wirtschaftskrisen ist, die im kapitalistischen System unvermeidlich sind, und wird deren Ursachen erklären. Ein Agitator hingegen wird eine leicht faßliche, einprägsame Tatsache herausgreifen, zum Beispiel, daß die Familie eines Arbeitslosen Hungers gestorben ist; er wird dies benützen, um unter seinen Zuhörern Entrüstung gegen das kapitalistische System zu erregen.«
Wir sehen: Wer sich im Alleinbesitz der Wahrheit weiß, macht aus der Art und Weise, wie er diese Wahrheit verbreitet, kein Hehl. Daß 1961 auf dem 22. Parteitag der KPdSU gleichwohl beschlossen wurde, zwischen Agitation und Propaganda nicht länger zu unterscheiden, vielmehr beide Praktiken pauschal »ideologische Arbeit« zu nennen, lag wohl daran, daß das Agitprop-Wesen inzwischen woanders in gar zu argen Verruf geraten war. Denn sowenig der Marxismus-Leninismus theoretisch und moralisch mit dem Faschismus und seinen Abarten vergleichbar ist – was neuere Demagogen nicht daran hindert, Vergleiche anzustellen –, sosehr ähneln sich beide in den Methoden ihrer Einwirkung auf die Massen.
Antonio Salazar, nach Mussolini der zweite faschistische Diktator in Europa, eröffnete 1933 sein »Sekretariat für Nationale Propaganda« mit dem unverblümten Hinweis, man müsse so weit kommen, daß die von den Wirrnissen ihres Berufs- und Privatlebens irritierten Portugiesen

»schon durch einen flüchtigen Blick mit den Tatsachen vertraut werden, und daß auch unaufmerksame Ohren die Wahrheit hören, die man ihnen eingeben will«. Und Adolf Hitler bereitete die Deutschen 1924 auf künftige »Volksaufklärung« mit einer Deutlichkeit vor, die antike Demagogen in Staunen versetzt hätte. »Jede Propaganda hat volkstümlich zu sein und ihr geistiges Niveau einzustellen nach der Aufnahmefähigkeit des Beschränktesten unter denen, an die sie sich zu richten gedenkt. . . je bescheidener dann ihr wissenschaftlicher Ballast ist und je mehr sie ausschließlich auf das Fühlen der Masse Rücksicht nimmt, um so durchschlagender der Erfolg« hieß es für jedermann lesbar in »Mein Kampf«. Und: »Zur Agitation benutzen wir, was wirksam ist.«

Inzwischen sind die Verkünder alleingültiger Wahrheiten zurückhaltender geworden, haben gelernt, daß, wer die Menge beeindrucken will, die dazu erforderlichen Tricks zwar anwenden, aber nicht verraten darf. Einer der Großmeister der Massenbeeinflussung, Mao Tse-Tung, hat sogar das Kunststück fertiggebracht, die marxistische Erkenntnistheorie dergestalt auszuschöpfen, daß ideologische Arbeit fortan geschehen kann, ohne daß die Bearbeiteten etwas davon merken.

Mao: »Die Meinungen der Massen sind zu sammeln und zu konzentrieren und dann wieder in die Massen hineinzutragen, zu propagieren und zu erläutern, bis die Massen sie sich zu eigen gemacht haben, sich für sie einsetzen und sie verwirklichen; dabei wird die Richtigkeit dieser Meinungen in den Aktionen der Massen überprüft. Dann gilt es, die Meinungen der Massen erneut zusammenzufassen und sie erneut in die Massen hineinzutragen, damit diese sie beharrlich verwirklichen. Und so geht es unendlich spiral-

förmig weiter, wobei diese Meinungen mit jedem Mal richtiger, lebendiger und reicher werden.«
Weil bei einem so regen Meinungsaustausch nicht festzustellen ist, wann jeweils die Masse die Partei und wann die Partei die Masse beeinflußt, fühlt sich niemand bevormundet, und jeder der 800 Millionen Chinesen darf hoffen, eines Tages seiner eigenen Meinung wiederzubegegnen – in richtigerer Form, versteht sich.
Ob »ideologische Arbeit« (Ost) oder »Öffentlichkeitsarbeit« (West), immer geht es entweder darum, latent vorhandene Zu- und Abneigungen sich dienstbar zu machen, indem man sie ins allgemeine Bewußtsein ruft, oder darum, möglichst viele Klassen-, Volks- bzw. Zeitgenossen auf Gedanken zu bringen, auf die sie von allein nicht unbedingt gekommen wären. Damit nähern wir uns einer Spielart der massiven Einflußnahme, die sich fragwürdiger Mittel und Methoden noch unbedenklicher bedient als die Agitprop-Matadore der ersten Jahrhunderthälfte. Wir kommen zur Werbung.

Brüning las es zu spät

Daß zwischen der Bemühung, Anhänger für eine Partei oder Glaubensgemeinschaft zu gewinnen, und dem Appell an den kaufkräftigen Bevölkerungsteil, lieber dieses als ein gleichartiges anderes Konsumgut zu erwerben, enge Beziehungen bestehen, wissen wir nicht erst, seitdem das »Image« der Bewerber um Präsident- oder Kanzlerschaft von Werbeagenturen »aufgebaut« wird. Dennoch sind diese Beziehungen vergleichsweise jung. Noch gegen Ende der Weimarer Republik gab es außer der herkömmlichen Anbiederung mit dem Holzhammer, wie sie besonders

von ganz rechts und ganz links gepflogen wurde, so gut wie keine Stimmengewinn bringende Modalität, die bei den mittleren, also den entscheidenden Wählerschichten Anklang gefunden hätte. Diese Bedarfslücke zu schließen, erbot sich ein scheinbar Unbefugter mit Namen Hans Domizlaff, einschlägigen Fachkreisen als der »Erfinder« der deutschen Markenartikelwerbung bekannt.
In seiner Denkschrift »Propagandamittel der Staatsidee«, die im Grunde an einen einzigen Leser, den damaligen Reichskanzler Brüning, gerichtet war, wies Domizlaff darauf hin, daß die Politik jener dreißiger Jahre sich »noch längst nicht in einem auch nur annähernd genügenden Maße« der Möglichkeiten bediene, »die die moderne Zeit mit ihren Mitteln zur Beeinflussung der öffentlichen Meinung zur Verfügung stellt«.
Der Politiker, so rügte der Werbefachmann, verstehe »unter dem Mittel der Reklame immer nur eine Reihe von Formen grobsinniger Plakate, Flugzettel, Schlagworte usw., die an die Anfänge der Reklame erinnern, solange diese nichts als eine Trommel bedeutete«. Wer »ohne den Gedanken an eine propagandistische Wirkung« vor die Öffentlichkeit trete, der wisse leider nur selten, welche Bedeutung in der »reklametechnischen Durchdringung aller Äußerungen« liege.
Domizlaff nannte die Mittel, die er zu solcher Durchdringung für erforderlich hielt, erteilte dem erhofften Adressaten eine gemeinverständliche Lektion in Werbepsychologie und plädierte mit Nachdruck für eine Einrichtung, »die in Deutschland außerordentlich segensreich wirken könnte: die Stellung eines sachverständigen Beraters für alle Probleme der Massenpsyche und der inneren und äußeren Propagierung des deutschen Reiches«.

Die Broschüre wurde Heinrich Brüning von der deutschen Reichspost pünktlich zugestellt, doch las er sie, dringlicher Staatsgeschäfte wegen, erst nach 1945. Weil das Bändchen seinerzeit aber auch im Buchhandel erhältlich war, fiel es jemandem in die Hände, mit dessen Aufmerksamkeit der Verfasser nicht gerechnet hatte: einem Dr. phil. Paul Joseph Goebbels, weiland NS-Gauleiter von Berlin und Herausgeber des Parteiorgans »Der Angriff«. Der falsche Adressat las die Schrift nicht nur, sondern lernte, wie Zeugen bestätigten, ganze Passagen daraus auswendig.

Kommunikation

Heute brauchen lernbegierige Demagogen nicht mehr aufs Geratewohl in Buchläden herumzuschmökern, denn die Kunst der Massensuggestion ist inzwischen zu einer anerkannten Disziplin im Rahmen der Kommunikationswissenschaft aufgerückt.

Unter Werbung versteht die derzeit herrschende Lehre einen Kommunikationsprozeß, der einen *Sender*, einen *Empfänger*, eine *Botschaft* und ein *Medium* umfaßt, durch *Kommunikationshilfen* (zum Beispiel Mimik und Gestik) positiv oder negativ beeinflußt wird, sich in *spezifischen Situationen* abspielt und zu einem bestimmten *Ergebnis* führt. Statt Sender, Empfänger, Botschaft und Medium kann man auch *Kommunikator, Kommunikant, Kommuniqué* und *Träger* sagen, statt Kommunikationshilfen auch *Metakommunikation*.

Die von der wetteifernden Wirtschaft immer wieder aufgestellte Behauptung, Werbung nütze vor allem dem Verbraucher, denn ohne sie käme er sich im Dschungel des Warenangebots ratlos und alleingelassen vor, wird von den

Werbepsychologen nicht ausdrücklich bestätigt, doch neigen auch sie dazu, Leistungen auf ihrem Fachgebiet für etwas von vornherein Gutes zu halten. Dabei schließen sie nicht völlig aus, daß zwischen ihnen auch ein paar schwarze Schafe weiden, die bei der Prozedur des kommerziellen Übertölpelns allzu bedenkenlos vorgehen. Für solche werbepsychologischen Härtefälle haben sie einen Terminus geprägt, der zwischen erwünschter und unstatthafter Werbetätigkeit die nötige Distanz herstellt: *Manipulation*.

Dieser von jedem aufrechten Werbemann verabscheute Frevel liegt vor, wenn folgende Unbilden zusammentreffen:

1. Der Sender (Kommunikator) übt den Einfluß bewußt und um des eigenen Vorteils willen aus.
2. Der Sender (Kommunikator) übt den Einfluß ohne Rücksicht auf den Vorteil des Empfängers (Kommunikanten) aus.
3. Der Sender (Kommunikator) bedient sich bewußt solcher Techniken, die vom Empfänger (Kommunikanten) nicht oder nur teilweise durchschaut werden können.
4. Der Empfänger (Kommunikant) bewahrt beim Kommunikationsprozeß das Gefühl, sich frei entscheiden zu können.

Da jeder erfahrene, das heißt von Kommunikationsprozessen tagtäglich heimgesuchte Kommunikant, wollte man ihn nach den wichtigsten Kriterien des Begriffs »Werbung« fragen, eben diese vier wunden Punkte nennen würde, können wir folgern: Manipuliert wird immer nur auf seiten der Konkurrenz; man selbst bemüht sich in fairer Weise um einen angemessenen Marktanteil. Oder, auf unser Thema bezogen: Demagogen sind immer die anderen.

21

Der Ernst der Lage

Ein wichtiger Faktor bei jeder Art von Werbeaktivität ist die »spezifische Situation«, in der sie stattfindet. Ob ein um Gegenliebe werbendes Eingeständnis der Zuneigung frühmorgens in der überfüllten U-Bahn oder bei Mondschein auf einer Südseeinsel erfolgt, ob die Hausfrau, die man an der Wohnungstür zu einem Zeitschriftenabonnement überreden möchte, gerade ihren Frühjahrsputz abhält oder sich langweilt, ob der Personalchef, bei dem man sich vorstellt, gut geschlafen hat oder verkatert ist, – es kann für das Ergebnis der Werbung von ausschlaggebender Bedeutung sein.

Ähnlich verhält es sich mit der *demagogischen* Situation; nur verlangt diese, anders als die spezifische der Werbung, die ja ein möglichst angenehmes Klima braucht, möglichst unangenehme, am besten katastrophale Bedingungen. Die Lage sollte »noch nie so ernst« gewesen sein wie im demagogisch ergiebigen Augenblick, wobei wir, je nach Ausmaß und Anlaß, zwischen großer und kleiner Demagogie zu unterscheiden haben.

Situationen für große Demagogie sind: Kriege, Revolutionen, vorrevolutionäre Phasen, Unruhen infolge Machtwechsels oder plötzlicher Führungslosigkeit, Wirtschaftskrisen, ideologische Massenpsychosen wie auch ideologiefreie Zeitläufe, in denen statt einer begeisternden Illusion nur öder, nach Vernunftgründen ausgerichteter Pragmatismus herrscht, ferner durch Presseschlagzeilen hervorgerufene Angstzustände und Wahlkämpfe, insonderheit solche, in denen sich zwei annähernd gleichstarke politische Gruppierungen gegenüberstehen.

Kleine Demagogie gedeiht bei metereologisch bedingten

Aggressionsstaus (»heiße Sommer«), Generationskonflikten, Polizeieinsätzen, von denen auch Unbeteiligte betroffen werden, bei spontanen Verhaltensänderungen (Haartracht, Kleidung), schließlich bei Anwendung heroisierender Geräusche (Marschmusik) sowie im Gewölk einmütiger Ausdünstung (Bierkeller-Effekt).

Einmal ist keinmal

Demagogische Situationen sind für demagogisches Reden und Handeln nicht nur wichtig, sie fordern manchmal sogar erst dazu heraus. Deshalb wollen wir uns hüten, jeden, der sich eine solche Situation zunutze macht, einen Demagogen zu nennen. Wer hin und wieder ein Glas zuviel trinkt, ist noch kein Alkoholiker, und wer gelegentlich die Unwahrheit sagt, kein notorischer Lügner. Sprechen wir also, besonders wenn wir mangels genügend historischer Exempel gezwungen sind, das uns beschäftigende Phänomen auch am Beispiel noch lebender Persönlichkeiten zu demonstrieren, einfach von Menschen, die sich – der eine öfter, der andere seltener – demagogischer Mittel bedient haben.
Das zweite, was wir in diesem Handbuch geflissentlich vermeiden wollen, ist Parteilichkeit. Uns soll hier nur die Frage beschäftigen, in welcher Weise einer, dem wir demagogische Fähigkeiten zusprechen, diese Fähigkeiten nützt, nicht aber, in den Dienst welcher Clique, Partei oder Weltanschauung er sie stellt. Zum dritten wollen wir uns politischer und moralischer Werturteile enthalten. Denn selbst wenn wir einer demagogischen Aussage, um sie als »falsch« zu entlarven, eine »richtige« entgegensetzen wollten, kämen wir in Verlegenheit. Ist es in der Moral

schon schwer genug, zwischen gut und böse zu unterscheiden, so ist es in der Politik schlechthin unmöglich zu beurteilen, was falsch und was richtig ist.
Wer als Politiker bestimmte Anschauungen verbreitet und andere Anschauungen bekämpft, den werden diejenigen, welche die verbreiteten Anschauungen teilen, für den »richtigen Mann« halten, während seine politischen Gegner zu der Ansicht neigen werden, er sei vollkommen fehl am Platz. Gründe für die eine wie für die andere Meinung lassen sich in beliebiger Menge anführen, doch Beweise müssen beide Seiten schuldig bleiben. Jede Politik beruht letztlich auf Vorstellungen, die in die Zukunft weisen und sich daher der Prüfung entziehen. Das gilt gleichermaßen für die Vergangenheit. Die Frage, ob falsch oder richtig, provoziert immer die Gegenfrage: Falsch oder richtig aus wessen Sicht? Wer kann mit absoluter Gewißheit sagen, ob es richtig oder falsch war, daß Cäsar den Rubikon überschritt, Napoleon die Kontinentalsperre verhängte, Bismarck die Emser Depesche umformulierte?
Nicht anders ist es mit den Ideologien, insbesondere mit solchen, die einen idyllischen Ausblick auf ein fernes Paradies gewähren, sei es diesseitig und klassenlos oder jenseitig und hierarchisch geordnet. Auch hier wäre jedes Werturteil unsinnig. Wer für seine paradiesische Aussicht auf die Barrikaden geht, gegen den können wir uns zur Wehr setzen, doch des Irrglaubens können wir ihn erst zeihen, wenn er sein ideologisches Ziel nachweislich verfehlt hat.
Die Unparteilichkeit, die wir anstreben, meint nicht »Ausgewogenheit« im Sinne öffentlich-rechtlicher Rundfunkanstalten: Wenn jemand von der Gruppe A der Unterschlagung überführt ist, muß nun auch bei der Gruppe

B ein Defraudant gefunden werden. Ebensowenig werden wir arithmetische Rücksichten nehmen, etwa einem Beispiel von Demagogie aus der linken ein gleiches aus der rechten Ecke gegenüberstellen. Wir könnten es gar nicht, denn die Kunst der bewußten Verdummung ist zwar weltweit verbreitet, unterliegt aber eher den Zeitumständen als dem Parteienproporz. Mal gibt die eine, mal die andere, mal eine dritte den demagogischen Ton an.

Fassen wir, was wir über Volksverführung und nah verwandte Begriffe bisher erfahren haben, zusammen und wagen wir, Nachfolgendes bereits mit einbeziehend, folgende Definition:
Demagogie betreibt, wer bei günstiger Gelegenheit öffentlich für ein politisches oder ideologisches Ziel wirbt, indem er der Masse schmeichelt, an ihre Gefühle, Instinkte und Vorurteile appelliert; ferner wer sich der Hetze und Lüge schuldig macht, Wahres übertrieben oder grob vereinfacht darstellt, die Sache, die er durchsetzen will, für die Sache aller Gutgesinnten ausgibt, und die Art und Weise, wie er sie durchsetzt oder durchzusetzen vorschlägt, als die einzig mögliche hinstellt.

II. Der Mann

»Als Mann des öffentlichen Lebens
wird man genau so geboren
wie als intelligenter Mensch
oder als Dummkopf.«
(Benito Mussolini)

Wenn wir zuvor auch eingeräumt haben, daß nicht jeder, dem im Eifer des Wortgefechts eine demagogische Wendung entschlüpft, ein Demagoge ist, so können wir doch nicht leugnen, daß immer und überall einige sind, denen solche Zungenschläge vergleichsweise oft unterlaufen, ja wir müssen annehmen, daß es einen für Demagogie besonders anfälligen Menschentyp gibt. Wir veranschaulichen uns diesen Typ wohl am besten, indem wir ihn zunächst einmal mit einem absoluten Gegentyp konfrontieren. Gustave Le Bon, einer der Stammväter der modernen Psychologie, schilderte den klassischen Nichtdemagogen am Beispiel eines französischen Parlamentariers namens Descubes:
»Sobald er die Rednertribüne bestiegen hat, nimmt er aus seiner Mappe einen Aktenstoß, den er planmäßig vor sich ausbreitet, und beginnt voller Zuversicht. Er schmeichelt sich, die Überzeugung, die ihn beseelt, auf seine Zuhörer übertragen zu können. Er hat seine Argumente wohl erwogen und ist vollgepfropft mit Zahlen und Beweisen'. . . Jeder Widerstand wird vor der Klarheit seiner Ausführungen dahinschwinden. Er beginnt im Vertrauen auf sein gutes Recht und die Aufmerksamkeit seiner Kollegen, die

gewiß nichts sehnlicher wünschen, als sich vor der Wahrheit beugen zu dürfen. Er spricht – und sogleich wundert er sich über die Unruhe im Saal. Weshalb diese Unaufmerksamkeit? Was denken diese beiden, die sich da unterhalten? Welcher zwingende Grund veranlaßt einen anderen, seinen Platz zu verlassen? Er runzelt die Stirn, er hält inne; durch den Vorsitzenden ermutigt, fährt er mit erhobener Stimme fort. Die gleiche Unaufmerksamkeit. Er überanstrengt seine Stimme, wird nervös; der Lärm um ihn herum schwillt an. Er hört sich selbst nicht mehr, hält abermals inne, dann redet er so gut es geht weiter, aus Furcht, sein Stillschweigen könnte den peinlichen Zwischenruf ›Aufhören!‹ heraufbeschwören. Der Lärm wird unerträglich. . .« – Was hat Monsieur Descubes falsch gemacht?

Vergegenwärtigen wir uns die Situation: Da ist ein Mann, der alle Voraussetzungen mitbringt, die einer, der vor ein Auditorium tritt, sich nur wünschen kann. Er will etwas sagen, nicht aus Eigennutz oder Geschwätzigkeit, sondern im Namen des Volkes, das er hier vertritt; er hat etwas zu sagen; er befindet sich an einem Ort, der geschaffen wurde, daß dort etwas gesagt werde, und er wendet sich an Menschen, deren Aufgabe es ist, darauf zu achten, was an diesem Ort gesagt wird. Warum hört keiner auf ihn?

Meister Anton

Wir werden die Frage untersuchen. Doch zuvor wollen wir als prototypisches Gegenbeispiel zu unserem französischen Deputierten jenen römischen Konsul vorstellen, der dank Shakespeares dichterischer Nachhilfe zum Inbegriff des Volksaufwieglers wurde: Marcus Antonius. Für ihn ist, als er dem ermordeten Julius Cäsar die letzte Ehre erweisen soll, die Ausgangslage denkbar ungünstig: Er gehört zur Partei der Verlierer, seine Zuhörerschaft ist wahllos zusammengewürfeltes Volk, noch verwirrt von dem blutigen Ereignis, ohne Einsicht in die politischen Zusammenhänge, und neben Cäsars Bahre hat soeben der Verschwörer Marcus Brutus die Rechtfertigung für seine Tat über den Marktplatz schallen lassen: »Weil Cäsar mich liebte, wein' ich um ihn; weil er glücklich war, freue ich mich; weil er tapfer war, ehre ich ihn; aber weil er herrschsüchtig war, erschlug ich ihn. Also Tränen für seine Liebe, Freude für sein Glück, Ehre für seine Tapferkeit und Tod für seine Herrschsucht!« Und das Marktvolk hat dem »edlen Brutus« zugejubelt: »Er werde Cäsar! In Brutus krönt ihr Cäsars bess're Gaben!« Nun ist Mark Anton an der Reihe.

Bescheiden, fast demütig, kündigt er an, daß er Cäsar gar nicht preisen, sondern nur begraben will; mit großmütiger Genehmigung des Tageshelden und Retters der Republik, den er ganz selbstverständlich einen »ehrenwerten Mann« nennt. Er, Antonius, teilt ja die Meinung des Volkes, das dem Brutus kurz vorher gehuldigt hat. Er will nur, wie sich's für einen Trauerredner ziemt, das für den Toten Rühmliche in aller Gedächtnis zurückrufen: Daß Cäsar ein treuer Freund war, daß seine Siege Rom reich machten, daß er sich der Armen erbarmte und daß er die Königskrone, die Mark Anton ihm dreimal anbot, jedesmal zurückgewiesen hat. Dazwischen immer wieder die Frage: »War das Herrschsucht?« so, als hätte der Vorredner oder sonst jemand behauptet, Freundestreue und Mitleid mit den Armen seien Zeichen von Machtgier.

Das Volk, durch die Erwähnung der positiven Charakterzüge Cäsars nachdenklich gestimmt, wird nunmehr aufgefordert, auch seinerseits um den Mann zu trauern, den es einst »nicht ohne Grund« geliebt hat und der noch vor drei Tagen die Welt in Atem hielt: »Nun liegt er da, und der Geringste neigt sich nicht vor ihm.« Doch ehe in der Menge auch nur ein Murmeln aufkommen kann, zieht der Redner den Köder, den er der sprungbereiten Empörung hingehalten hat, zurück: Cassius und Brutus seien schändlicher Motive so unverdächtig, daß er lieber dem Toten, sich selbst und den Zuhörern Unrecht tun wolle, als »ehrenwerten Männern, wie sie sind«. Und schon hält er die nächste Lockspeise in der Hand: Cäsars Testament.

Nein, Mark Anton will es nicht vorlesen, auf gar keinen Fall; schon aus Gründen der öffentlichen Sicherheit. Wenn die Römer erführen, was der angeblich Herrschsüchtige darin verfügt hat, würden sie nicht nur Cäsars Wunden küssen und Tücher in sein »heil'ges Blut« tauchen, sie würden, da sie ja »nicht Holz, nicht Stein« sind, rasend werden. Und wieder der Rückzieher: »Ich fürcht', ich tu' den ehrenwerten Männern zu nah, durch deren Dolche Cäsar fiel; ich fürcht' es.«

Jetzt kann man auf dem Forum die ersten Schmährufe gegen die Verschworenen hören, doch der Redner weiß: das sind nur die Unbesonnenen, die leicht Erregbaren. Auf so flüchtige Emotionen kann er nicht bauen. Aber hat die Stimmung, die eben noch Brutus günstig war, nicht schon umgeschlagen? – Er spürt, er darf deutlicher werden, darf Cäsars durchlöcherte Toga hochhalten und sich dabei lauthals an jenen Sommerabend erinnern, an dem der Freund sie zum ersten Mal trug – zufällig war es der Abend nach dem Sieg über die Nervier. Auch darf er endlich, ohne auf Widerspruch zu stoßen, den Verschwörer Casca

»tückisch« nennen und die Dolche, die den Mantel durchbohrten, »Verräterwaffen«.
Die Unruhe hat jetzt auch die Besonnenen ergriffen, doch Antonius, ganz um Gesetz und Ordnung besorgter Staatsmann, beschwichtigt: »Seid ruhig, meine Bürger!« Gleich darauf tut er so, als hätte er keine Ahnung, warum die Attentäter den Mord verübt haben, wüßte gar nicht, »was für Beschwerden sie persönlich führen«; sicherlich werden sie zu gegebener Zeit »mit Gründen Rede stehen«, vertröstet er die zunehmend Empörten, die längst nicht mehr bereit sind, jene Männer für ehrenwert zu halten.
Nun aber kommt das demagogische Glanzstück, die Raubtiernummer, der Augenblick, wo der Dompteur den Kopf in den Rachen der Bestie Plebs legt, sich auf offener Bühne zum »schlichten Mann« verkleinert, der frei heraus sagt, wie es ist, wenn ihm auch, verglichen mit den Klugscheißern Cassius und Brutus, »Witz« und »Kunst des Vortrags« fehlen. Statt seiner läßt er bescheiden »des geliebten Cäsars Wunden, die armen stummen Munde« reden. Wäre es ihm gegeben, »der Menschen Blut zu reizen«, sähe die Sache freilich anders aus; dann würden sogar »die Steine Roms« rebellisch werden. So aber ist Mark Anton nichts weiter als der trauernde Freund, der – scheinbar dem Willen der Menge nachgebend – zuletzt doch noch das ängstlich gehütete Testament verliest, worin den Römern Geld und Lustgärten versprochen sind, und dessen Totenrede mit den Worten schließt: »Das war ein Cäsar! Wann kommt seinesgleichen?«
»Nun sah man«, so der Geschichtsschreiber Plutarch, »nichts als Unordnung und Verwirrung. Einige schrien, man sollte die Meuchelmörder töten, andere holten aus dem am Markte stehenden Werkstätten die Tische und

Bänke, trugen sie auf einen Platz zusammen und errichteten einen ungeheuren Scheiterhaufen; auf diesen legten sie den Leichnam und verbrannten ihn. . . Als die Flammen aufloderten, liefen hier und da verschiedene hinzu, rissen brennende Stücke Holz aus dem Feuer und liefen damit nach den Häusern der Mörder, um sie in Brand zu stekken. . .« – Arme Messieurs Descubes! Euretwegen würde niemand auch nur ein Streichholz in Flammen setzen.

Obwohl von den demagogischen Mitteln später noch sehr ausführlich die Rede sein wird, wollen wir an diesem fiktiven Beispiel unsere erste Analyse versuchen. Shakespeares Meisteraufwiegler Mark Anton wendet folgende Tricks an:

a) Auftritt als hochgeachteter Mann, der keinen Zweifel daran läßt, daß er der politisch Unterlegene ist.
b) Allgemein-menschliche Emotionen werden, sobald sie angeheizt sind, auf eine andere (politische) Ebene übertragen.
c) Erster, undeutlicher Appell an das allgemeine Gewinnstreben (Erwähnung des Testaments).
d) Es wird vorgetäuscht, man ließe sich von der Stimmung des Augenblicks oder dem Wissensdrang der Menge dazu verleiten, mehr zu sagen, als man sagen will.
e) Erster, versteckter Angriff auf die politischen Gegner, mit nachfolgender Zurücknahme der angedeuteten Beschuldigungen.
f) Zweiter, direkter Angriff. Wiederholung der Vorwürfe mit anschließendem Dementi, in der Erwartung, daß die Menge es nicht gelten läßt.
g) Spekulationen auf die verbreitete Abneigung gegen Intellektuelle durch Selbsterniedrigung zum »kleinen Mann«, der mit einfachen Worten sagt, was alle denken.

h) Zweiter, deutlicher Appell an das allgemeine Gewinnstreben (Verlesung des Testaments).
i) Rhetorische Frage, die einen heillosen gegenwärtigen Zustand veranschaulichen soll (»Wann kommt seinesgleichen?«).

Kukupeter

In Mark Anton haben wir eine Demagogen-Spezies kennengelernt, der es um Erlangung, Behauptung oder Erweiterung von persönlicher Macht zu tun ist. Doch gibt es, wie wir im ersten Kapitel erfahren haben, noch eine andere, ebenso zahlreiche Gattung, die alles daransetzt, einer speziellen Art, die Dinge zu betrachten (Weltanschauung), Macht zu verschaffen. Wer ein weltanschauliches Engagement nur vorschützt, in Wahrheit aber die Macht, die er anstrebt, für sich gebrauchen will, zählt nicht zu dieser, sondern zur ersten Kategorie; wobei anzumerken ist, daß natürlich jeder demagogisch Tätige irgendeinen höheren Zweck vorweisen kann, mit dem er sein Privatinteresse bemäntelt. Uns geht es um den Fanatiker, den Menschen, der eine Idee gegen alle Widerstände durchzusetzen bereit ist und der in und neben sich keinen anderen Gedanken duldet als den, der ihn beherrscht.
Auch hierfür gibt es ein historisches Musterbeispiel: Peter von Amiens, auch »Peter der Eremit« oder »Kukupeter« genannt. Obwohl es von ihm weder überlieferte noch erdichtete Reden gibt, ist er für uns der geeignete Mann, denn seine Demagogie hatte recht ungewöhnliche, ja verblüffende Folgen: Kukupeter war der erste Kreuzritter, besser gesagt: Kreuzfahrer, denn das adelig klingende »von« vor seinem Namen bezog sich auf seine Geburts-

stadt Amiens, in deren Umgebung er als einsiedelnder Augustinermönch lebte.

Die Idee, das den Christen heilige Land Palästina von den heidnischen Seldschuken zu säubern, stammt von Papst Gregor VII., der sie jedoch nicht mehr realisieren konnte. Ihre Ausführung wurde im Jahre 1095 auf dem Konzil von Clermont beschlossen und von Papst Urban II. für das kommende Jahr in Aussicht gestellt.

Als der Einsiedler aus Amiens davon Kunde erhielt, mißbilligte er bei allem Respekt vor dem heiligen Vater die Gemächlichkeit, mit der dieser eine für die Christenheit so dringliche Sache anging. *Sein* Eifer, dem Himmel gefällig zu sein, war zu leidenschaftlich, um vermeidbare Verzögerungen einfach hinzunehmen. Deshalb ließ er verbreiten, Jesus Christus habe ihm, Kukupeter, in einer Vision mitgeteilt, der Aufbruch zur bewaffneten Pilgerfahrt habe noch im Jahr des Konzils zu erfolgen. Indes, Papst Urban wollte dem Traumgesicht keine Bedeutung beimessen, und so mußte der Visionär die Angelegenheit selbst in die Hand nehmen.

Wer am Kreuzzug teilnahm, der genoß laut Konzilsbeschluß den ideellen Vorteil, daß ihm alle Sündenschuld vergeben wurde. Als sichtbare Auszeichnung durfte er ein rotes Kreuz auf der Schulter tragen. Dazu kam ein totaler Erlaß auch aller irdischen Verbindlichkeiten; im Notjahr 1095 wohl kein unwichtiger Anreiz. Dennoch war so eine Fußreise nach Jerusalem auch im strenggläubigen 11. Jahrhundert kein unbedingt populäres Unterfangen. Ein bißchen geistlicher Zuspruch mußte schon sein.

Peter begann den langen Marsch ins Morgenland in Lothringen, wo sich ihm bereits an die 15 000 Marschierer anschlossen, zog predigend und immer neue Kampfeslustige

sammelnd durch ganz Deutschland, dann donauabwärts über Byzanz bis nach Nikäa, wo sein undisziplinierter und schlecht ausgerüsteter Heerhaufe am 20. Oktober 1096 von den Seldschuken vernichtet wurde. Das war das Ende des sogenannten »Bauernkreuzzuges«, nicht aber das des Bauernfängers. Peter, der sich beizeiten vom Haufen abgesetzt hatte, schloß sich den von Papst Urban entsandten ritterlichen Kreuzfahrern unter Herzog Gottfried an und nahm 1099 – in welcher Funktion, ist nicht bekannt – an der Erstürmung Jerusalems teil. Gesund nach Frankreich zurückgekehrt, gründete er das Augustinerstift Neufmoustier bei Huy und starb 1115 in Frieden als dessen Prior.
Zeitgenossen beschreiben den ungewöhnlich geselligen Eremiten so: »Scharfen Verstandes, energisch und entschlossen, derb und brutal, aber auch zweifelsohne eine enthusiastische Natur von glühender Einbildungskraft, dabei ein gewandter Volksredner.« Äußerlich war er »von kleiner Gestalt, mageren Aussehens und gebräunter Gesichtsfarbe«. Einige erinnern sich, er habe einen langen grauen Bart getragen.
Wo der Kreuzzug-Propagandist erschien, liefen die Menschen ihm entgegen, und sobald er zu ihnen gepredigt hatte, folgten sie ihm in wilder Verzückung nach, besonders der »Bodensatz der Franken«, wie ein Chronist unzart vermerkt. Man überhäufte ihn mit Geschenken, küßte seine verschlissene Mönchskutte, nannte ihn einen von Gott gesandten Heiligen. Sogar dem Esel, auf dem er ritt, wurden die Haare ausgerupft und als Reliquien verehrt. Kein Wunder, denn Kukupeter konnte sich nicht allein durch die Macht seiner Worte, sondern auch urkundlich als Gottesbote ausweisen: durch ein vom Himmel gefallenes Handschreiben, worin zu lesen stand, »daß von über-

allher die Christenheit sich aufmachen solle, um die Heiden aus Jerusalem zu vertreiben. . .«
Über die Art seines Redens und Auftretens gibt es folgende Beschreibung aus dem Jahre 1782, die sich auf inzwischen verschollene Dokumente stützt: »Bald war die Kanzel, bald ein Gerüste, hier ein öffentlicher Platz, dort ein erhabener Ort die Schaubühne seiner Ermahnungen, voll von einer dummen Beredsamkeit, die für den Philosophen oft nur lächerlich ist, aber auf das Volk so große Wirkung thut, welches weniger auf Styl und Sachen als auf Geberden, Ton und Bewegung achtet, dessen Augen durch Fratzengestalten auf den Bühnen der Marktschreier so sehr angezogen werden. Bald schilderte er den Blicken seiner Zuhörer die heiligen Oerter. . ., bald wendete er sich an Gott oder an die Schutzengel in Palästina, beschwor sie, die Herzen seiner Zuhörer zu erweichen, ihre Liebe zu wekken, ihren Muth zu entzünden; bisweilen rief er Steine und leblose Dinge zu Zeugen an. Er ließ das Grab des Heilandes, die Schädelstätte, die Höhle zu Bethlehem, den Oelberg reden, ließ ihr Geschrei, ihr Heulen, ihr Seufzen in alle Herzen erschallen. Zu einer anderen Zeit, wenn diese verschiedenen Mittel nicht wirksam genug waren, so gab ihm die Schwärmerei auffallendere ein, sein Gesicht wurde mit Tränen überschwemmt, er rief das Crucifix an, das er in Händen trug, er schlug sich an die Brust, geißelte seinen Leib, um durch das Verdienst dieser Leiden das Glück zu erhalten, diejenigen, die ihn hörten, zu rühren.«
Peters Bauernkreuzzug, auch »Volkskreuzzug« genannt, war und blieb der einzige, der um der reinen, von einem fanatischen Demagogen verfochtenen Idee willen stattfand. Was danach sich Kreuzzug nannte, hatte mehr politische und wirtschaftliche als religiöse Beweggründe.

Wie nachhaltig die Wirkung der Mittel sein kann, die ein frommer Zweck heiligt, zeigt Kukupeters Aufenthalt in Köln. Dort war der Drang, die Heiden vom heiligen Grab zu scheuchen, so gewaltig, daß, nachdem der Prediger samt Gefolgschaft weitergezogen war, die verbliebenen Kölner nicht damit fertig wurden. Und weil es am Rhein keine Seldschuken gab, kam es ersatzweise zu einer Judenverfolgung.

Peter der Eremit wendete nur wenige Tricks an, die aber so erfolgversprechend sind, daß sich für diese Demagogen-Spezies weitere fast erübrigen:

a) Berufung auf die nicht nachprüfbare Willenserklärung einer metaphysischen Autorität (Christus-Vision).
b) Vorlage eines sichtbaren Belegs als Beweis für ein nicht bezeugtes, unerklärliches Vorkommnis (himmlisches Handschreiben).
c) Anrufung von Zeugen, die sich aufgrund ihrer natürlichen Beschaffenheit zum fraglichen Gegenstand nicht äußern können (heiliges Grab, Ölberg).
d) Vortäuschung einer moralischen Verpflichtung (Teilnahme am Kreuzzug) durch Erzeugung von Schuldgefühlen mittels Handlungen (Selbstgeißelung), für die der Getäuschte nicht verantwortlich gemacht werden kann.

Die böse Chance

Ein zur Demagogie neigender Mensch will mit allen Mitteln Macht gewinnen. Was aber ist Macht?

Nach Nietzsche ist sie das höchste Ziel menschlichen Strebens, nach Jacob Burckhardt ihrem Wesen nach böse. Halten wir uns an Max Weber, der darunter wertfrei »die

Chance« verstand, »innerhalb einer sozialen Beziehung den eigenen Willen auch gegen Widerstreben durchzusetzen, gleichviel worauf diese Chance beruht«. Fundamente der Macht können sein: ein respektables Alter, körperliche Kraft, kämpferische Unerschrockenheit, magische Fähigkeiten, persönliche Ausstrahlung, rednerische Überzeugungskraft, Zugehörigkeit zu einer bevorrechteten Minderheit, ein Wählerauftrag, Kapitalbesitz oder Verfügung über Produktionsmittel. »Auch gegen Widerstreben« meint: notfalls mit Gewalt.

Machtanwärter und erst recht Machthaber kontern Burckhardts Auffassung von der im Grunde bösen Chance, anderen den eigenen Willen aufzuzwingen, mit einem vertrauenerweckenden Augenaufschlag und dem Hinweis, daß Macht »sittlich amorph«, das heißt vom moralischen Rang desjenigen abhängig sei, der sie innehat. Das ist richtig – mit einer Einschränkung, auf die wir noch zu sprechen kommen.

Wenn auch die Tiefenpsychologie im Machttrieb und dessen Hemmungen und Abirrungen den Grund für die meisten seelischen Fehlentwicklungen sieht, so spielt die Klärung der Machtverhältnisse bei der Bildung und beim Zusammenhalt größerer Verbände doch eine sehr wichtige positive Rolle.

Macht bedeutet ja nicht nur befriedigte Herrschsucht, sondern, zumindest im Sinne der Verhaltensforschung, auch Orientierungshilfe. Der einzelne in einer Gemeinschaft muß wissen, welcher Rang ihm kraft Leistung (oder mangelnder Leistung) zukommt, und er wird sich eine wertende Einordnung, falls sie ihm zu niedrig erscheint, nur von Ranghöheren, »Mächtigeren«, gefallen lassen. Wem der höchste Rang und damit die Macht über alle gebührt, dies wird, um ständige Reibereien innerhalb der Gruppe zu vermeiden, in wenigen, meist unblutigen Kampfritualen ermittelt.

Daß es dabei nicht allein auf Muskelkraft ankommt, zeigen zahlreiche Tierbeobachtungen. Echte Führungsqualitäten wie Intelligenz, Toleranz und Lebenserfahrung sind besonders bei den höheren Wirbeltieren ebensosehr, ja gefragt, ja oft noch mehr gefragt als physische Stärke, denn die Ranghöchsten bestimmen nicht nur Aufbruchszeit und Wanderrichtung der Herde, sie wählen auch die Schlafplätze und entscheiden darüber, welche Taktik im Verteidigungsfall anzuwenden ist.

Freilich gibt es bei allen Tierarten, selbst bei den Primaten, einzelne, die ein hohes Ansehen aufgrund von Fertigkeiten beanspruchen, die für die Herde nutzlos, wenn nicht gar nachteilig sind. Und es gibt immer und überall Herden, die auf solches Gehabe hereinfallen. So berichtet die Tierpsychologin Jane van Lawick-Goodall von einem Schimpansenmann, der im Rang aufstieg, nachdem er entdeckt hatte, daß er mit leeren Benzinkanistern höllischen Lärm erzeugen konnte.

Auch der demagogische Mensch gründet seinen Machtanspruch lieber auf imposante Belanglosigkeiten als auf Qualitäten, die der Gemeinschaft förderlich sind. Denn ihm ist klar, daß wahre Führereigenschaften wie Weisheit, Würde oder Gerechtigkeitssinn, selbst wenn er sie besäße, nicht halb soviel Bewunderung erwecken könnten wie blechernes Geschepper. Lärm, ganz gleich, weshalb, wodurch oder von wem verursacht, bleibt Lärm. Das macht ihn zu einem so überzeugenden Argument.

Diese Urform der Demagogie: Anmaßung eines Vorrangs durch lautes Sich-wichtig-Machen, praktizierten auch jene von der Kulturanthropologin Ruth Benedict erwähnten Häuptlinge der Kwakiutl-Indianer, die ihre Machtstellung dadurch behaupteten, daß sie einander reihum zu Festen einluden, bei denen der Gastgeber seine hohen Gäste vor all seinen Stammesgenossen mit dem Lied beleidigte:

»Ich bin der große Häuptling, der die Leute beschämt...
Ich bin der einzige große Baum, ich, der Häuptling! –
Ihr seid meine Untertanen, ihr Stämme.
Ihr sitzt im hinteren Teil des Hauses, ihr Stämme.
Ich bin es, von dem ihr eueren gesamten Besitz habt, ihr Stämme.
Ich bin euer Adler, ihr Stämme...
Unter den eingeladenen Häuptlingen suche ich vergebens nach einem, der mir an Größe gleichkommt.
Ich kann keinen wirklichen Häuptling unter meinen Gästen entdecken...
Diese Waisenknaben, diese Hungerleider,
die Herren Stammeshäuptlinge!«

Bei der Gegeneinladung mußte der »Adler« dann seinerseits Federn lassen. Dieser demagogische Ritus gab jedem Stamm zeitweilig die Gewißheit, von allen Kwakiutl-Indianerhäuptlingen den mächtigsten zu haben.

Der politische Mensch

Ob Macht gut oder böse ist, hängt, so sagten wir, vom moralischen Rang desjenigen ab, der sie innehat, und wir müssen hinzufügen, daß alles politische Handeln darauf beruht, daß der Handelnde die Chance hat, seinen Willen gegen den Willen anderer durchzusetzen. Gäbe es diese Chance nicht, herrschte das soziale Chaos, denn jede Entscheidung zugunsten des Gemeinwesens beeinträchtigt viele Einzelinteressen und stößt daher zwangsläufig auch auf Widerspruch.

Seltsamerweise bemerken wir in Gegenwart und Geschichte, daß die Möglichkeit, im Namen aller zu handeln, nur selten denen gegeben ist, die moralisch am höchsten rangieren. Ein Volk darf sich schon glücklich schätzen, wenn seine leitenden Amtsträger das ethische Mittelmaß nicht unterschreiten. Dies liegt weniger daran, daß Macht den Charakter verdirbt (was gleichwohl stimmen mag), als daran, daß diejenigen, welche man wegen ihres angenehmen Wesens am liebsten an der Spitze sähe, gar nicht mächtig sein *wollen*.

Wenn nun Politik Staatskunst meint, also die unaufhörliche Bemühung, einer Gemeinschaft zu möglichst viel Frieden, Freiheit und Wohlstand zu verhelfen, und wenn die Macht, die für eine so hochmoralische Anstrengung erforderlich ist, von denen, die ihrem Charakter nach am geeignetsten wären, sie auszuüben, verschmäht wird, so drängt sich die Frage auf, ob es Politik in diesem Sinn überhaupt geben kann. Daß die Frage eine Gretchenfrage bleibt, dafür sorgt seit alters ein Erscheinungstyp, für den der Psychologe Eduard Spranger die Bezeichnung »Machtmensch« oder »politischer Mensch« geprägt hat.

Diese reinste Verkörperung des Willens, andere zu beherrschen, strotzt von Daseinsenergie und innerer Dynamik, bejaht kritiklos das eigene Ich und glaubt mit fast religiöser Inbrunst, den Sinn ihres Lebens nur dadurch erfüllen zu können, daß sie sich, und zwar ständig, als Macht fühlt.

Der politische oder Machtmensch stellt alle Lebensbereiche in den Dienst seines Herrschaftswillens. Wissen ist für ihn buchstäblich Macht, nämlich die Macht, anderen zu diktieren, Wohltun ein Ding, das – etwa am Wahltag – tatsächlich Zinsen bringt. Er ist nicht der warmherzige Menschenfreund, den er gelegentlich mimt, auch nicht der Kinderfreund, als der er oft fotografiert wird, sondern ein Menschenverächter. Daher vermutet er hinter allem, was geschieht, zunächst einmal niedrige Motive, womit er, weil ja die edlen Beweggründe selten sind, meist recht hat. Am auffälligsten unterscheidet sich der Machttypus von anderen menschlichen Daseinsformen in seiner Einstellung zur Wahrheit.

Wie den Insekten, mit Ausnahme der Wasserwanze, das Gleichgewichtsorgan fehlt, so fehlt dem politischen Menschen das Organ für Objektivität. Da er unentwegt in irgendeinem Kampf steht, erscheint für ihn das, wofür er kämpft (also das, wodurch er an die Macht gelangen will), als so weltbewegend, daß er bald daran glaubt und es zuletzt für erwiesen hält. Wahr ist für ihn dann »objektiv« alles, was seinem Vorhaben weiterhilft, unwahr oder gar lügnerische Verleumdung, was es gefährdet. Diese typische Entartungserscheinung führt allmählich dazu, daß jede seiner Reden zu einem Staffellauf der platten Effekte wird. Anstatt zu überzeugen, genügt es ihm, zu überreden. Wahrheit ist für ihn am Ende nichts weiter als eines von vielen Mitteln, dem Gegner zu schaden: »Die Wahrheit über. . .«

Der reine Machtmensch hält seine Mitmenschen für eine Art Roboter, die sich mit zwei Knöpfen lenken lassen. Auf dem einen Knopf steht »Furcht vor Strafe«, auf dem anderen »Hoffnung auf Belohnung«. Darum kann er auch in Religionen und Ideologien nur politische Instrumente se-

hen. Gott bzw. der Stifter einer irdischen Heilslehre ist entweder sein Gewährsmann oder sein Widersacher.
Der politische Mensch ist konservativ. Er will das Bestehende nicht ändern, außer, es würde zu seinen Ungunsten bestehen. Sobald er diesen Mißstand behoben hat, hält er wieder treu am Hergebrachten fest. Sein Konservativismus schließt freilich nicht aus, daß er sich, je nachdem, was für Gegenkräfte seinen Machtanspruch leugnen, auch liberal, fortschrittlich oder revolutionär nennt; ja, er würde sogar die Macht als Prinzip in Frage stellen und namens der Anarchie bekämpfen, wäre er sicher, die errungene Herrschaftslosigkeit unter Kontrolle halten zu dürfen – mit allen Mitteln.
Ob der Machtmensch in dieser reinen Ausprägung noch als psychisch normal gelten kann, wird neuerdings bezweifelt. War der geistesgestörte Despot schon keine Seltenheit, als selbst in den Großsiedlungen die Menschen einander noch kannten, so hat es in unserer anonymen Massengesellschaft der unangepaßte Psychopath oder der aggressive Egozentriker noch viel leichter als ehedem, an die Macht zu gelangen; vorausgesetzt, er versteht es, seine asozialen Gefühle als soziales Engagement zu tarnen.
Daß hinter der angeblichen Sorge um das Gemeinwohl das pathologische Machtstreben nicht erkannt wird, ist zu einem Teil medizinischer Unkenntnis zuzuschreiben, zum anderen liegt es an der geschickten Tarnung, zum dritten an einem bisher wenig beachteten Massenphänomen, das wir »Schinderhannes-Syndrom« nennen wollen.

Eine Art Zauber

Viele Menschen sind der Meinung, daß jemand, der politisch zu »denen da oben« zählen will, vor allem skrupellos sein müsse; daß er »Ellenbogen« ebenso dringend benötige wie ein »dickes Fell«. Sie, die Machtlosen in den sozialen Niederungen, kämen, meinen sie, nur deshalb nicht an die höchsten Schaltstellen, weil sie ein zu weiches Herz hätten, weil sie von zu vielen Gewissenbissen geplagt würden, weil kein »Klüngel« sie fördere, keine einflußreichen »Spezis« oder »Vetterles« sich ihrer annähmen, kurz, weil sie zu »anständig« seien für ein so »schmutziges Geschäft« wie das der Machtausübung. Wären ihnen keine moralischen Handikaps auferlegt, ja dann! Aber so. . .
Man sollte denken, daß diese Menschen zutiefst neidisch seien auf jeden, der »da oben« waltet. Aber weit gefehlt. Die Anständigen nennen den auf fragwürdige Weise Hochgekommenen zärtlich »Schlitzohr« und bewundern ihn mit der gleichen Ausdauer, mit der sie zu allen Zeiten ihre erklärten oder augenzwinkernden Moralverächter bewundert haben: den edlen Räuber, den illegalen Wildschützen, den Schelm, den man erst mal haben muß, bevor man ihn hängt. Und seit es freie und geheime Wahlen gibt, bewundern sie ihn nicht nur, sondern geben ihm auch ihre Stimme. Diese Erscheinung ist wohl so zu erklären, daß mancher Machtmensch die in der Volksseele schlummernden kriminellen Neigungen so liebenswürdig verkörpert, daß der einzelne sich mit dieser Verkörperung sorglos identifizieren kann.
Um das Schinderhannes-Syndrom auszulösen, ist eine Eigenschaft erforderlich, die wir als »demagogischen Charme« bezeichnen wollen. Er ist nicht jedem gegeben, nicht

einmal jedem Demagogen. Doch ohne eine gewisse Ausstrahlung, ohne das, was man einst Nimbus oder Prestige nannte und was wir heute mit dem Wort Charisma (Begnadung) meinen, wäre Massenbeeinflussung nicht möglich.

Nimbus ist nach Gustave Le Bon »eine Art Zauber«, den eine Persönlichkeit auf uns ausübt, und zwar dergestalt, daß unsere kritischen Fähigkeiten gelähmt und unsere Seelen »mit Staunen und Ehrfurcht« erfüllt werden. Le Bon unterscheidet zwischen zwei Grundformen: dem erworbenen und dem persönlichen Nimbus. Unter der ersten Form versteht er die Anziehungskraft, die durch höchstrichterliche Roben, Marschallsuniformen, Orden, Adelsprädikate oder akademische Würden verursacht wird. Die zweite Grundform entspricht etwa dem Charisma. Persönlicher Nimbus, meint Le Bon, kann nicht durch Talent, nicht einmal durch Genie, sondern allenfalls durch Reichtum ersetzt werden.

Verfügt ein aufstrebender Machtmensch weder über Schinderhannes-Charme noch über Ehrfurcht erweckende materielle Güter, so gibt es für ihn drei Arten, Charisma auszuströmen: die prophetische, die heroische und die revolutionäre.

Der charismatische Prophet verdankt sein Prestige der Unbeirrbarkeit, mit der er bestimmte Entwicklungen von Dingen ankündigt, die sich nach allgemeiner Erwartung völlig anders entwickeln müßten: »Es steht geschrieben, ich aber sage euch. . .«

Der charismatische Kriegsheld bezieht seine Wirkung, etwa als Präsidentschaftskandidat, zum einen aus der Tatsache, daß, wenn sich zwei gleich dumme Feldherren gegenüberstehen, notwendigerweise einer gewinnen muß (*er*

war der glückliche eine), zum anderen profitiert er von dem Volksglauben, jemand, der so mühelos die Verantwortung für Millionen Tote trägt, könne auch für Millionen Lebende verantwortlich zeichnen.
Der charismatische Revolutionär fasziniert dadurch, daß er die Kinderfrage, was wohl wäre, wenn alles ganz anders wäre (wenn zum Beispiel die Puppe keinen Kopf mehr hätte), mit einer Ernsthaftigkeit stellt, als würde sie dem geistigen Niveau Erwachsener entsprechen.

Das große Theater

Macht der Persönlichkeit ist ein unerläßliches Mittel zur Massenbeeinflussung, doch kommt es auf der Weltbühne nicht allein auf Begnadung an. Daß erlernbare Fähigkeiten hier ebenso wichtig sind wie naturgegebene, wußten zumindest die berühmten Demagogen – und nahmen Schauspielunterricht. Demosthenes lernte bei seinem Freund Satyros, Cicero studierte die Künste der Verstellung bei den Mimen Roscius (Komik) und Äsopius (Tragik), Napoleon ging bei Talma, Hitler bei Devrient in die Lehre. Wie nötig neben Charisma und der richtigen Anwendung von Mimik und Gestik auch ein untrüglicher Instinkt für *alle* Belange des Showbusiness ist, erkennen wir an jenem abschreckenden Beispiel, welches am 8. Juni 1794 der bis dahin hochgeschätzte Demagoge Maximilien de Robespierre gab.
An diesem Festtag zu Ehren des »höchsten Wesens«, sozusagen dem Reichsparteitag der Französischen Revolution, überraschte Robespierre die Öffentlichkeit mit folgender Aufmachung: kornblumenblauer Galarock, gelbe Nankinghosen, blauweißrote Leibbinde, am Hut einen hoch-

ragenden Federbusch, in der Hand einen Riesenstrauß aus Ähren und Feldblumen. So herausstaffiert, schritt er an der Spitze des Konvents zum »Götzenbild der Gottlosigkeit«, zündete dessen Hülle an und zauberte »mittels einer sinnreichen Vorrichtung plötzlich die erhabene Statue der Weisheit hervor« (H. Taine).

Dieses Spektakel wirkte auf die meisten Pariser lächerlich und war, wie Historiker annehmen, einer der Hauptgründe für seinen sieben Wochen später erfolgten Sturz.

Robespierre hatte »eigentlich« alles richtig gemacht: Das Volk liebt festliches Gepränge, also veranstaltete er ein Fest. Das Volk will, daß sich seine Beherrscher von ihm unterscheiden, also kleidete er sich auffällig. Das Volk schätzt kultische Riten, also begründete er einen neuen Kult. Weil ihm jedoch fürs Unterhaltungsgeschäft die »Nase« fehlte, tat er von allem ein bißchen zuviel, und so fehlte ihm bald darauf der ganze Kopf.

Der perfekte Demagoge ist nicht nur Schauspieler, er ist auch Meisterregisseur für Massenszenen und Star-Architekt für massenwirksame Dekorationen (ist er es nicht selbst, sucht er sich die geeigneten Leute). Anders als Robespierre weiß er: Buntheit lenkt ab, reizt die Phantasie, deutet Alternativen an; Gleichfarbigkeit hingegen signalisiert, daß es für alle nur eine einzige Möglichkeit gibt, nämlich ihm, dem Führer, Duce, Caudillo, großen Vorsitzenden oder Generalissimus Gefolgschaft zu leisten. Daher auch die demagogische Vorliebe für Symmetrie. Was sich aus der Perspektive einer Ehrentribüne quadratisch, rechtwinklig oder kreisförmig ausnimmt, wirkt ewig-gültig, wie von Gottes Hand aufgeräumt, ist ein sichtbarer Sieg über das Chaos; wogegen asymmetrische Uniformträger-Gruppierungen den Eindruck von Eigenbrötelei, ja weltanschaulichem Desinteresse erwecken.

Genauso ist es mit der Monotonie. Das durch Blechmusik verstärkte Geräusch von genagelten, in gleichen Intervallen aufschlagenden Stiefelsohlen übertönt jeden Zweifel, regt niemanden zu defätistischem Grübeln an, was unter mißlichen Umständen bei einem Jacques-Offenbach-Can-Can sehr wohl der Fall sein könnte.
Anders als Robespierre weiß der Perfekte auch, wie er sich zu kleiden hat: auffallend unauffällig. Soweit es das Protokoll erlaubt, trägt er das schlichte Tuch, das auch seine Marschierer tragen, mit einer Goldlitze mehr am Kragen als sein ranghöchster General oder ohne alle Verzierung. Ist er der Macht noch fern, wählt er für seine Auftritte uniformartige Kleidungsstücke, wobei es gleichgültig ist, welcher Waffengattung sie ähneln. Wie Adolf Hitler, der sich am liebsten kavalleristisch, in Schaftstiefeln und mit Reitgerte, zeigte, obwohl er zeitlebens nie auf einem Pferd gesessen hat, darf ein demagogischer Sohn der Berge Insignien der Seefahrt, ein Nichtflieger Wahrzeichen der Luftwaffe, ein Flachlandbewohner alpinen Zierat verwenden. Finden seine Anhänger dies verwunderlich, muß er ihnen – bevor sie es lächerlich finden – die gleiche Maskerade gestatten. So entstehen als nützliches Nebenprodukt paramilitärische Verbände, »Milizen«.
Der perfekte Demagoge kennt des kleinen Mannes Bewunderung für alles Gigantische, weshalb unter seiner Ägide die Supermuskelmeißler, vom unbekannten Schöpfer des Kolosses von Rhodos bis zu Thorak und Breker, niemals Hunger leiden. Ebensowohl weiß er, wie nachteilig Größe sein kann – und zieht es notfalls vor, statt im dreiviertelvollen Saal im überfüllten Nebenzimmer zu sprechen.
Hat er den Machtgipfel erklommen, ist sein Auftritts-Ze-

remoniell unverrückbar festgelegt: Die für den Beginn der Schau angegebene Uhrzeit ist nur ein Richtwert. Das gewöhnliche Volk hat ohnedies lange vorher Platz genommen, schon um die Ehrengäste zu bestaunen, die den Termin vorschriftsmäßig um zehn Minuten überschreiten. Danach marschieren Spielmannszüge und Fahnenformationen ein. Die anschließende Pause ist von Raunen, Erkältungsgeräuschen und leisem Gelächter erfüllt.

Der von allen Erwartete kommt um genau so viele Minuten zu spät, wie es dauert, bis die Botschaft »Jetzt kommt er!« die Versammlung mindestens dreimal (davon zweimal irrtümlich) durchlaufen hat. Sein Herannahen wird durch Lichteffekte angezeigt, die augenblicklich für spannungsgeladene Stille sorgen. Über die in Richtung Saaleingang verrenkten Köpfe hinweg dröhnt nun jäh wie ein Böllerschuß der Marsch, die Hymne oder was sonst sich der Ankömmling zur Kennmelodie erkoren hat, – und jetzt ist er da! Er! So leibhaftig, wie ihn alle von Plakaten und Titelblättern im Gedächtnis haben.

Unendlich lang ist sein Weg zur Tribüne, unendlich breit die Schneise zwischen den Menschenblöcken, die er in einsamer Erhabenheit durchschreitet, ohrenbetäubend der Jubel, der ihn umbrandet und für den er mit gemessener Geste dankt. Auf dem Podium angelangt, läßt er sich Zeit; drückt diesem und jenem Untermachthaber die Hand, grüßt die ansehnlichsten der Damen, tätschelt dem Kind, das ihm Blumen überreicht, die Wange, wird von irgendwem offiziell willkommen geheißen, tritt endlich ans Pult – und schweigt; schweigt mit erhobenem Kinn, so lange, bis der letzte Jubelschrei verhallt, das letzte Räuspern erstorben ist und die Anwesenden auf den Tribünen ihm durch rituelles Sich-Zurechtsetzen ihrerseits das Startzeichen gegeben haben.

Ist eine Versammlung solcherweise eingestimmt, braucht der Redner nur das Kleine Einmaleins aufzusagen, und ein Beifallsorkan ist ihm sicher.

Der runde Tisch

Vor sich Mikrophone, neben und hinter sich treue Gefolgschaft, zu seinen Füßen symmetrisch angeordnetes »Menschenmaterial« – so ist der Demagoge in seinem Element, so kann kein rivalisierender Nicht-Demagoge etwas gegen ihn ausrichten. Zu schlagen ist er nur dort, wo er nicht einfach behaupten kann, sondern begründen muß; wo man ihm Fragen stellt, ihn respektlos zur Sache zurückholt, wenn er Ausflüchte macht: am runden Tisch.
Unter Diskussion versteht man in Parlamentarischen Demokratien den Brauch, politische Meinungen nicht für Objekte ehrfürchtiger Anbetung, vielmehr für Gesprächsgegenstände zu halten und als solche zu behandeln. Je unterschiedlicher die dabei vertretenen Standpunkte, desto größer für Beteiligte und Zuhörer die Chance zu erkennen, ob eine zur Diskussion gestellte Meinung vernünftig oder töricht ist.
Zu diskutieren ist daher keines Demagogen, ja überhaupt keines Machtmenschen Stärke. So konnte um die Mitte der dreißiger Jahre in der Schweiz eine faschistische Bewegung, die sich »Front« nannte und gewisse Zeitströmungen mit rhetorischem und psychologischem Geschick zu nützen verstand, dort nicht Fuß fassen, weil sie sich eidgenössischer Sitte gemäß mit ihren demokratischen, sozialistischen, liberalen und jüdischen Gegnern in Streitgespräche einlassen mußte. Jedesmal, wenn bei öffentlichen Veranstaltungen mit anschließender Diskussion ihr von Mus-

solini, Salazar und Hitler entliehenes Phrasen-Repertoire mit Argumenten in Berührung geriet, erfolgte, statt der erhofften »Heil«-Rufe, nur stummes Erstaunen.
Natürlich kann es ein Machtmensch in einer Demokratie westlicher Prägung nicht halten wie der französische Kardinal Jean Daniélou, SJ, und einer Aufforderung zum Round-table-Gespräch mit den Worten begegnen: »Ich bin ein Mann der Diskussion, aber unter der Voraussetzung, daß die Diskussion nicht zu einem Chaos widersprechender Auffassungen führt.« Zuweilen muß einer schon Rede und Antwort stehen – und macht dabei manchmal gar keine so schlechte Figur.
Man könnte solche Machtmenschen mit Pinguinen vergleichen, deren eigentliches Element zwar das Wasser ist, die sich aber auch auf dem Trockenen recht geschickt, ja mit einer gewissen Possierlichkeit zu bewegen wissen. Dies gilt, auf unser Thema zurückübertragen, vor allem für solche Polit-Pinguine, die über genügend Charisma, besser noch: über eine gehörige Portion Schinderhannes-Charme verfügen. Ist ihre persönliche Ausstrahlung stark genug, können sie sich auch ohne peinliche Eingeständnisse aus der Klemme ziehen und inquisitorische Durststrecken durch wortreiches Verschweigen so possierlich überwinden wie Konrad Adenauer 1962, kurz nach der »Spiegel«-Affäre, eine amerikanische Pressekonferenz.

Schlechte Gesellschaft

Der politische oder Machtmensch will, wenn er »am Ruder« ist, für Ruhe und Ordnung sorgen. Das predigt er, das erwarten seine Anhänger von ihm, das meint er ausnahmsweise sogar ehrlich. Denn Ordnung und das, was er unter Ruhe versteht, sind unentbehrliche Stützpfeiler jeder Herrschaft. Weil er aber, um sein Ziel zu erreichen, eine *neue* Ordnung schaffen muß – die alte hat ja schon ihren Machthaber, und der muß erst beseitigt werden –, braucht er zunächst einmal Leute, die für genügend Unruhe und Unordnung sorgen; denn was nützt es, ständig mit dem »Eisernen Besen« herumzufuchteln, wenn es weit und breit keinen Augiasstall zu kehren gibt.

Julius Cäsar war zu Beginn seiner politischen Karriere ein Meister im Anlocken von Unruhestiftern. »Es gibt in ganz Italien keinen Schuft, der nicht zu seinem Gefolge gehört«, berichtet sein intimer Feind Cicero, und der eher unvoreingenommene Sueton bestätigt: »Er war der einzige stets bereite Helfer all derer, die mit dem Gesetz in Konflikt geraten waren oder in Schulden steckten.«

Auch Georges Jacques Danton, den wir dank Georg Büchner in so edler Gestalt vor Augen haben, zeigte sich bei der Wahl seines Umgangs als ein Machtmensch, wie er im Buche (des Geschichtsphilosophen Taine) steht: »Danton kennt in physischer wie in moralischer Hinsicht keinen Widerwillen. Er kann Marat umarmen, mit Trunkenbolden fraternisieren, . . . auf Schmähungen der Straßenweiber im Tone eines Kutschers antworten, Spitzbuben, Diebe und Sträflinge als seinesgleichen behandeln. . .«

Den Freundeskreis eines dritten Machtstrebers, des Charles Louis Bonaparte, nachmals Napoleon III., schildert verblüffend ausführlich Karl Marx: »Neben zerrütteten Roués mit zweideutigen Subsistenzmitteln und von zweideutiger Herkunft, neben verkommenen und abenteuernden Ablegern der Bourgeoisie, Vagabunden, entlassene Soldaten, entlassene Zuchthaussträflinge, entlaufene Galeerensklaven, Gauner, Gaukler, Lazzaroni, Taschendiebe, Taschenspieler, Maquereaus, Bordellhalter, Lastträger, Literaten, Orgeldreher, Lumpensammler, Scherenschleifer, Kesselflicker, Bettler, kurz, die ganze unbestimmte, aufgelöste, hin und her geworfene Masse, die die Franzosen la Bohème nennen. . .«

Das Hauptproblem eines Mannes, der die Macht »ergriffen« hat, besteht darin, seine ungebärdigen Helfer nun, da ihm Ruhe und Ordnung wieder teuer sind, loszuwerden. Cäsar gelang dies mit Hilfe der Catilinarischen Verschwörung, deren blutiges Scheitern ihm, einem unentdeckten Hintermann dieses Komplotts, das meiste Gelichter vom Hals schaffte. Napoleon schickte lästig gewordene Kumpane in seine Kriege, Louis Bonaparte ließ sich, um vom Lumpenpack loszukommen, zum Kaiser krönen, Hitler erfand den Röhmputsch. Doch so glücklich sind nicht alle. Bei einigen wirkt die Gesellschaft, in der sie verkehren, derart alarmierend, daß sie bei allem Charme und allem Charisma gar nicht erst ans Ruder gelangen.

Der midlothische Geist

Machtmenschen teilen ihre Macht nicht gern, deshalb ist für sie der politische Idealzustand die Diktatur, während Menschen, die gern in größtmöglicher Freiheit leben, der »schlechtesten Regierungsform mit Ausnahme aller anderen« den Vorzug geben, genannt Parlamentarische Demokratie. Wo Parlamentarismus herrscht, dort kann, so sollte man annehmen, Demagogie nicht oder nur in ungefährlichem Ausmaß gedeihen. Diese Annahme war richtig bis zum Jahre 1876, als in England, dem Mutterland freiheitlicher Staatsauffassung, eine Reform durchgeführt wurde, die es den Parteien – als erstes den Liberalen – ermöglichte, ihre Wahlkämpfe fortan publikumswirksamer zu gestalten.

Bis zu dieser »Birmingham Caucus« genannten Neuerung fand britische Politik nicht in der Öffentlichkeit, sondern ausschließlich unter Honoratioren statt. Die konservativen »Tories« stützten sich dabei vertrauensvoll auf die Grundbesitzer, Pfarrer und Apotheker, die liberalen »Whigs« auf Posthalter, Lehrer und angesehene Handwerksmeister. Wer in einer der beiden Parteien eine führende Rolle anstrebte, mußte sich im Kreise der Ehrengeachteten schon mehrfach und auf das glänzendste bewährt haben, ehe man ihn als Wahlkreiskandidaten in Betracht zog. Wurde er tatsächlich aufgestellt und gewann die Wahl, mußte er sich lange Zeit im Parlament hervortun; durch wohlgesetztes Reden oder auch Schweigen, jedenfalls ohne alle Aussicht, danach im Triumph auf irgendwelche Schultern gehoben zu werden. Inwieweit der Tory-Abgeordnete Brown oder der Whig-Abgeordnete Miller ein »jolly good fellow« war, konnten höchstens seine Unterhauskollegen beurteilen, und die hatten anderes im Sinn.

Gelangte ein Parlamentarier wirklich einmal in den Stand, die Geschicke Großbritanniens entscheidend zu beeinflussen, war auch dies kein sehr spektakuläres Ereignis. Einmal, weil zur Entgegennahme von Volksjubel die königliche Familie zuständig war, zum zweiten, weil die Politik, die es zu verantworten galt, sich nach denselben langweiligen Grundregeln vollzog, an die sich, laut Thomas Macaulay, vordem schon 250 britische Parlamente gehalten hatten:

1. Sich niemals um die Art, wie es zustande kam, wohl aber um die Nützlichkeit eines Gesetzes kümmern; 2. nie eine

Ausnahme beseitigen, nur weil es eine Ausnahme ist; 3. nie eine Neuerung einführen, es sei denn, es machte sich eine Unzuträglichkeit fühlbar, und auch dann nur so viel erneuern, daß diese Unzuträglichkeit behoben wird; 4. nie einen Antrag stellen, der über den Einzelfall, der gerade behandelt wird, hinausgeht. – Auf so magerem Nährboden wachsen keine Demagogen.

Nun also hatten in Birmingham die Liberalen beschlossen, daß Wahlkandidaten, statt wie bisher nur vor Gleichgestellten (und Gleichinformierten), künftig auch vor »großem Publikum« sprechen durften, vor Menschen also, die dazu neigen, ihren Mangel an politischem Wissen durch ein Übermaß von leicht entzündlichen Gefühlen wettzumachen.

Der erste, der von diesem Beschluß profitierte, hieß William Ewart Gladstone. Er kandidierte für die Whigs, obwohl man ihn 1832 in der Erwartung ins Parlament geschickt hatte, er würde als Tory den Liberalismus bekämpfen. Aber das war lange her. Als er sich diesmal, 1880, zur Wahl stellte – die letzte hatte er nach sechsjähriger Amtszeit als liberaler Premier verloren –, war er bereits siebzig, ein Umstand, der ihm von seinen Freunden das ehrende Kürzel G.O.M. (Grand Old Man) eintrug, welches seine Gegner herzensroh mit »God's Only Mistake« (Gottes einziger Mißgriff) übersetzten.

Die Propagandareise im Sonderzug, die William Gladstone im Herbst 1879 unternahm, um den Wahlkreis Midlothian, eine als uneinnehmbar geltende Tory-Hochburg, mit Hilfe dessen sturmreif zu schießen, was sein Gegenspieler Disraeli abfällig »Platzregenrhetorik« nannte, war die erste Aktion dieser Art in der Geschichte des europäischen Parlamentarismus und hatte zur Folge, daß die hundert Wählerstimmen, mit denen in Midlothian die Konservativen traditionsgemäß vorn gelegen hatten, und noch sechs Stimmen dazu den Liberalen gutgeschrieben werden mußten.

»Nichts Ähnliches hatte man je zuvor in England gesehen«, beschreibt Gladstones Biograph John Morley die vierzehntägige Wahlfahrt. »Die Stationen, an denen der Zug hielt, waren überfüllt, Tausende strömten aus den benachbarten Städten und Dörfern in die größeren Orte, die auf seiner Route lagen. . .« Seither spukt vor Parlamentswahlen, und nicht nur vor britischen, der »midlothische Geist«, wie Zeitgenossen die Hinwendung zum Machtkampf mit allen Mitteln nannten.

Mit Gladstone und seiner »großen Demagogie« trat nach Ansicht Max Webers im europäischen Parlamentsgeschehen erstmals ein »cäsaristisch-plebiszitäres Element« auf den Plan: Die Politik des Staates bestimmt nun nicht mehr, wer sich im Hohen Hause Ansehen erworben hat, sondern wem es gelungen ist, das Vertrauen und den Glauben der Massen, auf welche Weise auch immer, an sich zu ziehen. Steht die »Berufung« zum Massenidol außer Zweifel, braucht sie, damit alles hübsch demokratisch zugeht, nur noch mit dem Stimmzettel nachvollzogen zu werden.

Seitdem der Geist von Midlothian umgeht, befindet sich der Parlamentarier in einem ständigen Dilemma. Einerseits hat man ihn gewählt, damit er anstehende Probleme gründlich studiert und nach bestem Wissen und Gewissen löst, und zwar ohne Rücksicht darauf, ob die Lösung, zum Beispiel mehr Steuern, den Wählern behagt oder auch nur einleuchtet. Andererseits liegt ihm daran, wiedergewählt zu werden, folglich will er sich nicht unbeliebt machen. Stellt sich nun ein Abgeordneter gegen das Bestreben des

Durchschnittsbürgers, möglichst viel von seinem Einkommen für sich zu behalten, setzt er sein Mandat aufs Spiel; plädiert er, wenn das Staatsinteresse höhere Ausgaben verlangt, für Steuersenkung, handelt er gewissenlos.
Die Gefahr, daß sich Volksvertreter in diesem Dilemma eher für ein Verhalten entscheiden, das ihre Wiederkehr ins Parlament gewährleistet, ist noch größer geworden, seitdem der Parlamentarismus sich vielerorts zwei Neuheiten hat aufdrängen lassen, die seinem Wesen zutiefst widersprechen: die Meinungsforschung und die Übertragung innerparlamentarischer Vorgänge durch das Fernsehen; wobei ein Übel das andere verschlimmert. Dank demoskopischer Umfragen hat der um sein Mandat Besorgte jetzt Gelegenheit, die Stimmung im Volk zu erkunden (zumindest glaubt er dies), das Fernsehen wiederum versetzt ihn in die Lage, dem Volk, dieser Stimmung entsprechend, nach dem Mund zu reden.
War es für demokratische Parteien schon vor der Erfindung dieser antiparlamentarischen Einrichtungen schwer genug, große und wichtige (sprich: unpopuläre) Aufgaben ohne die Mithilfe von Charme und Charisma ausstrahlenden Cäsaren zu erfüllen, so müssen sie im Zeitalter der Elektronik und Kybernetik diesen Menschentyp nicht nur in ihren Reihen dulden, sie müssen sich ihm – um der »Sache« willen – sogar mehr oder minder bedingungslos unterordnen.
Da moderne Parteiapparate großenteils von Beamten oder doch Beamtennaturen bedient werden, geht diese Unterordnung zumeist reibungslos vonstatten. Beamte mögen Machtmenschen. Nicht nur, weil ihre eigenen, relativ bescheidenen Herrschaftsansprüche eng mit der Parteimacht verknüpft sind, die der Machtkämpfer verkörpert, son-

dern auch deshalb, weil es sie innerlich mehr befriedigt, einem großen gefürchteten als einem kleinen wohlgelittenen Herrn zu dienen. Mag eine Partei zu ihrem Vorsitzenden wählen, wen sie will, ihr *Führer* ist immer der, dem der Apparat gehorcht.

Natürlich hat solcher Gehorsam seinen Preis, und der Machtmensch kennt ihn. Jedes Zahnrädchen im Parteigetriebe will nach dem Wahlsieg fürs Mitwirken belohnt werden; nicht mit Geld, nein, mit einem besseren Pöstchen, einem repräsentativeren Gehäuse oder sonst einer Naturalie. Und zwar will es die Belohnung nicht von irgendeinem zuständigen Parteigremium, sondern von IHM, dem die Partei ihren Triumph verdankt. Siegreiche Machtmenschen, weiß das Rädchen, sind generös im Belohnen.

Plebiszitäre, das heißt von den Launen der Massen abhängige Demokratie gibt und gab es nicht nur im nach-midlothischen Europa. In den USA hat sie sich bereits fünfzig Jahre vor Gladstones Wahltournee etabliert. Dabei war auch das Amerika George Washingtons ursprünglich als ein von Honoratioren verwaltetes Gemeinwesen geplant. Der Plan hatte nur einen Haken: Chef der auch dort unausbleiblichen Ämterpatronage war der plebiszitär gewählte Präsident.

Bei den ersten sechs US-Präsidenten fiel dieser Haken noch nicht auf. Von Gentlemen auserlesen, wurden sie in das höchste Staatsamt ebenso dezent eingesetzt wie die Premierminister der britischen Krone. Erst als im Jahre 1829 Andrew Jackson für die siebente Präsidentschaft kandidierte und seine demokratische Partei quasi versuchsweise mit allen Mitteln der Verdummung zu Felde zog, wurde der Verfassungsfehler zumindest Sachkennern deutlich.

Wortführer in diesem Feldzug war Jacksons Parteifreund Martin van Buren. Seine Parole von der »Verteidigung der heiligsten Rechte des Volkes« wirkte, obzwar niemand diese Rechte je definiert, geschweige angefochten hatte, insbesondere auf die Farmer des Westens so beunruhigend, daß Andrew (»Old Hickory«) Jackson ins Weiße Haus förmlich katapultiert wurde.

Der neue Präsident besetzte alle wichtigen Bundesämter wie selbstverständlich mit seinen tüchtigsten Wahlhelfern, die ihrerseits Gründe hatten, anderen Hilfswilligen gefällig zu sein, welche wiederum Dritten Dank schuldeten. So ging die Staatsgewalt ebenso unaufhaltsam wie unauffällig vom Parlament auf den Parteiapparat über, der 1837 dafür sorgte, daß nach Old Hickory der verdiente Demagoge van Buren an die Reihe kam. Der jedoch führte als achtes US-Oberhaupt einen so wenig volkstümlichen Lebenswandel, daß es im Wahljahr 1841 für seinen Gegner William H. Harrison ein leichtes war, ihn mit seinen, van Burens, eigenen Waffen zu schlagen. Harrison brauchte nur als einfacher »Mann aus der Blockhütte« aufzutreten, und schon war bis 1853 statt der demokratischen die liberale Parteimaschine am Zuge.

Diese »spoils system« genannte Gepflogenheit, alle wichtigen Regierungs- und Verwaltungsposten an die Anhängerschaft des Wahlsiegers zu verteilen, führte dazu, daß das politische Amerika immer mehr einer Burg glich, die spätestens alle acht Jahre neu erstürmt, neu besetzt und neu geplündert werden muß; zu Lasten der Bürger, versteht sich. Daß Angreifer und Verteidiger für diese periodischen Gewaltmaßnahmen keine blassen Moralisten zu Befehlshabern machen, versteht sich erst recht.

Der Spezialist

Die Menschheit wird nicht nur (und darum existiert sie noch) von Alexandern, Cäsaren und Bonapartes beherrscht. Immer wieder gibt es Epochen, in denen das Mittelmaß regiert, und gewöhnlich sind es keine düsteren Epochen. Nur auf die Parteiapparaturen in Parlamentarischen Demokratien und reinen Bürokratien (Volksdemokratien) wirken sich Zeitläufte ohne Machtmenschen-Fluidum eher ungünstig aus; denn wo kein Großer ist, muß ein Untersetzter zum Behelfs-Riesen aufgeplustert werden, und das kostet Mühe. In reinen Bürokratien macht der Apparat sich die Mühe selbst, im Parlamentarismus überläßt er sie einer renommierten Werbefirma. Der Aufbauprozeß vollzieht sich hier wie dort nach den gleichen demagogischen Prinzipien.

Was bei all solchen Anstrengungen im Glücksfall herauskommt, ist das, was Alexander Mitscherlich den »politischen Spezialisten« nennt: ein Mensch, der gelernt hat, was sich in der Politik lernen läßt, und dem mangels Begnadung nichts anderes übrigbleibt, als »seriös« zu erscheinen. In Ländern, wo gebrauchte Automobile frei gehandelt werden dürfen, gilt derjenige Politiker als seriös, dem jedermann allein auf den äußeren Schein hin, das heißt, wenn er keine ausgesprochene Roßtäuscher-Visage hat, ein nicht mehr fabrikneues Kraftfahrzeug abkaufen würde. Erwecken mehrere Personen diesen Anschein, kann die Parteimaschine sie bündeln und en bloc als »die bessere Mannschaft« verkaufen.

Gewitzte Werbestrategen wissen freilich, daß ein Politspezialist, der sich zu sehr auf sein biedermännisches Äußeres verläßt, Gefahr läuft, sein Spezialistentum einmotten zu müssen. Das Volk macht sich herzlich wenig aus Biederkeit. Steht kein demagogischer Charmeur zur Wahl, wird es von zwei gleich farblosen Kandidaten dem den Vorzug geben, von dem es glaubt, daß er wenigstens der Geschicktere im Beschummeln ist (siehe Schinderhannes-Syndrom).

Das Gleichnis vom Dornbusch

Beschließen wir das Kapitel über den Machtmenschen mit der Gleichnisrede, welche Jotham, Sohn des Gideon, gehalten hat vor König Abimelech von Gerar, dem Mörder seiner Brüder, und wie sie geschrieben steht im Buche der Richter, neuntes Kapitel, Vers 8 bis 15:

»Die Bäume gingen hin, daß sie einen König über sich salbeten, und sprachen zum Ölbaum: Sei unser König!

Aber der Ölbaum antwortete ihnen: Soll ich meine Fettigkeit lassen, die beide, Götter und Menschen, an mir preisen, und hingehen, daß ich schwebe über den Bäumen?

Da sprachen die Bäume zum Feigenbaum: Komm du, und sei unser König!

Aber der Feigenbaum sprach zu ihnen: Soll ich meine Süßigkeit und meine gute Frucht lassen, und hingehen, daß ich über den Bäumen schwebe?

Da sprachen die Bäume zum Weinstock: Komm du, und sei unser König!

Aber der Weinstock sprach zu ihnen: Soll ich meinen Most lassen, der Götter und Menschen fröhlich macht, und hingehen, daß ich über den Bäumen schwebe?

Da sprachen alle Bäume zum Dornbusch: Komm du, und sei unser König!

Und der Dornbusch sprach zu den Bäumen: Ist es wahr, daß ihr mich zum König salbet über euch, so kommt und vertrauet euch unter meinen Schatten; wo nicht, so gehe Feuer aus dem Dornbusch und verzehre die Cedern Libanons.«

Wer aus diesem Gleichnis den Schluß zieht, daß Menschen, die zu nichts Vernünftigem taugen, fürs Regieren allemal gut genug sind, tut den politischen Menschen, die in aller Welt die Staatsgeschäfte führen, unrecht. Nicht wenige von ihnen malen sehr hübsch, manche verfassen Bücher oder spielen Orgel. Im Grunde meint die Fabel mit dem Dornbusch ja auch nicht den Politiker schlechthin, das heißt den Menschen, der selbstlos und aus sozialer Verantwortung sagt und tut, was gesagt und getan werden muß, vielmehr meint sie die Ausnahme, das Zerrbild, das in einem Handbuch der Demagogie verständlicherweise mehr Raum einnimmt als in der politischen Wirklichkeit.

Im übrigen wollen wir, schon um Empfindlichkeiten zu schonen, noch einmal klarstellen: Nicht jeder politische oder Machtmensch ist ein Demagoge, wohl aber ist jeder Demagoge ein politischer oder Machtmensch.

III. Der große Haufe

»Jeder, sieht man ihn einzeln,
ist leidlich klug und verständig;
sind sie in corpore, gleich
wird euch ein Dummkopf daraus.«
(Friedrich von Schiller)

Bei Fischen, die in Schwärmen leben, befindet sich das zerebrale Zentrum, das alle für den Zusammenhalt des Schwarms erforderlichen Reaktionen auslöst, im Vorderhirn. Macht man es wie der Verhaltensphysiologe Erich von Holst und operiert einem einzelnen Fisch die vordere Gehirnhälfte weg, so fehlt diesem die artspezifische Hemmung, sich vom Kollektiv zu entfernen. Anstatt die gemeinsame Bewegung mitzuvollziehen, schwimmt er einfach geradeaus – und siehe, der Schwarm folgt ihm. Durch seinen künstlich erworbenen Mangel an sozialer Bindung ist der Vorderhirnlose zum Führer geworden.
Dieses Experiment will nicht beweisen, daß wahres Führertum auf sozialer Bindungslosigkeit gründet (wiewohl Freud genau dies behauptet), sondern es zeigt, wie wenig zur Herstellung eines Führer-Gefolgschaft-Verhältnisses gehört. Ein bißchen eigenwillige Entschlossenheit, und schon wimmelt es hinter einem – so man ein Schwarmfisch ist.
Ist man ein Mensch, der mit allen Mitteln Macht anstrebt, verhält es sich etwas anders, doch im Grunde nicht viel komplizierter. Menschenmacht im Sinne von persönlicher Möglichkeit, den Lauf der Dinge weitestgehend zu be-

stimmen, wäre ohne fügsame Menschenmasse allenfalls denkbar, wenn der »Machtmensch« in einer sonst menschenleeren Welt lebte; doch dann würde er das Wichtigste vermissen: die Genugtuung, als mächtig anerkannt, besser noch gefürchtet zu werden. Mithin ist es leichter, sich eine Masse ohne Mächtigen vorzustellen als einen Mächtigen ohne Masse.

Was ist Masse?

Fragt man einen psychologischen Laien, was er unter Masse versteht, antwortet er arglos: »eine Menge Leute«, und Millionen anderer Laien stimmen ihm bei. Nicht so der Fachmann. Er unterscheidet zunächst einmal zwischen Masse und Menge, wobei für ihn Menge lediglich die große Zahl meint, Masse hingegen auch etwas über die Beschaffenheit einer großen Zahl aussagt. Sodann differenziert er säuberlich zwischen »sichtbarer«, »konkreter«, »manifester«, »spontaner« oder »kurzlebiger« Masse auf der einen und »unsichtbarer«, »abstrakter«, »latenter«, »funktionaler« oder »stabiler« Masse auf der anderen Seite; womit er im Grunde nur sagen will, daß eine Menge Leute, um nach psychologischem Verständnis eine Masse Leute zu sein, nicht unbedingt einen Volksauflauf zu bilden braucht. Außerdem kann man noch zwischen »gleichartigen« (z. B. Kirchen) und »ungleichartigen« Massen (z. B. Parlamenten) unterscheiden.
Moderne Soziologen sprechen, wenn es um Menschen in großer Zahl geht, auch von »Gruppen« und »Aggregaten«. Gruppen bilden sich durch die Kohäsionskraft eines gemeinschaftlichen Interesses. Beispiel: Die Teilnehmer an einer Protestaktion. Aggregate sind Versammlungen, de-

ren Mitglieder in keinerlei Verbindung stehen. Beispiel: Ein Schub Hotelfahrstuhl-Benützer. Bei einem Aggregat entspricht das Ganze der Summe seiner Teile, bei einer Gruppe ist das Ganze etwas qualitativ anderes als die Summe seiner Teile. Auch ein Publikum ist so lange Aggregat, bis es – von einem Film oder einem Theaterstück – emotional bewegt wird; ebenso können bei Katastrophen aus Aggregaten echte Gruppen werden.

Wir wollen uns darauf beschränken, Masse im Sinne Sigmund Freuds zu verstehen, nämlich als ein »provisorisches Wesen, das aus heterogenen Elementen besteht, die für einen Augenblick sich miteinander verbunden haben, genau so, wie die Zellen des Organismus durch ihre Vereinigung ein neues Wesen mit ganz anderen Eigenschaften als denen der einzelnen Zellen bilden«. Zugleich wollen wir dieses provisorische Wesen als ein Etwas begreifen, das, vergleichbar mit dem Freudschen »Es«, in jedem von uns verborgen ist und nur darauf lauert, daß wir in eine Situation geraten, in der es unser Verhalten bestimmen kann.

Wie ist Masse?

Das Triebwesen »psychologische Masse« hat folgende Charaktereigenschaften, auf die sich der Demagoge so fest verlassen kann wie der Organist auf seine Klaviaturen:

Es ist spontan in all seinen Äußerungen, leidenschaftlich, eitel, inkonsequent, unentschlossen, dabei immer zum Äußersten bereit, leichtsinnig in seinen Überlegungen, heftig in seinen Urteilen.

Sein Temperament ist sanguinisch, sein Enthusiasmus kann edel oder niedrig motiviert sein. Intolerant und autoritätshörig, respektiert es die Überlegenheit des Starken und hält Güte für eine Art von Schwäche.

Das Wesen Masse kennt keinen Zweifel. Ein vager Verdacht wird bei ihm sogleich zur Gewißheit, ein Keim von Antipathie zu wildem Haß. Sein Wille ist unbändig, aber nicht von Dauer. Deshalb verträgt es keinen Aufschub zwischen Begehren und Erfüllung des Begehrens. Seine Vergeßlichkeit ist ohne Beispiel.

Das Wesen Masse ist kritiklos, leicht zu beeinflussen und unfähig, das Persönliche vom Sachlichen zu trennen. Da es nur in Bildern denkt, gibt es in seiner Vorstellung subjektiv nichts, was der Wahrscheinlichkeit widerspricht; wie in einem Märchenbuch kann darin völlig Konträres nebeneinander bestehen und sich miteinander vertragen.

Das Wesen Masse ist leicht zu erschüttern, weil es ihm an Selbstachtung fehlt. Gleichwohl ist es bereit, sich von einem jäh in ihm aufsteigenden Kraftbewußtsein, das dem Gefühl der Allmacht ähnelt, zu Untaten hinreißen zu lassen, wie sie sonst nur von einer absoluten, niemandem verantwortlichen Macht verübt werden; demgegenüber kann sein ethisches Verhalten das eines einzelnen Menschen hoch überragen.

Das Wesen Masse ist fasziniert von leeren Worten, deren Magie in seiner Seele Stürme entfesseln, aber auch wieder besänftigen kann. Das Irreale zählt für ihn mehr als das Reale, Widersinn rangiert vor Logik, das Unglaubliche vor dem Glaublichen. Vernunftgründe lassen es daher kalt, Wahrheit bedeutet ihm wenig; worauf es nicht verzichten kann, sind Illusionen.

Das Wesen Masse bringt Dinge in Zusammenhang, die nichts oder kaum etwas miteinander zu tun haben, und es versteht es, Einzelfälle so rasch und rigoros zu verallgemeinern, daß sie sich wie Symptome ausnehmen. Eine logische Kette unbezweifelbarer Fakten würde bei ihm nur Unmut oder doch Mißtrauen wachrufen.

Das Wesen Masse will überwacht, beherrscht und unterdrückt werden. Es will einem Herrn gehorchen und vor ihm zittern. Nichts ist ihm so verhaßt wie Fortschritt, nichts so heilig wie das »Tradition« genannte Prinzip, wonach »der Wille der Toten das Handeln der Lebenden entscheidend beeinflußt« (Le Bon). Jeder Blick auf die Titelseiten der in Fürstenverehrung ersterbenden Boulevardpresse zeigt: Ginge es nach dem Wesen Masse, lebten wir noch im mittelalterlichen Ständestaat, unter Despoten von Gottes Gnaden.

Das Wesen Masse handelt stets nach dem Gefühl, von dem es gerade beherrscht wird. Daher sind alle von ihm veranlaßten Institutionen und Gesetze nichts anderes als der sichtbare Ausdruck solcher Augenblicksgefühle; etwa die Todesstrafe. Obwohl niemandem geholfen ist, wenn am Ende eines Mordprozesses zwei statt nur eines Toten zu beklagen sind, wird der Ruf nach dem Henker nie verstummen, mag die Vernunft ihn tausendmal in Pension geschickt haben.

Das Wesen Masse wirkt auf jede der Zellen, die seinen Organismus bilden, ungeheuer mächtig, ja bedrohlich – weniger für den »äußeren Feind« als für dasjenige Massenbestandteilchen, das es wagen sollte, sich in Widerspruch zu dem vielköpfigen Monstrum zu setzen, welches im Augenblick die gesamte menschliche Gesellschaft zu vertreten scheint. Diese Gefühlsmischung aus Bewunderung und Furcht, verbunden mit fortwährender gegenseitiger Beeinflussung und emotionaler Ansteckung, führt dazu, daß das in der Masse befindliche Individuum sein Eigeninteresse immer unbedenklicher einer »Sache« opfert, bis es schließlich zum willenlosen Automaten entartet.

Das Wesen Masse kennt weder Klassen- noch Bildungsunterschiede. In dem Augenblick, da er Massenpartikel geworden ist, hat der Kernphysikprofessor um kein Jota mehr Beobachtungsgabe und kritischen Verstand als der Mann von der Fäkalienabfuhr, und wie die Bevorzugten ihren Dünkel vermissen lassen, so verlieren die Dummen, Ungebildeten und Neidischen das Gefühl ihrer Nichtigkeit und Ohnmacht.

Das Wesen Masse ist leicht zu täuschen, weshalb die Weltgeschichte aus einer Kette von Irrtümern besteht. Wer dem »Großen Haufen« Sand in die Augen streut, kommt aufs Ehrenpodest, wer ihm die Augen öffnen will, aufs Schafott.

Das Wesen Masse hat eine unüberwindliche Zuneigung zum Übersinnlichen; darum war die wissenschaftliche Unhaltbarkeit einer Heilslehre noch nie ein Hindernis für ihre Popularität. Wer sich zu dem, was das Wesen Masse für verehrungswürdig hält, nicht bekehren will, den verfolgt es mit fanatischem Eifer. Selbst der friedsame Nihilismus wäre unter seiner Herrschaft ein bigotter, auf Ausbreitung versessener Kult.

Das Wesen Masse befindet sich in einem Zwiespalt. Einerseits brennt es darauf, einen »Standpunkt« zu haben, andererseits merkt es, daß es in dieser Welt der Widersprüche schwerhält, den richtigen zu finden. Weil es zudem überzeugt ist, daß es hienieden nur *einen* richtigen Standpunkt gibt, hält es nach einer Autorität Umschau, die ihm den Punkt, auf den es sich stellen soll, zeigen kann. Ist diese Autorität zufällig auf Neuerungen aus (oder gibt vor, es zu sein), vermag das erzkonservative Wesen Masse lange Zeit den Anschein von progressiver, ja revolutionärer Gesinnung zu erwecken.

Das Wesen Masse ist aufgrund all dieser Eigenschaften

weiblichen Geschlechts – das entdeckte Le Bon, das bestätigte Freud, das leuchtete Hitler und Goebbels ein, und jeder, der über Massenpsychologie mitredet, plappert es nach. Warum? Weil das von Männern analysierte Wesen Masse ein höchst verwirrendes, fremdartiges, überwiegend unerfreuliches Wesen ist, und schon deshalb gar nicht männlich sein *kann*.

Die Sorte kennt man doch

Der geistig gesunde Einzelmensch hat zu allem, was ihn betrifft oder betreffen könnte, eine *Meinung*. Das heißt, er fällt unverbindliche Urteile, die sowohl durch Beweisgründe erhärtet (»fundiert«) als auch oberflächlich und unüberlegt sein können. Meinungen lassen sich, je nach persönlichem Wortschatz, mehr oder weniger leicht artikulieren und bestimmen kaum das eigene, geschweige fremdes Handeln. Einer Meinung wegen, mag sie noch so schockierend sein, bricht kein Krieg aus, schlimmstenfalls eine Rauferei. Anders ist es mit den *Attitüden*, worunter man in Soziologenkreisen versteht: »die Gesamtsumme der Neigungen, Gefühle, Vorurteile, Befangenheiten, vorgefaßten Meinungen, Vorstellungen, Ängste, Befürchtungen und Überzeugungen eines Menschen in bezug auf einen bestimmten Gegenstand« (L. L. Thurstone). Attitüden sind in der menschlichen Persönlichkeit tief verankert und eng mit anderen Teilbereichen der Psyche verbunden; deswegen lassen sie sich nicht nur schwerer in Worte fassen als Meinungen, sie geben auch viel stärkere Handlungsimpulse ab.

Da Meinungen von Charakter, Intelligenzgrad und Wissensstand des einzelnen abhängen, ist das Triebwesen

Masse notwendigerweise meinungslos. Was es bewegt, was vom »Hosiannah!« bis zum »Kreuzige ihn!« sein Handeln bedingt, ja was es überhaupt erst zum autonomen Wesen macht, sind seine Attitüden.

Wir wollen aus diesen Massen-Attitüden nur ein Ingredienz herauslösen, weil es für demagogische Zwecke am wichtigsten und wohl auch am ergiebigsten ist: das *Vorurteil*.

Vorurteil heißt nicht vorläufiges Urteil, bedeutet auch nicht vorgefaßte Meinung, sondern drückt die sichere Erwartung aus, daß Dinge oder Lebewesen bestimmte voraussagbare Eigenschaften aufweisen bzw. ein bestimmtes voraussagbares Verhalten an den Tag legen. Deshalb können Vorurteile durchaus etwas Positives sein. Niemand käme im heutigen Straßenverkehr heil davon, würde ihn nicht die »sichere Erwartung«, daß manche Verkehrsteilnehmer gegen die Regeln verstoßen, vor einer zu unbekümmerten Fahrweise bewahren. Seine negative Bedeutung erhält das Wort Vorurteil erst, wenn man darunter das »Zurechtbiegen der Wirklichkeit nach den eigenen Wünschen« (Mitscherlich) versteht.

Wann wir es mit einem vorläufigen Urteil und wann mit einem Vorurteil (im Fachjargon auch »Klischee« oder »Stereotype«) zu tun haben, erkennen wir an folgenden Kriterien:

1. Ein vorläufiges Urteil kann revidiert werden, sobald der Sachverhalt, auf dem es fußt, sich geändert oder als falsch herausgestellt hat. Ein Vorurteil kann auch dann nicht zurückgenommen werden, wenn neues Wissen es als unsinnig entlarvt. Wer es hegt, ist davon so »besessen«, daß ihm nichts, was dagegen vorzubringen ist, einleuchtet. Betrifft das Vorurteil eine mißliebige Min-

derheit, hält er schon die Aussage: »Die Sorte kennt man doch!« für ein Argument, das alle Einwände vom Tisch fegt.

2. Vorläufige Urteile lassen sich im einzelnen begründen, Vorurteile nicht. Die stereotypen Bilder von »Kapitalist« und »Kommunist« sind reichlich unscharf und verwackelt, und bei dem Versuch, ein Vorurteil wie »Die Juden sind an allem schuld« ausführlich zu erklären, käme sich sogar der verbohrteste Antisemit lächerlich vor.
3. Bei einem vorläufigen Urteil läßt sich das Für und Wider abwägen, ein Vorurteil ist seiner Natur nach einseitig. Wenn wir das Wort »Frühling« hören, verdrängen wir die Assoziation »Aprilwetter« und denken an einen besonders regenarmen Mai, wie wir ja auch nicht wahrhaben wollen, daß »weiße Weihnachten« in der Regel grau sind. Nicht anders ist es, wenn unsere »sichere Erwartung« dahin geht, daß eine uns beirrende Person oder Gruppe faul, dumm, hinterlistig oder wasserscheu sei: Es fallen uns nur Tatsachen ein, die unser Vorurteil zu bestätigen scheinen; alles, was dagegen spricht, lassen wir unbeachtet.

Eine amerikanische Werbeagentur hatte vor Jahren Probleme mit einem Plakat. Es sollte den Umsatz einer bekannten Kaffeemarke steigern, bewirkte jedoch eher das Gegenteil. Auf dem Plakat waren Plantagenarbeiter zu sehen, die ihre Tätigkeit in einer Weise ausübten, als sei Kaffeepflücken der amüsanteste und spannendste Job der Welt.

Die Abbildung hatte allen, die sie anging, gut gefallen: den Leuten von der Agentur, ihren Auftraggebern, den Pas-

santen, die von Interviewern darüber befragt wurden; dennoch stagnierte unerklärlicherweise der Kaffeeumsatz. Schließlich wurden Werbepsychologen mit dem Tachistoskop auf das Rätsel angesetzt.
Das Tachistoskop ist ein optisches Testgerät, das einen Gegenstand gerade so kurz sichtbar macht, daß die Versuchsperson ihn zwar noch nicht klar erkennen, aber immerhin schon gefühlsmäßig wahrnehmen kann. Für ihr Bewußtsein ist das, was sie wahrnimmt, nichts weiter als ein Flimmern, ihr Unbewußtes jedoch reagiert auf das Gesehene mit Ausgeglichenheit oder Unruhe, Sympathie oder Antipathie. So ist es mit Hilfe dieses Gerätes möglich, erste emotionale Stellungnahmen eines Menschen zu ermitteln, bevor sie noch vom »Kontrollbewußtsein«, d. h. von seinem kritischen Verstand, korrigiert wurden.
Die Psychologen also unterzogen das ebenso gefällige wie erfolglose Plakat einem tachistoskopischen Test, und siehe: die Testpersonen erlebten das, was ihnen kurz zuvor noch angenehm erschienen war, plötzlich als etwas Unbehagliches, Unsympathisches, ja Abstoßendes. Überflüssig zu sagen, daß daraufhin die *schwarzen* Kaffeepflücker auf dem Plakat durch genauso fröhliche *weiße* ersetzt wurden, – was dem Absatz des Markenartikels spürbar zugute kam.
Um zu beweisen, wie tief gerade der Rassismus, das unsinnigste aller Vorurteile, nicht nur in Ku-Klux-Klan-Mitgliedern, sondern sogar in Menschen wurzelt, die sich frei davon glauben, bedarf es gar keiner komplizierten Apparatur; ein »harmloser« Witz wie dieser genügt:
Zwei Kannibalen sitzen beim Abendessen. Es gibt jungen Missionar, außen knusprig, innen noch zartrosa. Sagt der eine Kannibale zum anderen: »Das ist schon was anderes als der Fraß in der Heidelberger Mensa!«

Wer über diesen Witz lacht, ist sicherlich kein vom Haß gegen Andersfarbige verblendeter Fanatiker, und doch liegt die Komik der Geschichte ganz eindeutig darin, daß sie rassistische Assoziationen hervorruft; etwa die Gedankenkette: ›Kannibale = Neger = Wilder = Sowas darf bei uns studieren! = Numerus clausus = Menschenfresser mit Doktorhut! = Und dafür auch noch Entwicklungshilfe!‹ Wer sittlich so hoch steht, daß ihm dergleichen nicht in den Sinn kommt, lacht ebenfalls, – weil er für sicher hält, daß moralisch weniger Gefestigte solche Ideenverbindungen haben.

Wie mächtig in jedem einzelnen, mag er sich gemeinhin noch so human und vernünftig verhalten, jene Triebkräfte sind, die ihn in jedem Augenblick ganze Kulturstufen hinabstoßen und zum Molekül eines haßerfüllten Pöbels machen können, zeigt sich nicht nur beim Witze-Erzählen.

Vor Jahren schilderte Vera Elyashiv, eine Journalistin aus Israel, ihre Begegnung mit einem deutschen »Philosemiten«, dessen Namen sie höflich unterschlug, obwohl es sich, wie sie schrieb, um eine »offizielle Persönlichkeit« handelte. Dieser Ungenannte, dem zuinnerst daran gelegen war, »eine Verständigung zwischen dem deutschen und dem jüdischen Volk herbeizuführen«, beklagte gegenüber der Interviewerin den von Hitler verschuldeten und in der gesamten Bundesrepublik schmerzlich spürbaren »Verlust des jüdischen Elements«, worunter er verstand: »die besonderen geistigen Eigenschaften der Juden, ihre geistige Wachheit, den jüdischen Scharfsinn, ihre Streitlust, ihr Engagement. . . auch ihr besonderes Einfühlungsvermögen, das sie zu besonderen geistigen und humanen Berufen prädestiniert.« Frau Elyashivas Versicherung, daß auch bei ihr zu Hause an diesem so vorteilhaften »Element« Mangel herrsche, hielt er für eine Bescheidenheits-Floskel, die er mit dem Geständnis übertrumpfte, er selbst habe schon in jungen Jahren eine besondere »Schwäche« für Jüdinnen gehabt. Auch hob er lobend die Pionierleistungen des Staates Israel hervor, die ihm ein Fernsehfilm nahegebracht hatte, und schloß mit dem Kompliment: »Aber *das Überraschendste* für mich waren die schönen Kinder.«

Arme offizielle Persönlichkeit! Da hatte sie nun ihr in vielen Religionsstunden gestanztes Klischee vom »Ewigen Juden« brav in die Abgründe ihrer Seele verdrängt, so, wie ein artiges Kind seinen Spinat hinunterwürgt, und gerade im unpassendsten Augenblick kommt's wieder hoch.

Vielleicht sollten wir hier etwas anmerken, auf die Gefahr hin, daß es den einen oder anderen befremdet: Es ist kein Frevel, Juden nicht zu mögen, zumal wenn die Saat zu solcher Abneigung so frühzeitig gelegt wurde, daß daraus zwangsläufig ein Vorurteil erwachsen mußte. Die Schuld beginnt erst da, wo Abneigung in Tat umgesetzt wird, und sei's nur die winzigste Beschränkung eines für alle gültigen Rechts, sie endet aber keineswegs dort, wo ein demagogischer Haßprediger behauptet, für alles, was auf seinen Befehl geschieht, die »volle Verantwortung« zu tragen. Ebensowenig ist es natürlich ein Verdienst, die Juden allesamt sympathisch zu finden, und wer sie gegenüber der Mehrheit oder anderen Minderheiten bevorzugt, macht sich ebenfalls schuldig.

Daß Rassismus, ganz gleich, ob er sich als irrationale Aversion oder als übereifrig motivierte Sympathie äußert, niemals angeboren, sondern immer erlernt, also kulturbedingt ist, hat schlüssig eine Versuchsreihe in den USA bewiesen, bei der es um die Überprüfung der weltweit verbreiteten »Meinung« ging, Menschen von dunkler Hautfarbe röchen »anders«, möglicherweise intensiver als hellhäutige. Der Test war so einfach, daß sich die Frage aufdrängt, warum man ihn nicht schon viel früher angestellt hat: Weiße Versuchspersonen wurden mit verbundenen Augen in die Nähe von transpirierenden Mitmenschen verschiedenster Couleur gebracht und aufgefordert, den »typischen Negergeruch« herauszuschnuppern. Doch zum Leidwesen aller Rassenfanatiker war kein Versuchsschnüffler in der Lage, zwischen Farbigen und Weißen irgendeinen Geruchsunterschied festzustellen, auch nicht bei stärkster Schweißabsonderung. Umgekehrt konnten dunkelhäutige Probanden keinen spezifisch »weißen« Körpergeruch wahrnehmen.

Marxistische Soziologen führen alle im weitesten Sinne sozialen Vorurteile auf wirtschaftliche Unstimmigkeiten zurück, auch den Antisemitismus. Die Juden, so erklären sie, gehörten eben zu denen, die gewöhnlich »im Licht« stehen, und hätten sich daher den Haß selbst zuzuschreiben, mit dem sie von denen »im Dunkeln« verfolgt würden. Eine These, die sich inhuman anhört, kann, da die Menschheitsgeschichte den Gesetzen der Humanitas öfter zuwiderläuft als gehorcht, dennoch richtig sein. Diese ist schon darum falsch, weil Antisemiten in der Regel auch andere ethnische Minderheiten, zum Beispiel Zigeuner, verabscheuen. Juden und Zigeuner aber leben auf völlig verschiedenen Gesellschaftsebenen. Außerdem gehört der Hang zur Rassendiskriminierung zu dem wenigen, was Sozialhilfeempfänger und Multimillionäre gemeinsam haben. Sicherlich wird manches soziale Vorurteil durch tatsächlich bestehende Interessenkonflikte beeinflußt, wobei wirtschaftliche, unter besonderen Umständen sogar rassische Motive eine Rolle spielen können; doch dies ändert nichts daran, daß Vorurteile ihrem Wesen nach »unvernünftig« sind.

Nach Psychologenmeinung steckt irgend etwas in uns, das nur darauf lauert, zu verdammen oder in den Himmel zu heben, und das sich dabei ständig nach Gleichgesinnten umschaut, nach Komplizen, die sein Urteil, wie immer es lautet, gutheißen. Und irgend etwas in uns ist auf das angenehmste berührt, wenn es über Personen oder Sachen befindet, die sich seiner Kenntnis und erst recht seinem Verständnis entziehen. Ganz besonders aber freut sich das Irgendetwas, wenn sich ihm die Chance bietet, verworrenen Haßgefühlen eine Richtung zu geben.

Das fast immer von Haß begleitete soziale Vorurteil hält sich nicht zuletzt deshalb so hartnäckig, weil es dem Hassenden gestattet, mit dem Gegenstand seines Hasses böse zu verfahren, sich dabei aber – weil doch das Böse ausgerottet werden muß – für gut zu halten. Sogar für besser. Denn der Glaube, daß das Haß-Objekt, eben weil es gehaßt wird, minderwertig sei, führt automatisch zu der Schlußfolgerung, daß das hassende Subjekt dafür um so wertvoller sein müsse. Beweisgründe für diesen hohen Grad der Selbstachtung sind nicht erforderlich. Die Zugehörigkeit zu einer vom Haß geschmiedeten Gemeinschaft, sei es die »richtige« Rasse, Religion, Weltanschauung, Partei oder Parteirichtung, ist für jedes Mitglied Verdienst genug.

Haß ist keine einheitliche Empfindung, vielmehr ein ganzes Knäuel von aggressiven Gefühlen. Das verbreitetste ist der Neid, die leidenschaftliche Ablehnung anderer, weil diese etwas besitzen, was man selber nicht hat, ja oft nicht einmal haben will. Sind die mißgönnten Werte oder Werteigenschaften unbestreitbar vorhanden, ist der Neid zwar kein liebenswerter Charakterzug, aber immerhin »begründet«; werden sie vom Neider ungeprüft vorausgesetzt, haben wir es mit einem sozialen, meist rassistischen Vorurteil zu tun. Neger, das »weiß jedes Kind«, sind triebhafter (sprich: sexuell potenter), Juden gerissener (sprich: intelligenter) als die angestammte Mehrheit. Neid erzeugt auch eine besonders skurrile Abart von Überheblichkeit, die man als »Moralität des Mankos« bezeichnen könnte: Die Armen zweifeln keine Sekunde daran, edlere Menschen zu sein als die Reichen, die Talentlosen halten sich für sittlich höherstehend als die Begabten, die Häßlichen überragen an Redlichkeit (und schon gar an Klugheit) turmhoch die Schönen, die Bresthaften beten für das gefährdete Seelenheil der Gesunden.

Herr, Sie sprechen mit einer Dame!

»Die Gruppe«, meint der Psychologe den Hollander, »entwickelt immer eine Ideologie, die das persönliche Gefühl der Selbstachtung bis zu einem Gefühl der Überlegenheit gegenüber Mitgliedern anderer Gruppen derselben Art steigert.« Soll heißen: Wenn Vorurteile überhaupt zu etwas nütze sind, dann höchstens dazu, das Geltungsbedürfnis derer zu befriedigen, denen es an Geltung gebricht. Da etwa neun Zehntel der Erdbevölkerung, legt man einigermaßen strenge Qualitätsmaßstäbe an, »nichts gelten«, kann es kaum wundernehmen, daß Kollektive, die aus gegenseitiger Geringschätzung Prestigegewinn erzielen, nur so ins Kraut schießen; von rivalisierenden Trachtenvereinen bis zu ideologisch verbrämten Supermachtblöcken.
Wo der Mangel an positivem Selbstgefühl besonders spürbar ist, etwa am unteren Rand der Mittelklasse, der in

hochindustrialisierten Gesellschaften ja schon das tiefste Geltungsniveau markiert, dort werden Vorurteile häufig zu Rettungsankern. Wer nicht weiß, worauf er stolz sein soll, klammert sich an die wunderlichsten Schimären. Die Bezeichnungen »Dame« und »Herr«, vor nicht gar zu langer Zeit dem höchsten Adel vorbehalten, trotzen, wo sie's noch können, jedem Versuch, sie durch schlichtere Anreden wie »Genossin/Genosse« oder »Kollegin/Kollege« zu ersetzen, obwohl diese den sozialen Sachverhalt ungleich genauer kennzeichnen würden. Je geringer eines Menschen Rang, desto mächtiger sein Vorurteil, die ehedem fürstliche Benennung stünde ihm zu, ja desto energischer auch sein Pochen auf dieses zeitwidrige Privileg.

Weh dem, der das Herrentum des Klempnerlehrlings, der ihm eine Dienstleistung zelebriert, mißachtet! Sein Wasserhahn wird bald wieder tropfen. Gnade jenem, der mit der Dame, die ihm auf dem Obstmarkt Äpfel verkauft, weniger galant verfährt als Lord Nelson mit Lady Hamilton! Das nächste Mal wird sie ihm Angefaultes in die Tüte schummeln. Der einzige Sozialbereich, in welchem Erweise der Ehrerbietung weder erwartet noch belohnt werden, ist die Prostitution, und auch sie nur in ihren niedrig dotierten Erscheinungsformen. Besserbezahlte Damen und Herren rechnen sich ungeachtet der Gänsefüßchen, in die eine ihrem Metier verwandte Presse sie zwängt, bereits zum honorablen Bevölkerungsteil.

Wo es noch eine Unterklasse gibt, so tief unten, daß es ihr gleichgültig ist, wie man sie anredet, und so rückständig, daß sie noch kein Klassenbewußtsein entwickelt hat, auf dem sich Proletarierstolz züchten ließe, dort verkleinert sich das natürliche Verlangen nach Anerkennung zum rein sexuellen Problem. Hat einer gar nichts, was ihn mit dem täglichen Quentchen Selbstachtung, das der Mensch braucht, erfüllen kann: kein Geld, keine Bildung, keine Begabung, keinen Glauben, der ihn über seine Ausweglosigkeit hinwegtröstet, so hat er doch normalerweise ein Geschlecht mit unverkennbaren anatomischen und physiologischen Merkmalen, und als Angehöriger dieses Geschlechts, das für ihn zur »Bezugsgruppe« wird, kann er sich wenigstens über *eine* fremde Gruppe, nämlich das andere Geschlecht, erhaben fühlen.

Innerhalb eines so starken und so weit verbreiteten Verbandes ist noch der letzte Habenichts »wer« und hat zudem, wenn man es weise bedenkt, manches Erfolgserlebnis gratis, das für den Luxusjacht-Krösus mit hohen Kosten verbunden ist.

Ob der viel bespöttelte Gockelstolz an karstigen Sonnenküsten wirklich zum lokalen Volkscharakter gehört, oder ob er nicht vielleicht auch damit zusammenhängt, daß die Armut eine fatale Vorliebe für den Süden hat, wäre zu untersuchen. Als sicher darf gelten, daß überall, wo Sexualität der einzige Trumpf ist, das Geschlechtsgehabe klischeehafte Formen aufweist:

Der Mann betrachtet die Frau zunächst und allgemein als qualitativ unter ihm stehende Erfüllerin periodischer Begierden. Hat ihm eine vor Zeugen zugesichert, ausschließlich und jederzeit *sein* Verlangen stillen zu wollen, hebt er sie einige Zentimeter zu sich empor; hat sie den Beweis für ihre Gebärtüchtigkeit erbracht, wird sie für ihn geschlechtslos und dient, ihrer in Kindbetten erworbenen Schwerhüftigkeit wegen, nur noch als Nestwärmerin. Da ihm sein Zeugungsglied von Gott als Szepter verliehen wurde, hält er es hoch und heilig und verfolgt jeden, der dies nicht tut, ja das Herrschaftssymbol gar durch homosexuelles oder auch nur »weibisches« Verhalten entweiht, mit verbissenem Eifer. Die Frau hält sich für ihre prestigearme Rolle als Gebrauchsgegenstand und Glucke an den Obliegenheiten der Brutpflege schadlos, denen sie einen Wert beimißt, der immerhin so hoch ist, daß sie ihrerseits auf alle Noch-nicht-Glucken herabschauen kann.

Who is who?

Wer ein soziales Vorurteil hat, der möchte, daß sich dieses Vorurteil »bewahrheitet«. Dazu muß er im Einzelfall wissen, woran er ist, und das bereitet oft Schwierigkeiten. Neger sind dankenswerterweise schwarz, Asiaten haben Schlitzaugen und Zigeuner erkennt man, wenn sie nicht Geigen schluchzen lassen, am Zigeunerwagen. Bei den Juden wird es schon schwieriger. Sie sind weiß, einige sogar blond, ja blauäugig, und ähneln nur in seltenen Fällen dem Bild, das die Nazi-Witzbolde von ihnen gezeichnet haben. Weil jedoch der Antisemit wissen will, wann seine Beziehung zu einem Mitmenschen Nächstenliebe und wann Rassenschande ist, sahen sich geistliche und weltliche Instanzen immer wieder gezwungen, alle, die am Tode »unseres« Herrn Jesus schuld sind, mit einem gelben Warnzeichen auszustatten; erstmals im Jahre 1179, gleich nach dem lateranischen Konzil, zuletzt im Terrorstaat Hitlers.
Was aber, wenn sowohl natürliche als auch künstliche Unterscheidungsmerkmale fehlen? Wie soll man einen Anhänger der Partei A, wie einen Stammwähler der Partei B zum Zwecke der Mißachtung identifizieren, wenn keiner eine Fahne bei sich trägt, ja wenn beide womöglich in Jeans-Anzügen herumlaufen? Woran erkennt der Anständige, ob er es mit einem anderen Anständigen oder mit ei-

nem Linken oder Rechten, Liberalen oder Konservativen, Katholiken oder Protestanten, Bayern oder Preußen, Hunde- oder Katzenfreund zu tun hat?

Dieses »nicht wissen, woran man ist« führt zu neuen haßerfüllten Vorurteilen. So ist die Ursache des Volkszorns, der sich vor einiger Zeit gegen »die Langhaarigen« entlud, und scheinbar politisch motiviert war, wohl eher darin zu suchen, daß die damalige Jungmännermode, das Haar schulterlang zu tragen, die wichtigste aller menschlichen Unterscheidungen erschwerte: die der Geschlechter. Als in den zwanziger Jahren die »Bubiköpfe« aufkamen und ein paar Jahre später die Mädchen anfingen, sich als »Hosenweiber« (so nannte man sie) zu gefallen, gab es eine ähnliche Empörung. Auch sie wurde politisch, als Auflehnung gegen »artfremde Verfallserscheinungen«, begründet. Daß bei so etwas auch die konservative Grundhaltung jeder Masse, ihr Widerwille gegen das Ungewohnte, eine Rolle spielt, steht außer Zweifel. Doch das Delikt »Irreführung der Öffentlichkeit durch Vortäuschung des falschen Geschlechts« wiegt, auch wenn es im Strafgesetzbuch fehlt, nicht leicht. Jedenfalls dürften sich Transvestiten in keiner Gesellschaft, und sei es die aufgeschlossenste, so richtig geborgen fühlen.

Oft fehlen nicht nur die Zeichen, an denen man den Andersartigen erkennt, sondern sogar die Begriffe.

Als der Soziologe Stuart Chase von mehr als hundert Personen der verschiedensten Berufsgruppen wissen wollte, was sie unter Faschismus verstünden, zeigten alle die gleiche Abneigung gegen das Wort, doch nicht zwei von ihnen waren sich darüber einig, was es bedeutet; und bei einem demoskopischen Straßen-Interview der »Capitel Times« antwortete eine amerikanische Hausfrau auf die Frage, was denn ein Kommunist sei: »Ich weiß es wirklich nicht, aber man sollte sie aus dem Weißen Haus hinausschmeißen.« Daraus zu schließen, die »Opfer« solcher Umfragen würden es peinlich finden oder gar darunter leiden, daß sie die Objekte ihres Mißvergnügens nicht charakterisieren können, wäre grundfalsch. Im Gegenteil: Wüßten sie, welche Qualitäten die von ihrem Vorurteil Betroffenen tatsächlich haben, müßten sie erkennen, daß Unternehmer, Gewerkschaftler, Juden, Christen, Sozialisten oder wem sonst ihr Abscheu gilt, sicherlich einige ihre Kategorie kennzeichnende, mag sein auch unschöne Besonderheiten aufweisen, daß sie aber andere und wahrscheinlich sehr viel mehr Eigenschaften besitzen, die sie mit allen Menschen, auch den Vorurteils-Hegern, teilen. Überdies kann das Typische innerhalb einer als hassenswert empfundenen Klasse, Clique, Rasse oder sonstigen Gemeinschaft bei genauer Prüfung so stark differieren, daß man von Kategorien lieber gar nicht sprechen sollte.

Nein, die Begrifflosen schämen sich nicht ihrer Begrifflosigkeit. Sie wollen nicht *wissen,* sie wollen *hassen,* hassen was ihre Bezugsgruppe haßt. Nach den Details und dem Warum fragen sie schon deshalb nicht, weil, gesetzt den Fall, sie gewönnen Einsicht in die wahre Sachlage, ihr Vorurteil unnötig strapaziert würde und sie selbst womöglich in Gefahr gerieten, erst zu heimlichen Zweiflern, dann zu beargwöhnten Außenseitern und schließlich zu verächtlichen Abtrünnigen zu werden. Wer aber setzt schon um nichts als einer Wahrheit willen seinen Stammplatz im traulichen Mief einer Haßgemeinde aufs Spiel!

Der Neue

Daß Vorurteile Gruppen nicht nur zusammenhalten, sondern sogar bilden können, erleben wir täglich; etwa, wenn in einem Eisenbahnabteil drei von sechs Plätzen besetzt sind und auf einer Zwischenstation ein »Neuer« zusteigt. Bevor dieser Neue die Schiebetür geöffnet und die rituelle Frage gestellt hat, »ob hier noch was frei« sei (sie wird mit einem indifferenten Grunzen beantwortet), waren die drei Abteil-Insassen das, was wir vorher ein Aggregat genannt haben: eine Anzahl einander fremder und gleichgültiger Personen. Nun, da ein Vierter seinen Rechtsanspruch auf Beförderung in sitzender Haltung geltend macht, stößt er, ganz gleich, wie er sich gegenüber den »Alteingesessenen« verhält, auf ihre Abneigung. Gibt er sich reserviert, werden sie ihn einhellig arrogant finden, ist er höflich, wird ihm dies als Anbiederung ausgelegt, benimmt er sich freundlich, werden sie ihn insgeheim der Falschheit zeihen. Auch ohne Verständigung durch Worte oder Blicke ist aus dem Aggregat eine Gruppe geworden, deren feindselige Solidarität auf einem Vorurteil fußt, nämlich auf der irrationalen Annahme, wer in ein zur Hälfte besetztes Zugabteil trete, sei a priori und ungeachtet seines gültigen Fahrausweises ein verdächtiges, wenn nicht gar verabscheuungswürdiges Subjekt. Steigt bei der nächsten Station ein fünfter Passagier zu, hat dieser die Gesamtlast der Antipathie zu tragen, denn der vierte ist inzwischen formlos zum Gruppenmitglied aufgerückt.

Daß hierbei Vernunftgründe wie Verringerung der Atemluft-Qualität oder Einengung des persönlichen Freiheitsraumes kaum von Belang sind, erkennen wir daran, daß selbst dort, wo nichts weiter als Transport erwartet wird, etwa in Fahrstühlen, dem Zusteiger ein Schwaden ungerechtfertigten Widerwillens entgegenschlägt.

Das gleiche und oft Schlimmeres hat wohl – aktiv oder passiv – manch einer als Kind erlebt, wenn mitten im Schuljahr ein neuer Schüler in die Klasse kam, oder wenn er selber das Pech hatte, sich in ein bereits zur Gruppe gewordenes Aggregat einfügen zu müssen. Ehe ein Neuer als »vollwertiges« Mitglied (Klassenkamerad, Corpsbruder etc.) anerkannt ist, muß er eine Zeitlang Demütigungen, nicht selten sogar physische Schmerzen erdulden. Aufnahme-Riten, bei anderen Tierarten gang und gäbe, gehören offenbar auch zum spezifischen Verhalten der Gattung Mensch. Sei es die vorzeiten recht unsanfte »Freisprechung« der Handwerkslehrlinge, sei es die höchstens auf Luxusdampfern lustige »Äquatortaufe«, seien es kindische (Krawattenabschneiden) oder, wie bei einigen exklusiven Studentenverbindungen in den USA, lebensgefährliche Einstandspflichten, sogenannte »Mutproben«. Die Verhaltensforscher wissen: Eine Krähe hackt der anderen sehr wohl ein Auge aus, falls diese andere als »Neue« angeflogen kommt. Und sie bezeichnen das Gebaren von Vögeln, die einen artgenössischen Eindringling aus ihrem Revier verjagen, sehr treffend als »Hassen«.

Kollektive Feindseligkeit gegenüber dem Schwächsten (die Schwäche des Neuen besteht vor allem in seiner Unkenntnis der Gruppenbräuche) beruht in der Regel auf dem, was die Psychologen »Projektion« nennen. Jedes Kind, das eingeschult wird, hat Heimweh, fühlt sich unsicher, steckt voller Ängste und weiß von seinen Eltern nur, daß es sich unter fremden Kindern »bewähren«, das heißt sie übertrumpfen oder wenigstens mit ihnen Schritt halten muß. Da kein Kind sich dieser Anforderung gewachsen fühlt, erscheint jedem die Nichterfüllung des elterlichen Auftrags als Schwäche, die es wie einen Feind zu bekämpfen versucht. Weil aber die menschliche Natur so beschaffen ist, daß sie einen Feind lieber im anderen als in sich selbst entdeckt, fahndet die Klasse nach einem Mitschüler, der das Heimweh und die Ängste aller am deutlichsten widerspiegelt. Ist der »Schwächling« gefunden, wird er bei jeder Gelegenheit verhöhnt und gequält, wobei derjenige, welcher sich bei solchen Aktionen als »Stärkster« hervortut, in Wahrheit von den Schwächen, die er auf sein Opfer »projiziert«, am meisten geplagt wird. »Die Dichter und Schriftsteller haben es immer gewußt«, schreibt Horkheimer: »Wer überall Unrat wittert, hat eine besondere Neigung dazu. Der Anstoß, den er nimmt, ist Index seiner eigenen Verfassung.«

Projektion ist bei den meisten sozialen Vorurteilen im Spiel. Wenn Rassen, Nationen oder Religionen von einander in kränkenden Klischees denken, so deshalb, weil alle menschlichen Gemeinschaften im Laufe ihrer Geschichte Schuld auf sich geladen haben, und darum jede zur Schonung ihrer Selbstachtung einen Rechtfertigungsgrund braucht, der das begangene Unrecht moralisch untermauern, es zur »verdienten Strafe« oder zum Notwehrakt ummogeln soll. Die Untaten der eigenen werden der gegnerischen Gemeinschaft zur Last gelegt und umgekehrt; wobei es, falls der Greuel das historisch übliche Maß überschritten hat, zu Doppel-Projektionen kommen kann. So ließe sich in Deutschland durchaus ein Neo-Antisemitismus denken, der die Juden haßt, weil es ohne sie keinen konventionellen Antisemitismus gegeben hätte, folglich der »gute deutsche Name« nicht durch Auschwitz und Theresienstadt geschändet worden wäre.

Was für den einzelnen, besonders den »Neuen«, nur selten gilt (es müßte zu seiner Eigenschaft als Neuling auch noch die Zugehörigkeit zu einer allgemein mißachteten Minorität kommen), das gilt für politische, ideologisch geprägte oder ähnliche Minderheiten so gut wie immer: Obwohl es der gesunde Verstand gebieten sollte, zahlenmäßig kleine, nichtkriminelle Gruppen als machtlos, schon gezwungenermaßen friedfertig, jedenfalls als ungefährlich darzustellen, sorgt das Vorurteil dafür, daß das verfolgte Grüppchen möglichst mächtig, bedrohlich, ja unheimlich erscheint.

Können soziale Vorurteile richtig sein? Das folgende Beispiel spricht dafür: Nach Untersuchungen von Alvin W. Gouldner und Esther R. Newcomb halten sich Personen, die in der Verwaltung tätig sind, gern an starre Vorschriften, neigen zum Konformismus, sind mit ihrer Arbeitsstätte stärker verhaftet als andere Berufsgruppen, kurz, entsprechen in manchem dem stereotypen Bild, das sich zumal der Freischaffende vom »sturen Beamten« macht. Somit wäre die vielfach anzutreffende Voreingenommenheit gegen im Verwaltungsapparat Beschäftigte gerechtfertigt, weil durch ein wissenschaftliches Forschungsergebnis bestätigt. Tatsächlich jedoch wird das antibürokratische wie alle Vorurteile nicht von persönlicher oder fremder Erfahrung bestimmt, sondern eben von der »sicheren Erwartung«, das der vor-beurteilte Personenkreis über bestimmte Eigenschaften verfügt. Der »Beamtenfresser« *will,* daß Verwaltungsmenschen allesamt so sind, wie er sie einschätzt, ganz gleich, ob Sozialpsychologen solche Einschätzung gutheißen oder absurd finden. Merken wir darum getrost: Es gibt keine richtigen sozialen Vorurteile.

Bangemachen lohnt sich

Das Wesen »psychologische Masse« kann je nach den Umständen ein Aggregat, also ein zusammenhangloses Zufallsgebilde oder, wenn es sich in einer bestimmten Erwartung oder Absicht gebildet hat, auch eine Gruppe sein. Das Aggregat (die Verhaltensforschung spricht von »anonymer Scharbildung«) ist die ursprünglichste Form jeder Art von Gesellschaft. Um zur Gruppe zu werden – und nur in dieser Eigenschaft ist Masse demagogisch nutzbar –, muß die anonyme Schar lernen, Bindungen einzugehen, sich als Einheit zu begreifen, untereinander Freundschaften zu schließen; was leider einen unschönen Nebeneffekt hat: Wer imstande ist, sich Freunde zu machen, schafft sich auch Feinde. »Wir kennen«, sagt Konrad Lorenz, »kein einziges Lebewesen, das der persönlichen Freundschaft fähig ist, der Aggression aber entbehrt.«

Bindungen, die Aggregate zu Gruppen machen, gibt es viele. Wir wollen uns nur die vier wichtigsten merken:

1. *Bindung durch ein gemeinsames Anliegen:* Wiedervereinigung getrennter Territorien, Rückkehr in eine durch Kriegsereignisse verlorengegangene »alte Heimat«, Streichung eines Gesetzesparagraphen, höhere Löhne, kürzere Arbeitszeit usw. Aktuellste Form: die Bürgerinitiative.
2. *Bindung durch gemeinsame Symbole:* Fahnen, Wappen, Abzeichen, bildhauerische Personifizierungen, Hymnen bzw. Kampflieder, folkloristische oder kultische Rituale.
3. *Bindung durch die Vorstellung, eine »große Familie« zu sein:* Einander fremde Personen werden auf rhetorischem Wege zu »Brüdern und Schwestern«, Staats-

oberhäupter firmieren als »Landesväter«, stammverwandte Nachbarvölker heißen »Vettern«, ja selbst internationale Streitigkeiten werden, quasi als »Familienzwiste«, zwischen »Michel«, »Marianne«, »John Bull«, »Iwan« oder »Onkel Sam« ausgetragen; dem eigenen Siedlungsgebiet wird elterlicher Rang zugebilligt (»Vater Staat«, »Mütterchen Rußland«).

4. *Bindung durch Angst:* Dieses letzte Motiv für den Zusammenschluß vordem unterschiedlicher Individuen ist für Demagogen besonders ergiebig, weil Angst in der gesamten Tierwelt Reflexe auslöst, die ein enges Aneinanderrücken oder zumindest eine gemeinschaftliche und gleichgerichtete Flucht bewirken. Besonders zwei Ängste sind den Volksaufwieglern lieb und teuer: die Angst vor einem Feind (auf sie kommen wir noch ausführlich zu sprechen) und die Angst vor dem Chaos.

Das Gegenteil von Chaos heißt Ordnung. Daher sehnt sich jede Masse, sei sie anonyme Schar oder gleichgesinnte Gruppe, nach diesem als hohen Wert empfundenen Zustand; wobei wir zu unterscheiden haben zwischen Ordnung, die ein Machthaber erzwingt, Ordnung, wie sie in Operationssälen, Kartotheken und Giftschränken herrschen sollte, Ordnung, die einer Hausfrau aus Patriarchensicht wohl ansteht, und schließlich dem, was das Wesen Masse sich erhofft, wenn ein Demagoge verspricht, diesen unentbehrlichen und offenbar leicht zu verlierenden Status »wiederherzustellen«.

Für den Mächtigen ist Ordnung gleichbedeutend mit apathischer Hinnahme von Willkür. OP-Schwestern, Archivare und Apotheker gerieten ohne sie in die Klemme. Hausfrauen müßten verzweifeln, wenn nicht jedes Ding an

»seinem« Platz stünde. Ganz anders verhält es sich mit der Masse. Für sie ist Ordnung in erster Linie Sicherheit. Tierpsychologen haben beobachtet, daß manche Jungtiere, insbesondere Hamster, die zum ersten Mal ihren Bau verlassen, eine kurze Strecke laufen, rasch wieder umkehren, sich wieder ein Stück weiter vorwagen, zurück in den Bau schlüpfen und so allmählich ihren Aktionsradius vergrößern. Durch diese etwas mühsame Prozedur bringen sie »Ordnung« in ihr Orientierungsvermögen und dürfen sich, da sie ihren Fluchtweg »auswendig gelernt« haben, vor Feinden einigermaßen sicher fühlen.
Auch der Mensch, wir sagten es schon, will wissen, woran er ist; ob er Weibchen oder Männchen vor sich hat, ob ihm Unheil droht, ob er mit Lustgewinn rechnen darf, ob, was er vorhat, erlaubt oder verboten, ungefährlich oder riskant ist. Als erwachsenes Einzelwesen weiß er dies alles oder doch vieles aus Erfahrung oder aus seiner »Kinderstube«. Als Teilchen in einer Masse aber fällt er psychisch wieder zurück in die Zeit seiner ersten Tast- und Gehversuche und zollt jedem, der ihm »Ordnungssicherheit« schenkt, indem er sich als ranghoher Wissender aufspielt, unterwürfige Bewunderung.
Nicht nur die Demagogen, auch manche Religionen nützen dieses den Massen innewohnende Orientierungsstreben und zeigen ihren Gläubigen bereitwillig, wohin der Hase läuft: ist er fromm, ins immerwährende Glück, ist er schlimm, in die ewige Verdammnis. Ordnung muß sein.

Der mündige Bürger

Ob wir uns der Meinung von Le Bon oder Freud anschließen, denen die Masse als eigenständiges, fast unheimliches

Wesen erschien, oder ob wir Mao Tse-Tung folgen wollen, der unter Masse schlicht die Summe aller Werktätigen verstand und diese in drei Gruppen einteilte: in »die relativ Aktiven, die eine Mittelstellung Einnehmenden und die relativ Rückständigen« (sämtliche können, versteht sich, zu brauchbaren Aktivisten veredelt werden) – eines bleibt doch unbestritten: Jede Masse besteht aus einzelnen, deren Überlegungsfreiheit als einzelne, sollte sie demagogischen Absichten im Wege sein, erst einmal ausgeschaltet werden muß.

Die »produktive Utopie der modernen Demokratie« (Kogon) beruht auf der Annahme, daß das Schicksal eines Gemeinwesens, außer von feindlichen oder überirdischen Mächten, vom Willen des politisch mündigen Staatsbürgers abhängt, der sein Gutdünken in periodisch stattfindenden freien Wahlen zum Ausdruck bringt. Von diesem aus Wunschvorstellungen geborenen Musterwähler erwartet eine ebenfalls fiktive Öffentlichkeit, daß seine politischen Stellungnahmen wohldurchdacht sind, ja in schlaflosen Nächten errungene Gewissensentscheide wiedergeben.

Sobald ein solcher Idealdemokrat seiner staatsbürgerlichen Verpflichtung zur freien Meinungsbildung nachgekommen ist, sobald er von sich sagen darf, daß er stets bemüht war, politische Informationen einzuholen, die Argumente der einen gegen die der anderen Partei abzuwägen und persönliche Interessen dem Gemeinwohl unterzuordnen oder wenigstens anzupassen, kann er mit gutem Gewissen jedem Wahlergebnis entgegensehen, auch dann, wenn seine Entscheidung nichts fruchtete oder sich im historischen Rückblick gar als verhängnisvoll erweisen sollte.

Dieses Traumbild von einem Bürger: vernunftbegabt,

weltoffen, ohne unkontrollierte Gefühlsaufwallungen, frei von Ressentiments und Vorurteilen, gleicht aufs Haar dem Bild, das sich jeder von sich selbst macht. *Wir* gewissenhaften, gutunterrichteten Demokraten fallen auf billige Demagogentricks nicht herein! Verdummen lassen sich nur die politischen Ignoranten und leichtgläubigen Trottel. *Wir* können vor den »Augen der Öffentlichkeit« bestehen! Und weil in Demokratien Parlamentswahlen aus guten Gründen geheim sind, kann jeder von uns in der Paraderolle des Traum-Staatsbürgers glänzen – falls er es bei einem wissenden Lächeln beläßt und sich, besonders in Wahljahren, von Diskussionen fernhält.

Der Unpolitische

Den unpolitischen Menschen erkennt man daran, daß Politik zu seinen Lieblings-Gesprächsthemen zählt. Im Gegensatz zum politisch Bewanderten, der Wissenslücken schamhaft mit Politologen-Welsch füllt, gibt der Unpolitische seinen geringen Informationsstand ohne Scheu zu erkennen, etwa wenn er alles Wohl und Weh dieser Erde mit Schlagzeilen der Zeitung seines Vertrauens kommentiert. Daß er nur *eine* liest, nämlich das Blatt seiner Bezugsgruppe, mag sie Partei, Verein oder Stammtisch heißen, versteht sich für ihn ebenso wie die Auffassung, daß die Lektüre anderer Presseorgane anständigen Menschen nicht zumutbar sei.

Während seine innenpolitischen Vorstellungen genau denen seines Freundeskreises entsprechen und daher höchstens vor Wahlen in aller Eintracht erörtert werden, kann er sich über Fragen der »großen Politik« jederzeit auslassen, ja sogar ereifern. Ist sein Bestand an Emotionen tradi-

tionell linksgerichtet, wird er die finsteren Machenschaften der USA und anderer Kapitalistenbrutstätten ohne Gnade ans Licht zerren. Tendiert er mehr nach rechts, wird er wortgewaltig die strategische Heimtücke des »Weltkommunismus« anprangern oder die Rolle der Volksrepublik China in immer neue Geheimnisse hüllen. Nahegelegene Konfliktherde wird er schon aus touristischen Rücksichten außer Betracht lassen.
Trotz seiner Neigung zum politischen Schwafeln hält der Unpolitische nichts von politischen Aktionen, erst recht nichts von Entscheidungen, die Bestehendes verändern könnten, mögen Veränderungen noch so ausdrücklich auf dem Programm der Partei stehen, die er zu wählen pflegt. Für ihn ist die jeweilige Situation in Staat und Welt, sei sie gut oder schlecht, eine vom Schicksal verhängte Gegebenheit, an der man nicht leichtfertig herumdoktern sollte. Im Grunde hält er schon den Willen, in der Politik etwas durchzusetzen, für gefährlich.
Ist der Unpolitische ein durchschnittlich beschaffener Mensch, hat sein unpolitischer Status keinen besonderen Grund. Er ist halt, wie er ist, und seine Mitwelt muß ihn als das nehmen, was er ist: als Glied jener globalen Desinteressengemeinschaft, die man die »schweigende Mehrheit« nennt.
Anders verhält es sich, wenn geistig Höherstehende, die sogenannten »Stillen im Lande«, nichts von Politik wissen wollen. Obwohl gerade sie am ehesten fähig wären, verwickelte Probleme menschlichen Zusammenlebens zu begreifen, ist ihre Apathie gegenüber den öffentlichen Angelegenheiten zumindest subjektiv begründbar; etwa mit der aus Verallgemeinerung von Einzelfällen entstandenen Meinung, Politik sei ein »schmutziges Geschäft«, mit

Mangel an Selbstvertrauen, allzu großer Bereitschaft, sich durch Gegenargumente beirren zu lassen, oder mit dem Hinweis, daß einem an Macht nichts gelegen sei.

Diese Haltung führt zu dem bereits im vorigen Kapitel erwähnten Dilemma, daß, wer Macht zurückweist, sie zwangsläufig denen in die Hände spielt, die sie für das höchste Ziel menschlichen Strebens halten. Räumt er jedoch den Machtgierigen kampflos das Feld und begibt sich in die »innere Emigration«, klingt sein »nicht schuldig« nach der durch den Machtmißbrauch erfolgten Katastrophe so wenig überzeugend wie das des »gewöhnlichen« Unpolitischen.

Dieser ist nämlich nicht, wie man folgern könnte, das Pendant zu dem, was Eduard Spranger den »politischen oder Machtmenschen« nennt, also keiner, der allem, was mit Macht zu tun hat, als unversöhnlicher Feind gegenübersteht, vielmehr ist er, wenn es dem Machtmenschen gelingt, seine Vorurteile mit genügender Deutlichkeit zu bestätigen, dessen verläßlicher Helfer.

Außer dem gewöhnlichen gibt es noch den total Unpolitischen, den, der in demoskopischen Testergebnissen unter der Rubrik »weiß nicht« geführt wird. Er verwechselt Bundestag mit Bundesrat, befördert Staatsekretäre zu Ministern und hält den vor drei Legislaturperioden abgewählten Regierungschef noch immer für den gegenwärtig amtierenden. Dieser Typus, auch »unentschlossener Wähler« genannt, ist demagogisch nicht weniger ergiebig.

Besucht er, was selten geschieht, eine politische Versammlung, tut er dies entweder als Begleitperson, also aus Gefälligkeit, naiver Neugier halber oder weil er hofft, daß dort etwas »los« ist. Das letzte hofft auch der Versammlungsredner; mit dem Unterschied, daß *seine* Hoffnung nicht

auf Sensationslust, sondern darauf gründet, sein Publikum emotional anzuheizen, Zustimmung zu finden, die sich später in einem günstigen Wahlresultat niederschlägt.
Hat der Redner geendet, erhält er normalerweise Beifall. Natürlich applaudiert der total Unpolitische mit. Nicht weil ihn die Rede irgendwie beeindruckt hätte, sondern weil um ihn herum alle applaudieren. Applaus ist nach psychologischem Verständnis oft nur ein »Bewegungsecho« auf die Beifallsbewegungen anderer.
Weil der einzelne, und schon gar der total unpolitische einzelne, nicht unterscheiden kann, ob es sich bei einer Beifallskundgebung um echte Ergriffenheit durch den Inhalt der Rede oder nur um ein »leeres Rollengehabe des Anpassungswillens« (v. Baeyer-Katte) handelt, nimmt er an, daß alle im Saal aus ehrlicher Begeisterung klatschen. Und weil er mitklatscht, macht er sich schon aus Gründen der Selbstachtung glauben, daß die Ansichten des Redners auch seine Ansichten sind. So wird er von jetzt an, da er ja unversehens eine politische »Überzeugung« gewonnen hat, für diese Überzeugung um so unbeirrbarer »eintreten«, je weniger er sie in Worte kleiden kann, und wird damit zum Rang eines gewöhnlichen Unpolitischen aufsteigen.
Manchmal schlummert in beiden, im gewöhnlichen wie im total unpolitischen Menschen, die Ahnung, daß auch sie gewisser Pflichten gegenüber der Allgemeinheit keineswegs ledig sind. Geraten solche Menschen in den Sog eines ideologischen Dogmas oder begegnen einem demagogischen Charmeur, der ihnen anbietet, er wolle ihre staatsbürgerliche Verantwortung »voll und ganz« übernehmen, wenn sie ihm als Gegenleistung blindgläubige Gefolgschaft geloben, überredet ihr schlechtes Gewissen sie allzu

gern zu diesen Tausch. Ist der Handel perfekt, gehören sie zu der von allen Machtmißbrauchern hochgeschätzten Hilfstruppe der »Mitläufer«.

Der Untertan

Wie im Einzelwesen Mensch ein für die Gesamtspezies typischer Wesenszug besonders stark ausgeprägt sein kann, etwa der Wissensdrang, so gibt es auch im Wesen Masse einzelne »Zellen«, die eine bestimmte Eigenschaft des zu Anfang dieses Kapitels geschilderten Massencharakters am reinsten verkörpern, zum Beispiel die Bereitschaft zu bedingungslosem Gehorsam.
Sozialpsychologen und Verhaltensforscher stimmen darin überein: Es gibt einen für die Beeinflussung durch Demagogen besonders anfälligen, den »autoritätsgehorsamen« Menschentyp. Die ersten Untersuchungsbefunde hierüber wurden bereits im Jahre 1935 vom »Institut für Sozialforschung« in Paris unter dem Titel »Studien über Autorität und Familie« veröffentlicht. Nach diesen und späteren Forschungsergebnissen müssen wir uns in einer Zeit, in welcher der Einfluß der jahrhundertelang gültigen Obrigkeiten »Thron und Altar« immer mehr dahinschwindet, den typischen »Untertan« so vorstellen:
Er ist seiner Natur nach die getreue Kopie desjenigen, der machtlüstern auf seine Autorität pocht; weshalb in politischen Versammlungen meist eine magische Verbindung zwischen einigen im Saal und dem Redner zu bestehen scheint. Er, der Autoritätsgebundene, ist es, der zuerst klatscht, an den richtigen Stellen »Bravo« und »Pfui« ruft und damit die übrigen zu gleichem Verhalten animiert, weil er instinktiv spürt, daß der Redner im Grunde nur

ihn, sein charakterliches Spiegelbild, anspricht. Deshalb können mit der soziologischen Fachbezeichnung »autoritäre Persönlichkeit« sowohl der Autoritätsinhaber als auch der Autoritätshörige gemeint sein. Wir wollen sie hier nur im letztgenannten Sinne verwenden.

Die autoritäre (auch »totalitäre«) Persönlichkeit hegt eine auffallende Vorliebe für folgende Eigenschaften und Verhaltensweisen:

1. *Sauberkeit,* soweit diese durch Anwendung von Wasser, Seife und Bimsstein zu bewerkstelligen ist.
2. *Korrektheit,* worunter sie das Anlegen von Krawatten, Ersparnissen und Maßstäben des Bundes deutscher Tanzlehrer e. V. für »gute Manieren« versteht.
3. *Gesundheit:* Der durch Waldläufe, tiefes Einatmen von Höhenluft und Nahrung, die nicht »verweichlicht« (Vollkornbrot), zu bewahrende menschliche Normalzustand.
4. *Fleiß:* Aus freien Stücken mehr tun als verlangt wird.
5. *Hartes Durchgreifen:* In die Tat umgesetzter Haß auf alles Andersartige.
6. *Tüchtigkeit:* Soziales Vorwärtskommen unter Verwendung beider Ellbogen.
7. *Erfolg:* Die Belohnung dafür, daß man Punkt eins bis sechs erfüllt hat.

Eine auffällige Abneigung hat die autoritäre Persönlichkeit gegen:

1. *Intellektuelle,* worunter sie, wie der »Große Brockhaus« von 1954, Menschen versteht, die »ihrem Verstande nicht gewachsen« sind.
2. *Differenziertes Denken:* Der Hauptgrund, weshalb sie Intellektuelle nicht mag.

3. *Phantasie:* Mit diesem Begriff kann sie überhaupt nichts anfangen, außer, es stünde das Adjektiv »schmutzig« davor. Dann allerdings hat sie besonders viel dagegen. (Siehe Projektion!)
4. *Dekadenz:* Imaginäres Merkmal zur Unterscheidung der eigenen, gesunden, von anderen, entarteten Bezugsgruppen.
5. *Nestbeschmutzer:* Gruppenangehörige der eigenen Bezugsgruppe, die ein Übel, das sie beseitigt wissen möchten, beim Namen nennen.
6. *Schlappheit:* Die Unfähigkeit, wichtige Erfordernisse des Untertanentums wie das willkürliche Verkrampfen der Gesäß- und Rückenmuskulatur (»Korrekte Haltung«) hinlänglich zu erfüllen.
7. *Satire und Ironie:* Die Fertigkeit, Kränkungen so geschickt zu tarnen, daß der Gekränkte sie nicht als solche erkennen kann, wohl aber die anderen.

Eine Umfrageaktion in den Vereinigten Staaten erbrachte Aussagen, die das Denkschema autoritärer Personen deutlich machen. Hier drei Beispiele aus mehr als 2000 Fragebogen:
»Die Jugend braucht in erster Linie strikte Disziplin, robuste Entschlossenheit und den Willen, für Familie und Vaterland zu arbeiten und zu kämpfen.«
»Die Menschen können in zwei sich deutlich voneinander abhebende Klassen eingeteilt werden: die Starken und die Schwachen.«
»Kein gesunder, normaler, anständiger Mensch könnte je daran denken, einem nahen Freund oder einem Verwandten weh zu tun.« Wäre zu ergänzen: auch keinem Pferd, keinem Hund und keinem Sittich, durchaus aber, wenn die Autorität es befiehlt, der gesamten übrigen Fauna.

Und hier noch ein paar andere typisch autoritäre Aussagen: »Männer sind Frauen von Natur aus überlegen.« – »Frauen sollten von Politik und überhaupt von geistigen Dingen die Finger lassen.« – »Je härter die Strafen, desto seltener die Straftaten, vor allem Sittlichkeitsverbrechen.« – »Rübe ab, sonst müssen wir den Kerl auch noch durchfüttern!« – »Prügel sind immer noch das beste Erziehungsmittel.« – »Der Mensch ist böse, darum muß man ihn mit Gewalt in Schach halten.« – »Kriege *hat* es immer gegeben und *wird* es immer geben.« – »Kriegsdienstverweigerer sind Spinner oder Drückeberger.« – »Erbkranke Menschen sollten zwangsweise sterilisiert werden.« – »Sexuelle Aufklärung ist Quatsch, früher hat es das auch nicht gegeben.« – »Die Wissenschaft weiß längst nicht alles; im Grunde wird der Mensch von dunklen, unerforschten Mächten gelenkt.«

»Die autoritäre Persönlichkeit stellt sich die Welt als einen Dschungel vor, wo jeder jeden bekämpft, wo alles bedrohlich und gefährlich und auch der Mensch selbstsüchtig, bösartig und borniert ist. Sicherheit läßt sich da nur durch Stärke erlangen, und Stärke besteht hauptsächlich darin, Herrschaft ausüben zu können. Ist man selber nicht stark genug, gibt es nur eine Alternative: einen starken Beschützer. . .«, schrieb A. H. Maslow 1943 im »Journal of Social Psychology«.

Zehn Jahre später stellte der Sozialpsychologe S. Milgram eine aufsehenerregende Versuchsreihe an, die zeigen sollte, wie weit menschlicher Autoritätsgehorsam gehen kann.

Zu diesem Experiment gehören jeweils drei Personen: Ein »Schüler«, ein »Lehrer« und ein Versuchsleiter. Versuchsperson ist nur der Lehrer, der seinerseits im Glauben gehalten wird, es gehe darum, den Schüler zu testen. Dieser wird auf eine Art Elektrischen Stuhl geschnallt und aufgefordert, Fragen des Lehrers zu beantworten, der ihn für jede falsche Antwort mit einem Stromstoß zwischen 15 und 450 Volt bestrafen werde; je gravierender der Irrtum, desto härter die Strafe. Dann führt der Versuchsleiter den Lehrer in einen anderen Raum, wo eine entsprechende Apparatur aufgestellt ist. Mit dem Schüler nebenan besteht nur Sprechkontakt.

Jetzt beginnt das Frage-und-Antwort-Spiel. Der Lehrer stellt dem unsichtbaren Prüfling mehrere vorher schriftlich fixierte Aufgaben und bekommt von ihm durchweg falsche Lösungen, die er zunächst mit Straf-Reizen um die 20 Volt ahndet, was, wie über einen Lautsprecher zu hören ist, Äußerungen des Erschreckens auslöst. Auf Drängen des Versuchsleiters, der die Aktion als dringend notwendig und von höchstem wissenschaftlichen Wert darstellt, steigert der Lehrer die Stromschläge, was, je nach Volt-Zahl, Stöhnen, Schmerzenslaute, Hilfeschreie und schließlich – bei 450 Volt – Totenstille hervorruft. Natürlich spürt das »Opfer« nicht das geringste. Alle Reaktionen sind simuliert und kommen von einem Tonband.

Manche von Milgrams Versuchspersonen brachen das Experiment trotz allen Zuredens vorzeitig ab, meistens dann, wenn der Schmerz des Mannes im Nebenzimmer die Grenze des Erduldbaren zu überschreiten schien. Andere hielten allem akustischen Grauen mannhaft stand und schickten nach drüben, was das Stromnetz hergab. Dabei machte es einen erheblichen Unterschied, welchen »Rang« der Versuchsleiter einnahm bzw. einzunehmen vorgab. Figurierte er als schlichter Assistent, trat das Mitleid mit dem Gequälten früher ein. Stellte er sich als Doktor oder gar Professor vor, setzte es die vollen 450 Volt.

Tröstlicherweise waren es immerhin 37,5 Prozent, die ihren Autoritätsgehorsam *nicht* auf die Spitze treiben wollten.

Der kleine Haufe

Der Historiker Alexis de Tocqueville glaubte nach seinem Amerika-Besuch in den Jahren 1831/32, daß, je ähnlicher die Bürger einander würden, desto weniger der einzelne bereit wäre, »blind an einen bestimmten Menschen oder eine bestimmte Klasse zu glauben«. Tocqueville befürchtete vielmehr, daß es am Ende die öffentliche Meinung sei, welche die Menschen dominiere. Und weil er sich zu denen zählte, die »die Geistesfreiheit für etwas Heiliges halten und nicht nur den Despoten hassen, sondern auch den Despotismus«, sah er schlimme Gefahren heraufziehen. »Ich beuge mich«, schrieb er 1835, »nicht deswegen lieber unter das Joch, weil eine Million Arme es mir darbieten.«

Seine Befürchtung war insofern voreilig, wenn nicht unbegründet, als bis heute weder in den USA noch anderswo die Menschen einander so ähnlich geworden sind, daß die Gesamtheit ihrer Ansichten imstande wäre, Gutes oder Schlechtes zu bewirken. Mögen manche inzwischen geschehene Ereignisse auch vom »Zeitgeist« mitbeeinflußt worden sein, immer waren es »bestimmte Menschen«, nicht einmal Klassen, die sie letztlich herbeigeführt haben.

In den modernen Demokratien gibt es nicht nur keine homogene Volksmeinung, es gibt – die vergleichsweise wenigen Wahlversammlungen und öffentlichen Kundgebungen ausgenommen – nicht einmal ein als psychologische Masse reagierendes Publikum. Was von den angeblich meinungsbildenden Medien Fernsehen, Hörfunk und Presse angesprochen wird, sind bestenfalls Sippschaften, in der Regel jedoch viele, im buchstäblichen Sinn »einzelne«. Mag ein agitatorisches Boulevardblatt von Millionen gelesen, eine politische »Magazin«-Sendung von Abermillionen gesehen oder gehört werden, immer bilden Leser, Zuschauer und Hörer nichts weiter als Aggregate; keine Gruppen, geschweige ein »Wesen Masse«. Denn wo animalischer Dunst, gemeinsames Lachen und einhellige Empörung fehlen, dort handelt, wer in volksaufwieglerischer Absicht kommentiert und denunziert, wie jemand, der mit nur einer Schrotladung ein ganzes Wolfsrudel erlegen will.

Die einzigen Orte, wo echte Masse sich noch bilden und charakterisieren kann, sind unsere Parlamente.

Ein Parlament ist nicht nur letzte Zufluchtsstätte der Massenpsyche, es ist auch, glaubt der Kulturphilosoph Elias Canetti, eine Art Kriegschauplatz, an dem ersatzweise mit Worten gefochten wird. Canetti: »Es steht Wille gegen Wille, wie in einem Krieg; zu jedem dieser Willen gehört die Überzeugung des größeren eigenen Rechts und der eigenen Vernünftigkeit; sie ist leicht zu finden, sie findet sich von selbst. Der Sinn einer Partei besteht gerade darin, diesen Willen und diese Überzeugung wach zu erhalten. Der Gegner, der überstimmt wird, fügt sich keineswegs, weil er nun plötzlich an sein Recht nicht mehr glaubt, sondern er gibt sich einfach geschlagen.« Oft mit einer Floskel, die seine Kapitulation »ehrenhafter« erscheinen lassen soll, z. B.: »Wir haben recht *gehabt*, aber nicht recht *bekommen*« (F. J. Strauß 1972).

Nach und angesichts Canettis Erkenntnis ist das wichtigste

an einem Parlamentsabgeordneten nicht seine Gewissensfreiheit, sondern seine Unverletzlichkeit (Immunität). Würde er im Parteienkampf sein Leben riskieren, wäre dies das Ende der Parlamentarischen Demokratie. Auch außerhalb des Parlaments ist es nur der Stimmzettel, der die gewaltlose »Wahlschlacht« vom blutigen Barrikadengemetzel trennt. Wahlen sind ritualisierte Bürgerkriege.

Da in Kriegen und vor Wahlen erfahrungsgemäß am meisten gelogen wird, und die Lüge schon immer die Lieblingstochter der Demagogie war, liegt es nahe, daß der »kleine Haufe«, genannt Parlament, die Regeln der bewußten Verdummung nicht nur kennt und praktiziert, sondern sich auch in hohem Maße von ihnen reglementieren läßt.

Solange sich, lehrt uns die Verhaltensforschung, Argumente und Gegenargumente zweier politischer Gruppierungen in dem Bestreben erschöpfen, den Nutzen der Nation zu mehren und Schaden von ihr abzuwenden, solange ist jede parlamentarische Versammlung ein relativ harmonischer »Verein«. Sobald aber das verfassungsrechtlich vorgeschriebene Bürgerkriegsersatz-Ritual beginnt, lassen sich Oppositions- und Regierungsparteien nur noch von Massen-Attitüden leiten, das heißt, es triumphiert das Zwischenhirn (Sitz des Instinktverhaltens) über das Großhirn (Sitz des Denkvermögens), und die notwendig widerstreitenden Meinungen verlieren – gesetzt, sie waren vorher vernünftig – immer mehr an intellektueller Qualität. Zu alldem kommen die Funk- und Fernseh-Übertragungen.

Wohlwollend angenommen, in einem Plenarsaal säßen nicht nur auf den Vorderbänken Abgeordnete, die ihr Mandat gewissen Fachkenntnissen oder doch der Erwartung verdanken, daß sie sich solche baldigst erwerben werden, und unterstellt, Parlamentarier würden unbelauscht auf einer geistig etwas höheren Ebene debattieren, als sie es vor den Aufnahmegeräten elektronischer Medien tun, darf es uns nicht wundern, wenn sie in »Anwesenheit« ihres Auftraggebers, des Volkes, Auslassungen über schwierige Materien gern so formulieren, daß sich auch der politisch Ahnungslose etwas darunter vorstellen kann. Dies gelingt fast immer nur durch krasse Vereinfachung, geht also auf Kosten der Substanz.

So werden denn auf beiden Seiten, je näher die Wahlen rücken, die Meinungsäußerungen immer dümmer und verkrüppeln schließlich zu Slogans, deren oft infame Albernheit selbst den tolerantesten Andersdenkenden in Rage bringen muß.

Daß während eines Wahlkriegs das Parlament nicht insgesamt zum »Wesen Masse« wird, sondern die Fraktionen (einzeln oder koaliert) geschlossene »Haufen« bilden, die separat alle massenpsychologischen Kriterien erfüllen, kann man bei Fernseh-Übertragungen sehr deutlich erkennen.

»Aus der Stärke des Beifalls allein läßt sich entnehmen, wie sehr man Masse geworden ist«, meint Elias Canetti. Wir dürfen hinzufügen: Ebenso aus dem hysterischen Gezeter, das, wenn ein Gegner hinterm Rednerpult von seiner Meinungsfreiheit allzu unzart Gebrauch macht, bis zur passionsspielreifen Massen-Emphase eskalieren kann, ja sogar bis zum gemeinsamen Exodus. (Daß es keinem Hinausmarschierer auffällt, wie lächerlich es ist, danach doch wieder an seinen Platz zurückkehren zu müssen, ist ebenfalls ein für das Wesen Masse bezeichnendes Phänomen.)

Mag sich, was der »eigene Mann« zu Protokoll stammelt, noch so befremdlich anhören, seine Fraktion wird applaudieren, wenn taktisch geboten, auch in Jubel ausbrechen. Sei das, was jemand von der Gegenseite vorbringt, noch so gescheit und treffend, man wird ihn durch dümmliche Zwischenrufe stören oder demonstrativ Zeitung lesen.
Wüßten parlamentarische Redner und Zuhörer, wenn sie aus den Augenwinkeln die roten Lämpchen der Elektro-Kameras brennen sehen, daß sie sich auch zu den besten Sendezeiten nicht vor »den Massen«, vielmehr vor Individuen produzieren, die sich womöglich in einer emotional völlig anderen Situation befinden und daher nicht gemäß Le Bon und Freud, sondern nach persönlichem Gusto und Intelligenzgrad reagieren, das Hohe Haus würde sein Verhalten gewiß überprüfen, und zur Demagogie neigende Volksvertreter würden ihr massenpsychologisches Wissen oder Ahnen beiseite schieben und sich schleunigst solide Kenntnisse in Individual-, besser noch in Werbepsychologie aneignen, die ja, um Massen(-Umsätze) zu erreichen, auch auf den einzelnen abzielen muß.
Werbepsychologisch gesehen, gibt es in bezug auf das durch Medien anzusprechende Individuum vier Möglichkeiten. Entweder es ist aufgrund familiärer oder regionaler Tradition dazu »programmiert«, eine bestimmte Markenware (Partei) zu wählen, dann hilft den anderen Firmen (Parteien) alle Verführungskunst nichts. Oder der Kunde (Wähler) lehnt sich gegen die Tradition auf und wählt aus Trotz die Ware (Partei), die seiner Familie oder Region am meisten zuwider ist. Auch hier richten Werbeappelle nichts aus. Dritte Möglichkeit: Es handelt sich um den Typus des Gleichgültigen (Unpolitischen), den wir vorhin als besonders anfällig für Propaganda kennengelernt haben.

Ihn gewinnt, wer die Kniffe der Manipulation (Demagogie) am besten beherrscht. Vierte Möglichkeit: Der von den Firmen (Parteien) Umworbene ist jemand, der sich frei und vorurteilslos über sämtliche Alternativen informiert, deren Vorzüge und Nachteile bedenkt, und beim Kauf (am Wahltag) souverän seine Entscheidung trifft, also jener kritische Käufer (Idealdemokrat), mit dem wir uns bereits identifiziert haben. Er fällt auf plumpe Tricks nicht herein.

Zu den Erkenntnissen der Markenartikelwerbung gehört auch eine Erscheinung, die der Werbepsychologe L. Festinger als »kognitive Dissonanz« bezeichnet. Damit meint er den Zwiespalt, in den ein Mensch gerät, wenn er unfreiwillig entgegen seinen Wertvorstellungen handelt, etwa »zwanghaft« eine Frittierpfanne kauft, obwohl der Arzt ihm fette Speisen verboten hat, oder eine Partei wählt, deren Programm ihn im Grunde nicht überzeugt.

In der Politik, wo die »Anschaffung« einer regierungsfähigen Mehrheit nicht Konsumentenlaune, sondern Bürgerpflicht ist, hat diese Dissonanz eine spezielle Variante: Jede der rivalisierenden Parteien stellt ihr Programm, im Ermangelungsfall ihren Chef-Charmeur, in das strahlendste Licht und das Angebot der Konkurrenz (was in der Markenartikelwerbung verboten ist) in den finstersten Schatten. Folglich muß sich der Wähler, zumal der unvoreingenommene, auf eine der gleichermaßen geschmähten wie gepriesenen Möglichkeiten festlegen, das heißt, er muß eine riskante Entscheidung treffen, und das tut niemand gern. Doch damit ist der Konflikt noch nicht ausgestanden. Vom Wahlkampf her nämlich hat der Wahlmündige manches Negative, was ihm über die von ihm erkorene Partei zu Ohren gekommen ist, im Gedächtnis behalten, ebenso manches Positive über die, der er seine Stimme verweigerte. Deshalb wird er sich bemühen, seinen Entscheid nachträglich zu rechtfertigen, zu »rationalisieren«.

Haben die von ihm Gewählten den Sieg errungen, wird ihn der Gedanke beruhigen, auf der »richtigen« Seite zu stehen, nach dem, wie die Vergangenheit lehrt, gefährlichen Motto: Millionen können nicht irren. Gab er sein Votum den Verlierern, wird er sich entweder damit trösten, daß politischer Verstand eben eine seltene Gabe sei, oder er wird versuchen, sein Unbehagen über die Außenseiterrolle, in die er sich gedrängt fühlt, dadurch herabzumindern, daß er möglichst viele andere von der Richtigkeit seiner Wahl überzeugt. Werbepsychologen führen hier gern den Vergleich mit Käufern von markenfreiem Benzin an, die, quasi aus schlechtem Gewissen wegen ihres einzelgängerischen Verhaltens, alle Welt dazu bewegen wollen, diesen und nur ja keinen der bekannten Kraftstoffe zu tanken.

In fast allen Fällen wird die Rationalisierung des getroffenen Entscheids zur Folge haben, daß der Wähler Enttäuschungen, die ihm »seine« Partei bereitet, lange Zeit leugnet oder verharmlost; schon um sich und seiner Umwelt nicht eingestehen zu müssen, daß seine Entscheidung falsch war. Überschreiten diese Enttäuschungen eine bestimmte Pegelmarke, schlägt seine Duldsamkeit jäh in Aggression um, und die Partei seiner Wahl hat ihn als »Kunden« für immer verloren.

Wüßten, wie gesagt, manche Zwischenrufer und Entrüstungs-Heuchler in den Hohen Häusern, wie enttäuschend sie auf uns wirken, die wir doch redlich bemüht sind, unseren Entschluß, sie ins Parlament zu schicken, im nachhinein vernünftig erscheinen zu lassen, sie würden während ihrer Ferien in Werbeagenturen volontieren.

Genau das aber ist es, was dem Philosophen Bertrand Russell als gespenstische Zukunftsvision erschien: daß wir dereinst von lauter Diplompsychologen beherrscht werden könnten, denen es ein leichtes wäre, uns je nach Bedarf zu kriegslüsternen Schlagetots oder sanftmütigen Darbietern auch der rechten Wange zu machen. Politik würde so zur permanenten Psychotherapie (das Fachwort »Psychopolitik« gibt es bereits), und wie im Jahre 1850 ein Mensch namens Grodek mit der Dissertation »De morbo democratico, nova insaniae forma« (Über die demokratische Krankheit, eine neue Art von Tollheit) die medizinische Doktorwürde erlangte, so könnte, wäre Lord Russells Sorge berechtigt, eines Tages ein Soziologe mit der Schrift »De populi potentiae exitu« (Über das Ende der Demokratie) promovieren. Sehen wir dieser Gefahr ins Auge; um so gelassener, als die Werbepsychologie in der politischen Praxis wenig Fortüne zu haben scheint. Sogar ihr prominentester Vertreter, Ernest Dichter, konnte nicht verhindern, daß in Italien die Democrazia Cristiana unter Fanfani eine Wahlschlappe erlitt, und trotz Dichters fachkundiger Beihilfe unterlag in den USA Richard M. Nixon gegen John F. Kennedy.

Bevor wir uns im nächsten, dem umfänglichsten Kapitel dieses Handbuches mit dem demagogischen Trick-Arsenal beschäftigen, wollen wir noch einmal kurz das wichtigste zusammenfassen, was wir über die psychologische, sozusagen die »Knet«-Masse des Demagogen in Erfahrung gebracht haben:
Sie ist ein »großes Vieh ohne Gedächtnis« (Silone), autoritätshörig, intolerant, spontan, inkonsequent, ungeduldig, kritiklos, leicht zu beeinflussen und neidisch. Sie braucht

Illusionen, bewundert Stärke, hält Güte für Schwäche, glaubt das Unglaublichste, begeistert sich an leeren Worten, klammert sich an das Althergebrachte und steckt voller Ängste, Minderwertigkeitsgefühle und Vorurteile. Zu diesem recht düsteren Resümee ein schwacher Hoffnungsstrahl aus Elias Canettis philosophischer Taschenlampe: »Jeder, der zu einer Masse gehört, trägt einen kleinen Verräter in sich, der essen, trinken, lieben und seine Ruhe haben will.« Hierzulande heißt dieser kleine Verräter »Innerer Schweinehund«. Machtmenschen wollen, daß man ihn »besiege«, Sache der Demagogen ist es, dem Hündchenhalter klarzumachen, *warum*.

IV. Die Mittel

»... so wird äußerst selten der Fall eintreten, daß ein rechtschaffener Mann mit schlechten Mitteln die Macht erobert, um einen guten Zweck damit zu verfolgen, oder daß ein schlechter Mann, wenn er zur unumschränkten Macht im Staate gekommen ist, zum allgemeinen Besten handelt...«
(Niccolò Macchiavelli)

Dies wird ein langes Kapitel, und wir werden es mehrmals unterteilen müssen. Zuvor aber etwas über die »Speditionstechnik«, das heißt über die Möglichkeiten, Demagogisches an die »richtige Adresse« zu befördern.
Wenn wir vorher gesagt haben, daß durch die fälschlich »Massenmedien« genannten Transport-Vehikel Fernsehen, Radio und Presse keineswegs »die Massen«, sondern jeweils nur Millionen einzelne, bestenfalls Sippschaften oder Grüppchen erreicht werden, so versteht es sich wohl auch, daß denen, die auf demagogische Weise Macht oder politische Veränderungen anstreben, mit diesen Medien nur wenig gedient ist.
Als man in Deutschland die ersten TV-Antennenwäldchen gepflanzt hatte, hieß es euphorisch: »Wenn wir 1933 schon ein Fernsehen gehabt hätten, wäre dieser Hitler mit seiner Ganovenvisage niemals an die Macht gekommen!« Ein beliebtes Gegenargument lautete: »Vielleicht nicht dieser Hitler, aber der sympathisch aussehende Diktator Schulze!« Beides, wissen wir inzwischen, ist falsch. Wer in zurückliegenden Bundestagswahlkämpfen auf dem Bildschirm erlebte, wie sich die Spitzenkandidaten der Parteien bei Interviews und Streitgesprächen gebärdeten, und bei

Disraeli ständig durch »Pfeifen, Grunzen, Heulen, Brüllen, Scharren, laute Unterhaltung und allerlei Tierstimmen« übertönt; was den Jungfernredner um so mehr erstaunte, als er seine Kunst, mit Worten umzugehen, bereits als gefeierter Romancier bewiesen hatte, und was uns Nachgeborene erkennen läßt, daß auch im Mutterland der modernen Demokratie der Humor fähig ist, seltsame Wege zu gehen.

Nach dieser wenig ermutigenden Premiere gab ein irischer Abgeordneter mit Namen Shiel dem 33jährigen Unterhaus-Neuling folgenden Rat, den wir aus einem Brief Disraelis an seine Schwester zitieren: »Vergessen Sie eine Sitzungsperiode lang, daß Sie geistreich sind! Sprechen Sie oft, denn Sie dürfen sich keine Unsicherheit anmerken lassen, aber sprechen Sie kurz! Seien Sie sehr gelassen, ja versuchen Sie langweilig zu sein. Bemühen Sie sich bei Beweisführungen und Schlußfolgerungen um größtmögliche Unklarheit des Ausdrucks, sonst glaubt man, Sie wollten den geistig Überlegenen spielen. Das Hohe Haus erlaubt keinem seiner Mitglieder, ein witziger Kopf und guter Redner zu sein, außer, man gibt ihm die Chance, diese Vorzüge selbst in ihm zu entdecken. Öden Sie die Leute mit Details an! Bringen Sie Zahlen, Daten und Statistiken. Dann wird sich das Haus binnen kurzem nach Ihrem Geist und Ihrer Beredsamkeit sehnen!«

Der spätere Earl of Beaconsfield hörte auf den Kollegen Shiel und wurde, freilich nicht allein seiner Eloquenz wegen, einer der bedeutendsten Staatsmänner Großbritanniens.

War der Ratschlag des Iren Anstiftung zur Demagogie? Gewiß nicht. Hier weihte ein erfahrener witziger Kopf einen unerfahrenen witzigen Kopf in die parlamentarische

Praxis ein; und witzige Köpfe sind nun mal in puncto Demagogie Versager – wenn man unter Witz etwas anderes versteht als die Fertigkeit, Gelächter hervorzurufen. Beide, Disraeli und Shiel, waren Männer von Geist, und ein Mann von Geist unterscheidet sich hinterm Rednerpult nicht zuletzt dadurch vom Demagogen, daß er seine Zuhörerschaft allenfalls zu amüsiertem Schmunzeln, nicht aber zu lautem oder gar höhnischem Gelächter anregt. Wohl kann (und will) seine nicht selten ironische Diktion den Gegner »treffen«, ihn »matt« setzen, doch wird er immer darauf bedacht sein, des anderen Würde zu schonen. Fällt sein rhetorischer Angriff einmal unangebracht heftig, ja verletzend aus, so geschieht es im »Eifer des Gefechts«, also aus engagierter Erregung. Nur die Diffamierungen des Demagogen sind ausgeklügelt, der Nichtdemagoge kränkt spontan; so Kurt Schumacher, als er 1948 Konrad Adenauer per Zwischenruf »Bundeskanzler der Alliierten« schalt, was ihm noch heute fälschlich als Gipfel der Volksverhetzung ausgelegt wird. Überhaupt sollte man sich, so meinen wir, vorschneller Verdikte enthalten, sich vor allem davor hüten, jede rednerische Attacke, etwa weil ihre geschliffene Härte das eigene Denk-Klischee ankratzt, gleich für einen demagogischen Umtrieb zu halten. Es gibt faire und fragwürdige Mittel der politischen Auseinandersetzung.

Nach welchem Reglement die fragwürdigen anzuwenden sind, lehrt uns der britische Philosoph Sir William Hamilton (1788–1856), aus dessen Schrift »Parlamentarische Logik und Rhetorik« wir in freier Übersetzung zitieren:

»Wenn dir eine Frage als Ganzes nicht behagt, beantworte einen Teil so, als ob er das Ganze wäre.«

Der heilige Schauer

Hat der Demagoge eine »anonyme Schar« oder, besser noch, eine bereits auf ein Programm oder eine Idee eingestimmte Gruppe vor sich, muß er zunächst einmal *Begeisterung* wecken; das heißt, er muß dafür sorgen, daß das Sträuben des Gefieders, das bei Graugänsen mit einem »Triumphgeschrei« einhergeht, sich bei seinem Auditorium wenigstens rudimentär, als »Gänsehaut«, bemerkbar macht.

Soll es den Zuhörern »kalt den Rücken runterlaufen«, dann genügt es nicht, sie nach den Regeln des Showbusiness zu traktieren, die wir an anderer Stelle kennengelernt haben. Wohl ist ein gewisser Pomp angezeigt, und das Absingen der Nationalhymne oder traditionsbeladener Kampflieder darf keinesfalls unterbleiben. Doch zur Erzeugung des »heiligen Schauers«, der die Versammelten »überfallen« soll, ist es noch wichtiger, ihnen folgende drei Gegebenheiten zu suggerieren: 1. Es muß etwas da sein (oder vorgegaukelt werden), was als »höchstes Gut« zu verteidigen ist; 2. es muß der einzelne in der Masse den Eindruck erhalten, daß um ihn herum alle bereit sind, das bedrohte Heiligtum zu verteidigen; 3. es muß einen Feind geben, der nach dem höchsten Gut begehrlich trachtet.

Feind kann aller Logik nach nur sein, wer feindselig handelt, oder von dem sich mit absoluter Sicherheit sagen läßt, daß er feindselige Handlungen beabsichtigt. Ist man selbst der von einem Feind Angegriffene, bedarf es keiner Demagogie, um die Versammlung durch die Verheißung von »Blut, Schweiß und Tränen« heilig erschauern zu machen; was übrigens nicht nur Winston Churchill, sondern vor ihm schon Cicero, Livius, Ennius, Pizarro und Garibaldi gelungen ist. Die demagogische Abwandlung für einen in die Enge getriebenen Angreifer heißt: »Wollt Ihr den totalen Krieg?« Die begeisterte Zustimmung ist dann nur noch ein Kehlkopf-Reflex.

Ist vor nicht langer Zeit eine Feindseligkeit zuungunsten der eigenen Gruppe beendet worden, kann man dieses Ende »Schmachfrieden«, den Vertrag, der es besiegelte, »Schandvertrag« und jene, die mit ihrer Unterschrift die einzig vernünftige Konsequenz zogen, »Novemberverbrecher« oder »Verzichtpolitiker« nennen. Herrscht seit geraumer Weile Waffenruhe, muß man einen Feind erfinden, das heißt, man muß eine fremde Gruppe, die einem aus irgendwelchen, meist wirtschaftlichen Gründen unbequem erscheint, zur Feind-Attrappe machen.

Der Bau einer solchen Attrappe, auch »Feindbild« genannt, ähnelt der Fertigung einer Karikatur: Es werden einige äußerliche Merkmale der zu diskriminierenden Gruppe in grober Verzerrung dargestellt, ein paar verächtliche, meist auf alten Vorurteilen fußende Eigenschaften hinzuerdichtet, und schon ist das Endprodukt der Inbegriff alles Verdammenswerten. Dabei muß der Zeichner achtgeben, daß er sein Zerrbild nicht mit zu *vielen* Merkmalen ausstattet. Wie für manche blutsaugenden Insekten, etwa die Zecke, das »Beutetier« an drei Kriterien zu erkennen ist: Blutsäuregeruch, Temperatur um 36 Grad Celsius, haarige Oberfläche, so braucht auch das Wesen Masse nur wenige sichere Anhaltspunkte, um die eigene, freundliche, von der anderen, feindlichen, Gruppe unterscheiden zu können.

Die alten Kirchenväter wußten schon, warum ihr Teufel, wenn er auf Erden wandelte, nur an Pferdefuß und Hahnenfeder kenntlich war. Zu viele Details stiften eher Ver-

wirrung als Schrecken, und wozu wäre schließlich eine Feind-Attrappe gut, wenn nicht dazu, daß sich Geängstigte dichter zusammenscharen?
»Ein Druckmittel, nämlich die Angst, kann unter Umständen... gestattet sein und zu guten Wirkungen führen...«, hieß es 1957 in der Broschüre »Kolpingfamilie und Bundestagswahl«. Und ein katholisches Kirchenblatt wurde im selben Wahlkampf noch deutlicher: »Es geht um die Entscheidung, im letzten um die Entscheidung: Gott oder Satan.«
Das moderne Nachrichtenwesen, das sich vertrauensvoll und arglos an die Regel hält, daß *gute* Nachrichten *keine* Nachrichten sind, sorgt auch außerhalb der Wahlkämpfe dafür, daß das gewinnträchtige Grauen vor den designierten Beelzebuben dieser Welt nicht nachläßt. Das reicht von der Schlagzeile bis zur Witzseite. In den Sprechblasen amerikanischer Comics werden, wie eine Studie von L. Tiger ergab, sogar die Schmerzens- und Schreckenslaute der eigenen Supermänner »sympathischer« wiedergegeben als die der »Japs«, »Krauts« oder Aggressoren aus dem Weltall.
Je größer und unbestimmter die Ängste, desto stärker und gnadenloser der Hang, den Feind zu verteufeln, ihn zum »bösen Feind« zu stempeln; und um so günstiger natürlich auch die demagogische Position. »Der Kampf des Guten gegen das Böse ist noch nicht zu Ende...«, sagte 1959 Spaniens Caudillo Francisco Franco. »Es wäre kindisch zu glauben, daß der Teufel sich je unterwirft. Er wird sich immer neue Fallen und immer neue Masken ausdenken und im Wandel der Zeiten immer neue Gestalten annehmen.«
Die Fähigkeit des Menschen, seinen Gegner zum Dämon

zu machen, ihn gleichsam aus der Gemeinschaft der Artgenossen auszuschließen, hält der Ethnologe R.F. Murphy für noch gefährlicher als die Erfindung der Waffen. Wir sind, meint er, die einzigen Lebewesen, die sich kraft Verstandes einreden können, daß es »Unmenschen« gibt, die man trotz ihres menschlichen Aussehens als gefährliche Bestien behandeln, ja als Ungeziefer vertilgen muß.

Auf Java ist das Wort »Mensch« gleichbedeutend mit »Stammesbruder«. Für die brasilianischen Mundurucu-Indianer existieren auf Erden nur Mundurucu-Indianer. Der Rest ist minderwertiges Gesindel, das sie »Parawat« nennen und als eine Art jagbares Wild betrachten. Hitler nannte die Juden »naturfremde und naturferne Wesen«; war ihm besonders arisch zumute, bezeichnete er sie und andere, denen er abhold war, als »Polypen«, »Drohnen«, »schädliche Bazillen«, »Vampire«, »Schmarotzer«, »Ratten«, »Blutegel« oder »Parasiten«.

Solche Verungezieferung hat auch ihre Nachteile, da weder Schlagbäume noch Mauern, ja nicht einmal Eiserne Vorhänge die sichere Gewähr bieten, daß nicht doch eine Ratte oder Drohne von hüben mit einem Blutegel oder Bazillus von drüben in näheren Kontakt gerät; und persönliche Bekanntschaft wirkt nun mal aggressionshemmend.

Wenn zwei Autofahrer einander über Kilometer hinweg geschnitten, angehupt und den Vogel gezeigt haben und plötzlich vor einer geschlossenen Bahnschranke halten müssen, geschieht dies: Entweder sie steigen aus und beschimpfen bzw. verprügeln sich, oder sie schütteln sich übertrieben freundlich die Hände. Im ersten Fall hatten sie sich vorher nie gesehen, im zweiten entdecken sie, daß sie alte Bekannte sind.

Machthaber kennen und fürchten die Gefahr der Fraternisierung. Schon der Gedanke, ihre zu Ungeziefervertilgung ausgeschickten Kammerjäger könnten merken, daß die Parasiten, die sie vernichten sollen, in Wahrheit Mitmenschen sind, erfüllt sie mit Unbehagen. Hat eine Truppe nach unerwünscht intimer Feindberührung ihre Moral entdeckt, gilt sie als »demoralisiert« und wird schleunigst gegen eine andere Schmarotzer-Spezies in Marsch gesetzt. Herrscht Friede, das heißt, ist die Vertilgungsaktion noch in Vorbereitung, werden persönliche Beziehungen zur Feind-Attrappe dadurch erschwert, daß man Auslandsreisen unter möglichst glaubwürdig klingenden Vorwänden (Devisenmangel) auf ein Minimum beschränkt.

Der äußere Feind

Weil sich gemäß alter Spruchweisheit »ein Hund nicht allein beißt«, gehören zu jeder feindlichen Handlung mindestens zwei: ein Angreifer und ein Verteidiger. Aggressionen sind in der Tierwelt normal und nützlich; sei es zur Verteidigung des Reviers (das sonst »übervölkert« würde), sei es zur Festlegung der Rangordnung. Tödlich enden solche Auseinandersetzungen höchstens durch einen unglücklichen Zufall. Angriffe gegen Artgenossen, die auf deren Vernichtung abzielen, gibt es, außer bei Ratten, nur bei uns Menschen. Sie beruhen, wie Konrad Lorenz meint, auf einem »Irrweg der Evolution«. Dazu kommt die Veranlagung, fremdes Hab und Gut zu begehren. Beide Dispositionen führen dazu, daß, wer von zwei Personen oder Gruppen sich für die stärkere hält, bei günstiger Gelegenheit Feindseligkeiten eröffnet. Dieses »Recht des Stärkeren« erscheint gerade demagogisch begabten Artgenossenvernichtern so selbstverständlich, daß sie sich kaum die

Mühe machen, ihre Mordlust und Habgier moralisch zu bemänteln.

»Ihr habt das Musuem von Paris um mehr als 300 Meisterwerke der antiken und modernen Kunst Italiens bereichert, zu deren Entstehen dreißig Jahrhunderte beigetragen haben. Ihr habt für die Republik die schönsten Gegenden Europas erobert. Die lombardische und die cispadanische Republik *verdanken euch ihre Freiheit*. . .«, schrieb Napoleon Bonaparte im Januar 1797 im Hauptquartier Bassano in den Tagesbefehl an seine Armee. Zu Beginn des Feldzugs hatte der Freiheit, Gleichheit und Brüderlichkeit exportierende Revolutionsgeneral seinen Truppen versprochen: »Ich will euch in die fruchtbarsten Ebenen der Welt führen! Blühende Provinzen, reiche Länder erwarten euch. Ehre, Genuß und Reichtum sollt ihr dort finden. Soldaten der Italien-Armee, kann es euch da noch an Mut und Ausdauer fehlen? Italien wird unsere Beute sein!« Gleich am nächsten Tag ließ er, wie er in einem Brief nach Paris mitteilte, »eine Reihe von Soldaten und einen Korporal füsilieren«. Die Armen hatten den Tagesbefehl zu ernst genommen und ein bißchen geplündert.

Adolf Hitler bereitete das Volk auf künftige Räubereien nicht minder freimütig und unter Aufbietung all seiner sprachkünstlerischen Mittel vor: »Erst wenn des Reiches Grenze auch den letzten Deutschen umschließt, ohne mehr die Sicherheit seiner Ernährung bieten zu können, entsteht aus der Not des eigenen Volkes das moralische Recht zur Erwerbung fremden Grund und Bodens. Der Pflug ist dann das Schwert, und aus den Tränen des Krieges erwächst für die Nachwelt das tägliche Brot« (»Mein Kampf«).

Wer einen Raubüberfall glücklich ausgeführt hat, bekommt es mit der Angst. Weniger seines schlechten Gewissens wegen, obwohl auch das eine Rolle spielen kann, als vielmehr deshalb, weil er zu Recht befürchten muß, daß sich der Beraubte eines Tages rächen wird. Tut er's und mit Erfolg, befällt *ihn* die Angst vor einem Gegenschlag. So schaukeln sich Gewalt und Furcht vor neuer Gewalt gegenseitig immer höher, bis es schließlich unwichtig geworden ist, wer als erster gewalttätig war, denn Krieg bedeutet, daß hier wie dort Greuel verübt wird. So entsteht auf beiden Seiten das Bild des äußeren Feindes, wird das Hochschaukeln zur Tradition, des *Erb*feindes.

Wir unterscheiden zwei Arten von Krieg: den Raubkrieg und den Glaubenskrieg. (Den *nachweislichen* Verteidigungskrieg dürfen wir hier außer Betracht lassen.)

Wer einen Raubkrieg vom Zaun bricht, will entweder sein Territorium auf Kosten eines bzw. mehrerer Nachbarn vergrößern oder sich entlegene Ländereien (Kolonien) aneignen, um danach seinen gesamten Besitzstand »Imperium« nennen zu können. Ein Glaubenskrieg bricht aus, wenn Anhänger nicht beweisbarer Thesen es unerträglich finden, daß andere (»Ungläubige«) sich diese Thesen nicht zu eigen machen wollen oder gar Gegenthesen aufzustellen wagen. Die Weltgeschichte wimmelt von Kreuzzügen wider die Leugner alleinseligmachender Verhaltensweisen und unumstößlicher »Glaubenswahrheiten«.

In den meisten Fällen handelt es sich um eine Mischform aus Raub- und Glaubenskrieg, wobei das eine Mal der heilige Zweck, quasi im Vorüberreiten, auch profane Vorteile mit aufspießt, das andere Mal die Raubgier sich ein Malteserkreuz an die Schultern heftet. Ganz ohne ideelle Zutat geht es schon darum nicht, weil die Ausführenden solcher Aktionen eher etwas zu verlieren als zu gewinnen haben,

infolgedessen einen Anreiz-Ersatz brauchen. Wie Jagdhunde nur apportieren, wenn sie die Beute wenigstens beschnuppern dürfen, so führen auch Krieger nur Krieg, wenn man ihnen etwas Anspornendes vor die Nase hält. Versteht der Kriegsherr sein Metier, genügt eine Fahne oder Standarte, möglichst mit einem eingestickten Wappentier, das etwas Kämpferisches versinnbildlicht (Adler, Löwe). Napoleon glaubte es mit noch weniger zu schaffen. »Gebt mir«, sagte er, »einen Knopf, und ich werde die Leute zwingen, für ihn zu leben oder zu sterben.«
Man kann auch den nationalen Dünkel zum alles rechtfertigenden heiligsten Gut erheben, wie Kaiser Wilhelm II., als er seine Truppen mit folgendem Zuspruch zur Beilegung des Boxeraufstandes nach China schickte: »Pardon wird nicht gegeben, Gefangene werden nicht gemacht! Wer euch in die Hände fällt, sei euch verfallen! Wie vor tausend Jahren die Hunnen sich unter ihrem König Etzel einen Namen gemacht, der sie noch jetzt in Überlieferungen und Märchen gewaltig erscheinen läßt, so möge der Name Deutscher durch euch in China auf tausend Jahre auf eine Weise bestätigt werden, daß niemals wieder ein Chinese es wagt, einen Deutschen auch nur scheel anzusehen!« (Sein Selbstvergleich mit König Etzel war so genial gewählt, daß die Deutschen noch Jahre danach als »Hunnen« bezeichnet wurden.)
Zu Zeiten, da die Welt in Parzellen eingeteilt war, von denen jede als Privateigentum eines gottbegnadeten Monarchen oder sonstwie Erlauchten galt, waren Kriege, in welchem Zeichen sie auch geführt wurden, gewöhnlich die Folge von Erbstreitigkeiten oder anderen Familienzwisten. Noch der Erste Weltkrieg war großenteils eine innerfamiliäre Auseinandersetzung zwischen Enkeln und

Großneffen der Queen Victoria. Erst Hitlers Kriege, reine Raubzüge mit vorgeschobener »weltanschaulicher« Motivation, ließen den bis dahin üblichen Familiensinn vermissen.

Wie man einem Parlament, das noch im Schatten einer Krone amtiert, die Kriegslust- oder Unlust des regierenden Familienvaters so nahe bringt, daß der »Kleine Haufe« allerhöchstem Belieben entspricht, zeigt uns Otto von Bismarck in zwei Reden vor dem Vereinigten Preußischen Landtag.

Krieg, den man (noch) nicht will: »Es ist leicht für einen Staatsmann. . . mit dem populären Winde in die Kriegstrompete zu stoßen und sich dabei an seinem Kaminfeuer zu wärmen oder von dieser Tribüne donnernde Reden zu halten und es dem Musketier, der auf dem Schnee verblutet, zu überlassen, ob sein System Ruhm und Sieg erwirbt oder nicht. . . aber wehe dem Staatsmann, der sich in dieser Zeit nicht nach einem Grunde zum Kriege umsieht, der auch nach dem Kriege noch stichhaltig ist« (3. Dezember 1850).

Krieg, den man will: »Der Herr Vorredner hat Dänemark darüber zu beruhigen gesucht, daß es einen Krieg in diesem Augenblick von Preußen. . . nicht zu erwarten habe. Meine Herren, ich kann Sie versichern und das Ausland versichern, wenn wir es für nötig finden, Krieg zu führen, so werden wir ihn führen, mit oder ohne Ihr Gutheißen« (17. April 1863).

Man beachte die feine Differenzierung: Ein Musketier, der auf Dezemberschnee verblutet, ist mitfühlender Erwähnung wert, einer, der dies im Aprilwettermatsch tut, mitnichten.

Sind die Weichen für die Vieh-Waggons mit den Kreide-

Aufschriften »Nach Paris!« oder »à Berlin!« einmal gestellt, ist es für den Demagogen – sogar für einen so unbegabten wie Wilhelm II. – ein Kinderspiel, die heiligen Gänsehäute der Begeisterung millionenfach herzustellen.
Wie hilflos selbst intelligente, um die Erhaltung des Friedens bemühte Menschen dieser Instinkt-Automatik preisgegeben sind, erkennen wir am Beispiel des Schriftstellers Ludwig Thoma. Jahrelang hatte er den deutschen Kaiser im »Simplizissimus« ob dessen Politik des Säbelrasselns verspottet und angegriffen, hatte im Jahre 1905 unter dem Titel »Kanonenfutter« dieses Gedicht veröffentlicht:

»Hinter den Mauern, hinter den Schlöten
Liegt euer Vaterland,
Ihr sollt euch schlagen dafür und töten,
Und habt es niemals gekannt.«

Nun, im August 1914, nachdem Wilhelm verkündet hatte: »Ich kenne keine Parteien mehr, ich kenne nur noch Deutsche!« schrieb Thoma, von allen satirischen Geistern verlassen:

». . . wir wollen es gemeinsam tragen
Und heute schon als Bestes sagen,
Daß man uns Hand in Hand
Als Brüder fand.
Dem Kaiser, der dies Wort gegeben,
Wird Dank in jedem Herzen leben.
Und jetzt, – hurra!
Du, Mutter uns, – Germania!«

In den »Simplizissimus«-Versen, betitelt »English song of war«, verläßt ihn sogar die Humanität. Nachdem »fern von der Gefahr« ein von ihm erdachtes britisches Trio namens

Tom, Fred und Bess »vergnügt und pityless« Tee getrunken hat und dabei von einem gleichfalls fiktiven deutschen Luftangriff überrascht worden ist, dichtet er detailliert und lautmalerisch:

»Plitsch und platsch und plomperompom!
Wo sind Bess und Fred und Tom?
Sind zerrissen kurz und klein,
Bomben schmiß the Zeppelein,
Hier ein Kopf und dort ein Knie, –
Autsch! The little war on sea!«

Es gibt heute noch manche, die Ludwig Thoma dieser und anderer Veröffentlichungen wegen für einen Opportunisten halten. Wir möchten uns diesem Urteil nicht anschließen. Sein jäher Ausbruch war sozusagen nur das Triumphgeschrei eines in Verwirrung geratenen Grauganters.
Das Bild, auch »Stereotyp«, des äußeren Feindes entsteht, wie wir bereits wissen, durch den Abtausch von Schlägen und Gegenschlägen, wobei diese Schläge in »friedlichen« Vor- und Zwischenphasen auch die Gestalt von Schimpfkanonaden und Protestnoten annehmen können. Für den Fall, daß ein Volk, dessen Stereotyp bislang positiv war, diesem Bild nicht mehr entsprechen soll, etwa weil demagogischerseits die Absicht besteht, es bei günstiger Gelegenheit anzugreifen, empfiehlt sich folgende dem Psychologen Peter Hofstätter entliehene und dem Wesen Masse zu oktroyierende Gedankenkette:

1. *Kettenglied:* Das Volk XY ist im Grunde ein anständiges Volk. Leider wird es zur Zeit von Verbrechern regiert.
2. *Kettenglied:* Das Volk XY ist wie alle anständigen Völker gegen das Verbrechertum, folglich kann es seine Regierung nicht leiden.

3. *Kettenglied:* Merkwürdig, daß das Volk XY seine Regierung nicht zum Teufel jagt. Am Ende ist es gar nicht so anständig, wie wir geglaubt hatten?
4. *Kettenglied:* Vielleicht ist die Kriminalität des Volkes XY sogar erblich bedingt – aufgrund seiner Rasse womöglich?
5. *Kettenglied:* Jedes Volk hat die Regierung, die es verdient!
6. *Kettenglied:* Eigentlich müssen wir der herrschenden Verbrecher-Clique dankbar sein, denn sie hat uns den wahren Charakter des Volkes XY enthüllt.
7. *Kettenglied:* Es ist unsere heilige Pflicht, das Volk XY zu vernichten.

In fest installierten Diktaturen bedarf es solcher Scheinlogik gar nicht. Die erklärten Erbfeinde Stalin und Hitler schlossen 1939 ihr kurzlebiges Zweckbündnis ohne propagandistisches Brimborium. Jeder drehte sein Feindbild einfach zur Wand um, und damit basta.

Daß Feindbilder bereits bestehende Stereotype manchmal nur verdrängen und nicht verändern, machte eine Untersuchung von E. S. Bogardus deutlich. Danach war in Amerika die Beliebtheit der Deutschen im Jahre 1946 (also ein Jahr nach Bekanntwerden der Nazi-Verbrechen) von Platz sieben, wo sie 1926 rangiert hatte, auf Platz elf gesunken, büßte mithin vier Punkte ein. Die Japaner, ebenfalls Kriegsgegner der USA, fielen im selben Zeitraum von Platz 29 auf Platz 36 und verloren ganze sieben Punkte. Der Grund: Deutsche sind dem Durchschnittsamerikaner ähnlicher als Japaner.

Übrigens inspirierte der Wesensunterschied zwischen den Söhnen Nippons und Germaniens den Rassisten Hitler dazu, seine fernen Bundesgenossen, da er sie schon nicht »arisieren« konnte, wenigstens mit dem Ehrenprädikat »die Preußen des Ostens« auszuzeichnen.

Wie unverwüstlich Feind-Attrappen sein können, wenn statt rassistischer nationalistische Vorurteile mitspielen, sehen wir am Beispiel des Generals Binoche.

François Binoche, in den Jahren 1964 und 1965 Kommandant im französischen Sektor von Berlin, schrieb im Juli 1975 in der gaullistischen Monatsschrift »L' Appel«: »Die Feindschaft dieses Landes (Deutschland) gegen alles Französische hat seit Jahrzehnten nicht einen Augenblick aufgehört, und es bedarf nicht der Lektüre von ›Mein Kampf‹, um dessen sicher zu sein. Das Lesen deutscher Zeitungen aller Meinungsrichtungen genügt völlig. Immer, wenn von unserem Land die Rede ist, sind Haß, Übelwollen, Verachtung oder Ironie an der Tagesordnung. Der Sieg von 1945 und der Freundschaftsvertrag von 1961 haben absolut nichts dazu beigetragen, eine Haltung zu wandeln, die von Bismarck über Hitler bis auf unsere Tage unverändert ist.«

Welch geradezu liebenswert naive Verkennung der historischen Situation, wenn man sich erinnert, wie sehr schon während des Zweiten Weltkriegs das deutsche Oberkommando um die »Moral« seiner in Frankreich stationierten Truppen besorgt sein mußte. Für Psychologen überdies ein Musterexemplar von »Projektion« eigener Angst- und Haßgefühle auf den offenbar unsterblichen Erbfeind.

Damit verlassen wir vorerst die gute alte Zeit der nationalen Konflikte und begeben uns in die Ära, die uns lauthals weismachen will, daß die Galerie der Teufel und Blutsauger unversehens auf zwei Feindbildnisse zusammengeschrumpft sei: auf eine Ideologie, genannt »Weltkommu-

nismus«, und eine Gegebenheit namens »Kapitalismus«, der gleichfalls globales Ausmaß unterstellt wird.
Versuchen wir, beide Weltfeind-Attrappen möglichst unvoreingenommen, das heißt so zu beschreiben, daß uns jede Seite für böswillige Ignoranten hält.
Der Weltkapitalismus ist zunächst einmal ein natürlicher Zustand, der auf ökonomischer Ebene den von Charles Darwin erkannten »Kampf ums Überleben« widerspiegelt. Außerdem bezeichnet das Wort Kapitalismus ein Wirtschaftssystem, in dem der Eigentümer von Produktionsmitteln planlos in Pleiten und Krisen hineinproduziert, diejenigen, die für ihn aus nackter Angst vor dem Verhungern Arbeit leisten, nach Gutdünken entlohnt, reglementiert und entläßt, und den Löwenanteil des Ertrags aus ihrer Leistung so zinsgünstig anlegt, daß noch seine Enkel und deren Nachkommen davon zehren, ja damit herumschmeißen können.
Dieses Streben einzelner Glücklicher nach immer größerem Gewinn auf Kosten vieler Unglücklicher entspricht nach Ansicht des Wirtschaftswissenschaftlers Werner Sombart einer Gesinnung, die von der des »standesgemäßen Einkommens« früherer Zeiten abweicht und die, wie die Väter des Sozialismus vorhersagten, zu einer Haß-Explosion seitens der Ausgebeuteten führen muß.
Der Weltkommunismus ist zunächst eine gebührende Antwort auf den ungebührlichen Weltkapitalismus, wie er besonders zur Zeit seiner Hochblüte, also zwischen 1850 und 1914, in Erscheinung trat. In dieser Eigenschaft als Ausbeuterschreck erwarb er sich hohe historische Verdienste; etwa dadurch, daß der Schatten seiner drohend geballten Faust die Bildung von Gewerkschaften beschleunigte, die ihrerseits dafür sorgten, daß sich zumin-

dest in Mitteleuropa die sozialen Verhältnisse zusehends besserten.
Sodann ist Kommunismus ein vornehmlich von Marx, Engels und Lenin geschnürtes Bündel aus teils einleuchtenden, teils zweifelhaften und teils unwahrscheinlichen Theorien, das sich, nachdem allzu eifrige Bewunderer einen Doktorhut darübergestülpt haben, in der Pose einer empirischen Wissenschaft gefällt. Wissenschaft aber, die sich nicht auf gesicherte Forschungsergebnisse stützen kann und einen Wandel der Dinge zum Guten für ausgemacht hält, nur weil sie ihn erhofft, ist Glaubenslehre.
Wie viele Religionen, ist auch der marxistisch-leninistische Glaube endzeitlich orientiert: Gegenwart und nahe Zukunft bilden ein Bewährungs-Stadium (Sozialismus), das jeder Gläubige in geziemender Weise durchlaufen muß, um nach zwei apokalyptischen Zwischen-Stadien (Weltrevolution, Diktatur des Proletariats) in ein immerwährendes Elysium (Klassenlose Gesellschaft) zu gelangen. Jedoch im Gegensatz zu den meisten anderen Religionen, die den Menschen für »böse von Jugend auf« erachten, hält der Marxismus-Leninismus ihn a priori für gut und schreibt Vorkommnisse, die auf das Gegenteil hindeuten, schädlichen Umwelteinflüssen, zum Beispiel der frühzeitigen Dressur zum Konkurrenzkampf zu.
Damit gerät er erst recht ins wissenschaftliche Abseits. Denn die einschlägigen empirischen Disziplinen halten es aufgrund von gewonnenen Einsichten mehr mit dem verpönten Wettbewerbs- oder Leistungsprinzip als mit einem Gleichheits-Ideal, das individuelle Begabungsunterschiede geflissentlich leugnet. Psychologie und Verhaltensforschung sind der Auffassung, daß das jedem Wirbeltier innewohnende Besitzstreben eine angeborene Dispo-

sition und der Traum vom sanftmütigen Klassenlosen, dem Eigentum nichts bedeutet und jede Arbeit, die man ihm zuweist, Freude macht, ein unerfüllbarer Wunschtraum sei. Gewiß beeinflußt die Umwelt in erheblichem Maße unser Dasein. Doch wie man Seelöwen artspezifischer Besonderheiten halber zwar das Ballspielen, nicht aber das Rollschuhlaufen beibringen kann, so lassen sich auch Menschen nicht beliebig nach noch so gut gemeinten Harmonisierungsmodellen abrichten. Antiautoritäre »Kinderladen«-Experimente sind nicht deshalb gescheitert, weil den Kindern ein falsches Verhalten anerzogen wurde, sondern weil bestimmte Verhaltensweisen, mögen sie uns »richtig« oder »falsch« erscheinen, für unsere Spezies typisch sind. »Die ›bürgerliche‹ Erziehung«, so der Verhaltensforscher Eibl-Eibesfeldt, »besteht nicht darin, daß man dem Kind das Besitzen beibringt, sondern daß man es frühzeitig lehrt, Dinge mit anderen zu teilen. Verweigert man aber einem Kind prinzipiell das Recht auf Eigentum, dann setzt man Frustrationserlebnisse.«

Auch der Psychologe Alexander Mitscherlich widerspricht der Behauptung, der Mensch reagiere feindselig nur auf das, was die Gesellschaft ihm als Individuum an Enttäuschung und Leid zufüge; von Natur aus sei er friedfertig: »Was ist das für eine ›Natur‹, die bis heute nie endgültig zum Zuge gekommen ist? Woher kommt es, daß der Mensch friedfertig sein soll, die Menschen aber von Generation zu Generation voller destruktiver Phantasien sind, die sie auch ausleben? Ist dieser Glaube an die gute Natur nicht eine Illusion, die das Erkennen der psychischen Realität verstellt?«

Selbst wenn wir die »gute Natur« des Menschen für ein gesichertes Faktum halten und alles Schlechte den gesell-

schaftlichen Verhältnissen anlasten wollten, bliebe immer noch die Frage, warum diese Gesellschaft mit wenigen ethnologischen Ausnahmen so unbefriedigend funktioniert, obwohl sie doch ein Produkt eben dieser Natur ist, wie sich ja auch der reibungslos funktionierende Ameisenstaat nur aus der Ameisen-Natur erklären läßt.
Indes, mit überzeugten Marxisten oder anderen Gläubigen zu diskutieren, ist so, als wollte einer, der noch nie im Leben etwas von Fußball gehört hat, sich mit jemandem in ein Gespräch einlassen, für den die Welt nur aus Fußballplätzen besteht, und der alles, was darauf geschieht, nach den Regeln dieses Spiels beurteilt. Der Ahnungslose würde nicht einmal begreifen, warum 22 Personen nötig sind, um einen ledernen Ball mal in dieses, mal in jenes aufgespannte Netz zu befördern; der Fußball-Fan würde schon des anderen Unvermögen, sich über ein »klares Foul« mitzuentrüsten, für eine vorsätzliche Lümmelei halten. Nicht lange, und die Diskussion glitte ins Irrationale ab und endete in beiderseitigem Haß.
Dank Bismarck, Hitler und Stalin sowie deren Rechts- und Amtsnachfolgern sind die Weltfeind-Attrappen »Kommunismus« und »Kapitalismus« längst zu Super-Tabus erstarrt, die niemand mehr ungeahndet in Frage stellt.
»Keinen richtigen politischen Standpunkt haben, bedeutet keine Seele haben«, sagt Mao und hat es nicht mehr nötig, den Kennern der Spielregeln zu erläutern, welcher von allen erdenklichen Standpunkten der richtige ist. »Man ist nicht links, weil man will, man ist links, weil man *weiß*«, schreibt der Kolumnist E. A. Rauter in einem deutschen Polit-Periodikum. Und: »Es gibt keinen intelligenten Antikommunismus. Jeder antikommunistischen Argumentation lassen sich grobe Fehler nachweisen. Sie ist gerade we-

gen der Fehler antikommunistisch. Ob eine politische Argumentation richtig oder falsch ist. kann man an den Interessen der Mehrheit feststellen.« Welches diese Interessen sind und wie man sie ermittelt, schreibt er nicht. Dafür überrascht er uns mit der Neuigkeit, daß eine falsche Argumentation, die grobe Fehler enthält, gerade dieser Fehler wegen falsch sei. In den Alltag übertragen: Eine Suppe, der zuviel Salz beigefügt wurde, ist eine versalzene Suppe.

Auf der Gegenseite, wo statt eines starken Glaubens ein ebenso starkes Haß-Klischee die Gehirne außer Betrieb setzt, wird dem Kommunismus die Qualität einer Heilslehre glattweg abgesprochen, wodurch es möglich ist, ihn als unwandelbares, einfach um des Bösen willen böses Universal-Übel darzustellen. Daß *der* Kommunismus, schon gar der *Welt*kommunismus, nicht mehr existiert, sondern daß es bald so viele »Kommunismen« wie Kaninchenrassen gibt, wird nicht zur Kenntnis genommen; auch dann nicht, wenn man, quasi aus antisowjetischem Trotz, nach der Volksrepublik China pilgert, wo sich die immer seltener werdende orthodoxe Spielart dieser Ideologie in all ihrer totalitären Strenge etabliert hat. Dabei ist es doch geradezu ein Kennzeichen von Religionen, daß sie sich in widerstreitende Sekten aufsplittern und den Kurs, den ihre Gründer einschlugen, erforderlichenfalls um 180 Grad korrigieren.

Kein gläubiger oder nur steuerzahlender Christ würde sich an der Diskrepanz zwischen der urchristlichen Botschaft an die »Mühseligen und Beladenen« und der herrschenden Praxis stoßen, die eher denen gerecht wird, die Grund haben, den Vergleich mit dem Kamel und dem Nadelöhr auf sich zu beziehen. Kein in Christo angetretener Heerführer würde dem Jesus-Gebot »Liebet eure Feinde!« entscheidende Bedeutung beimessen, kein Kirchgänger die Anweisung befolgen: »Wenn du beten willst, so geh in dein Kämmerlein«, kein christlicher Wirtschaftsexperte sich das Gleichnis von den Vögeln zu Herzen nehmen, die weder säen noch ernten und dennoch vom himmlischen Vater ernährt werden.

Anders, wenn es um die Propheten der kommunistischen Glaubensbotschaft geht. Ihnen, besonders dem redseligen Lenin, wird jede Äußerung unerbittlich zur Last gelegt, auch wenn kaum noch jemand weiß, aus welchem Anlaß oder in welchem Zusammenhang sie getan wurde.

Sagte der 1924 gestorbene Lenin: »Wer Berlin hat, hat Deutschland, wer Deutschland hat, Europa« (was sich auf seinen Irrtum bezog, die Weltrevolution werde im hochindustrialisierten Deutschen Reich ihren Anfang nehmen), gleich malt ein sendungsbewußter Zeitungszar den Teufel »die Russen wollen ganz Berlin kassieren!« an die Wand. Schrieb er 1920 in einem Brief: »Die Wahrheit zu sagen, ist ein bourgeoises Vorurteil. Eine Lüge wird durch das zu verfolgende Ziel gerechtfertigt« (für Demagogen eine Binsenweisheit), schon ist damit schlüssig bewiesen, daß auch Lenins Nachfolger allesamt hinterlistige Lügner sein müssen. Nannte er jene, die bemüht waren, die kommunistische Ideologie ohne Zorn und Eifer zu betrachten, »nützliche Idioten«, patscht hämische Hinterhofschläue sich schallend auf die Schenkel.

Feind-Attrappen, die so unverrückbar sind und dazu noch supranationalen Charakter haben, ziehen Gereiztheit und zornige Empfindlichkeit magnetisch an. Wer ein solches Weltfeindbild verkörpert, mag tun und lassen, was er will, mag Härte oder Milde zeigen, alles wird ihm von der Gegenseite so ausgelegt, als ob es purer Bösartigkeit entspränge. Einer erwartet vom anderen nur das Schlimmste und hält jedes noch so glaubhafte Entgegenkommen für ein Täuschungsmanöver.

Wie selbstverständlich einem »erklärten« Feind schikanöse Absichten unterstellt werden, dokumentierte im Sommer 1975 ein Fernsehreport. Ein Bürger der Bundesrepublik Deutschland, nur mit Badehose bekleidet, daher ohne Ausweispapiere, wurde im Schlauchboot ans östliche Ufer der Elbe getrieben, dort von DDR-Grenzposten festgenommen und nach 16tägiger Untersuchungshaft wieder in die Bundesrepublik abgeschoben. Kein freundlicher Akt, gewiß; doch der Fernsehbericht schilderte schon die Festnahme so anklägerisch, als hätten es die Grenzwächter vorsätzlich unterlassen, dem Mann in der Badehose sein rheumageplagtes Frührentnertum anzusehen.

Der Brauch, die Welt als Bühne für den Kampf zwischen den Mächten des Lichts und der Finsternis anzusehen, nach der griffigen Formel: »Wenn etwas nicht weiß ist, muß es schwarz sein«, ist nicht neu. Die Kinder Israels waren, anders als die gottlosen Ureinwohner des Gelobten Landes, Auserwählte. Der glattgesichtige edle Römer hatte mit den »barbari«, den Unrasierten der übrigen Welt, nichts gemein. Robespierre war überzeugt, daß »das Reich des Guten« immer kleiner werde, indessen sich »das Böse« breiter und breiter mache.

Nach 1871 gab es eine bipolare Trennung zwischen Zivilisation und Kultur. Meyers Konversationslexikon von 1875 differenzierte: »Die Civilisation ist die Stufe, durch welche ein barbarisches Volk *hindurchgehen* muß, um zur höheren Kultur . . . zu gelangen.« Das Barbarenvolk der Franzosen, dessen Sprache zwischen Zivilisation und Kultur gar nicht erst unterscheidet, war schon darum aus der Sicht sieghaft-deutscher Überheblichkeit bestenfalls zivilisiert; Kultur herrschte, wie schon Meyers Lexikographen-Deutsch beweist, nur von der Maas bis an die Memel.

Heute spricht die eine Seite von sich als der »freien Welt« (die Militärdiktaturen in ihrem Einflußbereich rechnet sie aus ästhetischen Gründen nicht mit); die andere versteht sich, im Gegensatz zu den »Kriegshetzern und Revanchisten«, pauschal als »die friedliebenden Nationen«. Dem heroischen Arbeiter steht der gewinnsüchtige Kapitalist gegenüber, umgekehrt dem verantwortungsbewußten Unternehmer der nimmersatte Lohnforderer. Man selbst ist unabhängiger »Bündnispartner«, der andere höriger »Satellit«. Waffen, die hier »Abschreckung« gewährleisten, dienen dort Angriffszwecken. »Militärische Berater« des einen Machtblocks sind in Gegenden, wo sie nichts zu suchen haben, »Erhalter des Friedens«, die des anderen eine »dreiste Provokation«.

George F. Kennan, ehemals US-Botschafter in Moskau, heute Leiter des »Kennan Institute for Advanced Russian Studies« in Washington, sieht das ängstlich dräuende Imponiergehabe beider Seiten mit Gelassenheit. Die sowjetische Bürokratie, so meint er, deren Führer hoch in den Sechzigern und Siebzigern stünden, fürchte sich vor jedem Wandel, erst recht vor durchgreifenden, also risikoreichen Neuerungen. Da sie sich ernsten inneren Schwierigkeiten gegenübersähe, sei ihre außenpolitische Haltung im Grunde defensiv, sowohl was den politischen Affront der Chinesen als auch die Auswirkungen der wirtschaftlichen und technologischen Überlegenheit des Westens betreffe. Es sei absurd, diese Männer als Verschwörer in einem finsteren Komplott darzustellen, das auf die Unterjochung Europas ziele.

Kennan amüsiert sich darüber, daß der Westen, der die Entwicklung der eigenen konventionellen Streitkräfte vernachlässigt habe, nun die Sowjetunion dafür verantwortlich mache, daß sich das militärische Gleichgewicht zum Nachteil Europas verändere, und spöttelt: »Armer, alter Westen: wie er Tag für Tag mehr seiner eigenen Dekadenz erliegt,... wie er vor dem Schreckgespenst der bösen Russen zittert, die alle als Übermenschen hingestellt werden: zweieinhalb Meter groß, ohne eigene innere Probleme, in ihrem Denken ausschließlich darauf konzentriert, Schaden und Zerstörung über Westeuropa zu bringen.«

In der Tat ist es fraglich, ob in der UdSSR oder sonstwo im »Sozialistischen Lager« noch der eine Strang zu finden ist, an dem mit vereinten Kräften zu ziehen die Vorväter versprochen hatten, ja ob auch das geheiligte Vokabular von einst noch für bare Münze zu nehmen ist.

Leonid Breschnew tauschte auf dem XXV. Parteikongreß der KPdSU das Wort »Weltrevolution« gegen ein unverbindlicheres »Fortschreiten des revolutionären Weltprozesses« aus und warnte trutzig: »Niemand kann darauf spekulieren, daß sich Kommunisten im Zuge der Entspannung mit kapitalistischer Ausbeutung abfinden oder daß Monopolherren zu Anhängern der Revolution werden«; was kein Strenggläubiger auch nur andeuten würde, wenn derlei Spekulationen wirlich so haltlos wären.

Auch die kommunistische Endzeit-Vision, eine von Staatszwängen freie »Klassenlose Gesellschaft«, wird zumindest von intelligenten Kommunisten nicht mehr nachvollzogen. Wolfgang Harich, oft befehdeter DDR-Professor, hält jeden Gedanken an ein »künftiges Absterben des

Staates« für illusorisch. Desgleichen nimmt er allen die Hoffnung, denen ein Leben auf der unbequemen »Baustelle Sozialismus« nur im Hinblick auf eine bequemere Zukunft erträglich schien: »Die ausschweifenden Phantasien unbegrenzten Wohllebens, die sich bisher mit dem Begriff des Kommunismus verbanden, werden wir fallenlassen müssen.«

Manches weist darauf hin, daß auch das »Letzte Gefecht«, obwohl offiziell noch für so wahr gehalten wie andernorts die leibliche Himmelfahrt Mariens, auf den Sankt Nimmerleinstag verschoben ist und, wollen beide überleben, der Kommunismus zusehends liberale, der Kapitalismus zusehends sozialistische Züge annehmen muß, ob es ihnen paßt oder nicht. Sollten wirklich eines Tages die feindlichen Brüder sich wie eineiige Zwillinge gleichen, würde der reformierte Glaube Kommunismus vermutlich immer noch »Kommunismus« und der verbesserte Zustand Kapitalismus immer noch »Kapitalismus« heißen, und einer würde dem anderen waffenklirrend Furcht einjagen.

Schon heute ist es schwer zu beurteilen, wie es um all die »Ismen« und »Anti-Ismen«, mit denen wir täglich konfrontiert werden, in Wahrheit bestellt ist. Können wir sicher sein, daß Mao Tse-Tungs Revolution eine maoistische und keine chinesische war? Ist der französische Kommunismus vielleicht nur der Nachhall einer großen revolutionären Vergangenheit, der italienische nur eine Drohgeste verbitterter Katholiken? Läßt eine freiheitstrunkene Dritte Welt sich von den Missionaren der neuen Glaubenslehre aus dem gleichen (verständlichen) Opportunismus in Marx' Namen taufen, aus dem sich einstmals versklavte Kolonialvölker zur Lehre Christi bekehrten? Und stammt andererseits unser tabuisierter, von gehässigen Vorurteilen

strotzender Antikommunismus nicht zu einem beträchtlichen Teil aus Erinnerungsresten an Hitlers »Untermenschen«-Propaganda?
Sicher ist: Die Demagogen aller Richtungen und Schattierungen brauchen sich gegenseitig; daher ist es für sie wichtig, daß ihre Feind-Attrappe einen Namen hat, nicht aber, wer oder was sich dahinter versteckt.
Wie tiefgreifend und nachhaltig demagogische Suggestion wirken kann, bewies jener Flüchtling aus der DDR, der im Aufnahmelager auf die Frage, warum er geflohen sei, zur Antwort gab: »Ich sollte für den Frieden kämpfen; ich kann aber doch nicht für den Frieden kämpfen!« Dabei lag seine Betonung auf »Frieden«, nicht auf »kämpfen«. Dank propagandistischer Mühewaltung waren für diesen Mann die Begriffe Friede und Kommunismus bereits untrennbar verschmolzen.
Daß unreflektierte Haßgefühle zuweilen in unfreiwillige Komik ausarten, sehen wir am Beispiel des Berliner Journalisten Matthias Walden. Für ihn ist das Wort »Entspannung«, mit dem gewöhnliche Menschen das Gegenteil von Spannung, also einen Prozeß nachlassender Gefährdung verbinden, etwas so Widerwärtiges, daß ihm die Parabel entschlüpfte: »Die Entspannung einer Uhr bringt die Uhr zum Stillstand.«
Dies soll nun nicht heißen, daß aufgrund fortschreitender Spannungsminderung zwischen Ost und West Angriffshandlungen beiderseits völlig auszuschließen seien. Unter verhängnisvollen Umständen können Feind-Attrappen recht lebendig werden. Um so weniger jedoch erscheint es uns angezeigt, vorhandene Gefahren durch irrationales Aufbauschen zu vergrößern. Wie man seelenruhig *Nicht*raucher sein kann und kein *Anti*raucher, der jedem,

der da qualmt, an die Gurgel will, so kann man auch an Sinn und Nutzen des Marxismus-Leninismus oder Maoismus zweifeln, ohne daß einem gleich der Schaum vor die Lippen tritt; was demagogische Rot-Seher freilich nicht hindert, solche emotionale Lässigkeit wenigstens Sympathisantentum zu nennen.

Der innere Feind

»Wenn jemand«, meinte Plato, »das Wort ›Eisen‹ oder ›Silber‹ ausspricht, denken wir da nicht alle dasselbige? – Wie aber, wenn ›gerecht‹ oder ›gut‹? Wendet sich da nicht der eine hier, der andere dorthin, und sind wir nicht uneins untereinander und mit uns selbst?«

Auf unser Thema übertragen heißt das: Gegenstände, die wir mit unseren fünf Sinnen und einem Minimum an Verstand erfassen können, entzünden keinen Meinungsstreit. Erst wenn Sinne und Verstand ein wichtig erscheinendes Problem nicht zu klären vermögen, werden gegensätzliche »Standpunkte« bezogen; was hauptsächlich für religiöse und politische Fragen gilt.

Extreme Standpunkte werden nach Ansicht des Psychologen Hofstätter mit größerem Nachdruck vertreten als gemäßigte. Wird ein religiöses oder politisches Problem akut, nimmt innerhalb einer Gruppe die Häufigkeit der gemäßigten Standpunkte ab und immer mehr Gruppenmitglieder legen sich auf eines der beiden Extreme fest. Dauert das akute Stadium länger an, zerfällt die Gruppe in zwei »Lager«, und der innere Feind ist beiderseits geboren.

In aller Regel begreift sich das eine extreme Lager als »progressiv« (fortschrittlich), das andere als »konservativ« (am

Altbewährten festhaltend), wobei keines der beiden Extreme rational zu begründen ist. Fortschrittlichkeit setzt voraus, es gebe keine ständige Wiederkehr des Gleichen, sondern eine fortwährende Entwicklung der Menschheit zum Besseren, somit eine Höherentwicklung, die von der Gegenseite törichter- oder böswilligerweise »aufgehalten« werde. Das konservative Extrem hält dafür, daß unter der Sonne nicht nur nichts Neues, sondern auch nichts Verbesserungswürdiges zu finden sei, und sieht in den Anhängern des Fortschritts folgerichtig eine Gefahr für das Bestehende. In der Politik ist man übereingekommen, den ersten Standpunkt mit »links«, den zweiten mit »rechts« zu bezeichnen.

Beide auf die Sitzordnung im Parlament bezogenen Seitenbezeichnungen sind heute suspekt. Die rechte hat ihren Mißkredit vor allem Hitler und seinen konservativen Ermächtigern zu verdanken; mit der Anrüchigkeit der linken hat es eine Bewandtnis, die wir bei aller Unvoreingenommenheit, die wir eingangs gelobt haben, unglücklich nennen müssen.

Links ist der erstarrte Genitiv von »link« und laut Wörterbuch (Pekrun) gleichbedeutend mit »nicht recht: nicht so, wie es sein sollte: falsch: verdächtig: schlecht: nicht geschickt: unbeholfen: linkisch«. Die linke Hand ist seit Urzeiten die falsche Hand. »Gib der Tante das *schöne* Händchen!« mahnen die Mütter und meinen das rechte.

»Du sollst dich auf deine linke Seite legen und die Missetat des Hauses Israel auf dieselbe legen«, steht im Alten Testament (Hesekiel 4,4). Im Neuen heißt es: »Und wird die Schafe zu seiner Rechten stellen und die Böcke zur Linken. . . dann wird er auch sagen zu denen zur Linken: Gehet hin von mir, ihr Verfluchten, in das ewige Feuer, das bereitet ist dem Teufel und seinen Engeln« (Matthäus 25, 33–41). Denn die linke ist die Seite der Sünde und Verdammnis, weshalb auch der Teufel auf mittelalterlichen Gemälden als Linkshänder erscheint.

»Links«, rief 1963, wie eine private Meinungsumfrage des damaligen Hamburger Innensenators Helmut Schmidt ergab, bei rechten (»richtigen«) Bundesbürgern u. a. die Vorstellungen »Picasso, überhaupt die ganze abstrakte Malerei«, »Umsturz und Revolution«, »Auflehnung und Gewalt«, »Klassenkampf«, »Freidenkertum« und »Masse« wach. »Links« bewilligte im Kaiserreich weder Heeresvorlagen noch Kriegskredite und versetzte den »im Felde unbesiegten« Helden meuchlings einen Dolchstoß in den Rücken. »Links« ist, ginge es nach einem Wahlplakat von 1957, »der Untergang Deutschlands«.

Es gibt in der Welt, zumindest in der christlich geprägten, kaum ein Adjektiv, das so unvorteilhafte Gedankenverbindungen hervorruft wie das Wörtchen »links«. Wie also war es möglich, daß in den Parlamenten gerade die Fortschrittsgläubigen diese verteufelte Saal-Seite gewählt haben? Welcher neuerungsfeindliche Dämon gab ihnen ein, sich »zur Linken«, im Revier der verfluchten Böcke niederzulassen?

Sie hatten keine Wahl.

Während der französischen Restauration von 1815, als die Bezeichnungen »rechts« und »links« erstmals im parlamentarischen Sinne gebraucht wurden, saßen in der Deputiertenkammer rechts vom Präsidenten, auf der Ehrenseite, dort, wo in der Nationalversammlung von 1789 ganz selbstverständlich die Aristokratie und der höhere Klerus Platz genommen hatten, die »königlich noch über den König hinaus« gesinnten Restaurateure, die »Ultras«. Über

ihnen schwebte unsichtbar die Märtyrerkrone des guillotinierten Ancien régime.
Auf der linken Seite, die 1789 für den »Dritten Stand«, die Vertreter des aufbegehrenden Volkes, reserviert war, saßen jetzt die »Unabhängigen« (indépendents), besonnene Leute, die weder dem Adel noch der Geistlichkeit ans Leder wollten, sondern schlicht der Meinung waren, man sollte das Brauchbare aus Revolution und napoleonischem Empire nicht mit dem bourbonischen Bade ausschütten. Über ihren Bänken aber hing noch der Blutgeruch des Jakobiner-Terrors. – Kann eine politische Fachvokabel einen schlechteren Start haben?
Als unmittelbare Folge dieser Sitzordnung wurde bis tief ins 19. Jahrhundert hinein jeder, der nicht unüberhörbar konservative Ansichten äußerte, nachträglich zum Mitglied jenes verpönten Jakobiner-Klubs gemacht. »Dahin ist es gekommen«, klagte Ernst Moritz Arndt, »daß in Teutschland diejenigen Jakobiner genannt werden, welche die Umkehrung, Unterjochung und Schändung des geliebten Vaterlandes abwenden mögten.«
Sogar der Graf von Artois wurde von den royalistischen Ultras jakobinischer Ränke bezichtigt, nur weil er sich politisch etwas lockerer gab, als es der Zeitgepflogenheit entsprach. »Den sogenannten Royalisten sollten die Greuel der Jakobiner früherer Zeiten abschreckend sein«, hieß es in der Cottaschen »Allgemeinen Zeitung« vom 12. Oktober 1815, »allein indem sie alle Freunde liberaler Ideen mit dem Namen von Jakobinern belegen, sind sie selber die blutgierigsten.«
Die Linken von 1820 hießen, wie schon im Eingangskapitel gesagt, »Demagogen«. Schon das Wort »Volk« – später von den Rechten okkupiert – war in der Metternich-Ära

tabu; weshalb einem Sprachreiniger von der Zensur verboten wurde, »Kavallerie« mit »Pferdevolk« zu übersetzen (Fußvolk für Infanterie war leider schon zu lange gebräuchlich). 1848 machten die Demagogen den »Demokraten« Platz, gegen welche laut zeitgenössischer Spruchweisheit nicht allein des Reimes wegen »nur Soldaten« halfen. 1852 gab es die ersten Kommunistenprozesse. 1900 ging es den »Anarchisten« an den Kragen, deren Wunsch nach Herrschaftslosigkeit als Vorliebe für zügelloses Verhalten ausgelegt wurde.

Zwischen 1933 und 1945 war zur Linken der »jüdische Bolschewismus« angesiedelt. 1968, als während der Großen Koalition die »Außerparlamentarische Opposition« (APO) auf die Straße ging, bezeichnete schon das Wort »Student« den Standort der Böcke. Dann traten die zu allem fähigen »Jusos« auf den Plan. Heute sind es die »Radikalen«, die der Vorsilbe »links« nicht mehr bedürfen, um als Feinde der Verfassung kenntlich zu sein.

Auf der rechten Seite hieß, von links aus gesehen, alles, was zwischen 1789 und 1804 das absolut Böse verkörperte, »Aristokrat« (»Blutegel der Nation«). 1815, nach dem Sturz Napoleons, stritten sich rechte »Bonapartisten« und ultrarechte »Legitimisten« um den Anspruch, die einzigen gottgefälligen Schafe zu sein. Um 1848 war »Reaktionär« das Modeschmähwort für jeden, dessen Trachten dem »Rückschritt« galt, also für alle, die nicht so fortschrittlich gesinnt waren wie man selbst. Ab 1850 heißt der rechte Höllenhund »Kapitalismus«.

Um diese inzwischen verwitterte Feind-Attrappe zu erneuern, versahen die Linken sie mit zwei bereits erprobten Negativ-Klischees, genannt »Bourgeoisie« und »Faschismus«.

Bourgeois war ursprünglich der vernünftige und eigenverantwortlich handelnde Bürger, der wehrhaft (mit dem Spieß) seine befestigte Stadt (Burg) beschützte. Daraus wurde – aus der Söldner-Perspektive – der als lächerlich empfundene »Spießbürger«, dem zuerst militärische Wichtigtuerei, später politische Engstirnigkeit unterstellt wurde. Moderne Marxisten verstehen unter Bourgeoisie »die herrschende Grundklasse der kapitalistischen Gesellschaft, die, im Gegensatz zur ausgebeuteten Arbeiterklasse, im Besitz der entscheidenden Produktionsmittel ist«.

Faschismus, in engster Auslegung die Bewegung Mussolinis, im weiteren Sinn Bezeichnung für extrem nationalistische, nach dem Führerprinzip organisierte, antiliberale Herrschaftssysteme, ist nach neomarxistischer Auffassung eine »volkstümlich maskierte Form der bürgerlich-kapitalistischen Gegenrevolution« (Rosenberg). Maos Chinesen wiederum nennen die Sowjetrussen Faschisten, während diese (vermutlich weil der marxistische Wortschatz ausgeschöpft ist) die chinesischen Führungskräfte »Blutsaugende Riesenmoskitos« oder »Rote Zaren« schimpfen. Zu APO-Zeiten hieß alles, was linksseitig Mißfallen erregte, »faschistisch«, von der Kindererziehung über den Verbrauchsgüterbedarf (»Konsumzwang«) bis zur Sexualmoral.

Die goldene Mitte

Nun wäre alles hübsch einfach und hätte seine Ordnung, wenn auf beiden Seiten die Feindbilder unveränderliche und unverwechselbare Kennzeichen trügen: Hier Friede, Freiheit, Fortschritt, Recht und Gesetz, Rücksicht auf die sozial Schwachen, Erfüllung des Volkswillens – dort

Streitsucht, Unterdrückung, Rückschritt, Ausbeutung, Illegalität, Klassen-Egoismus, Streben nach Alleinherrschaft. Kurzum, hie Heiligenschein, hie Pferdefuß. Doch so einfach ist es schon darum nicht, weil es in der Politik, subjektiv betrachtet, gar keine Extreme gibt.

Jede Seite tritt für das Gute ein und bekämpft das Schlechte. Jede ist friedfertig, liberal, fortschrittlich, gesetzestreu, sozial und demokratisch. Keine gebärdet sich radikal, denn das nützt nur in seltenen Ausnahmesituationen, sondern bewegt sich in der beim Wesen Masse so beliebten »Goldenen Mitte«, einem praktisch unbegrenzten Gebiet, das von Demagogen gerade wegen seiner Grenzenlosigkeit geschätzt wird.

Einen der erfolgreichsten Tricks auf diesen Gebiet deutete bereits Aristoteles an: »Der Tapfere, der die Mitte hält zwischen Verwegenheit und Feigheit, erscheint im Vergleich mit dem Verwegenen als feige. Deshalb schieben die extrem Gerichteten den, der die Mitte hält, jeder dem anderen zu. Der Feigling nennt den Tapferen tollkühn, und der Tollkühne nennt denselben Tapferen einen Feigling.« Daß sowohl der Feigling als auch der Tollkühne sich für tapfer ausgeben, folglich die begehrte Mitte usurpieren, versteht sich am Rande.

Ungeachtet der Geräumigkeit des »goldenen« Mittelfeldes behauptet jeder rhetorisch Versierte, sich genau im Zentrum der Wahrheit zu befinden, wobei er den Anschein erweckt, als würde dieses Zentrum durch eine Nadelspitze markiert, auf der nur *ein* Weltbild, nämlich das seine, Platz hat. Außerhalb dieses Mittelpunktes gibt es für ihn nur falsche bis extrem falsche Standorte, mögen jene, die sie einnehmen, ihnen noch so wohlklingende Namen gegeben haben. So entsteht die demagogische Zweipoligkeit, das

»schwarz oder weiß«, auch hier: Der eine Pol ist engbegrenzt und exakt umschrieben; er bezeichnet die Position des Mannes auf der Nadelspitze. Der andere Pol faßt undifferenziert alle anderen »falschen« Standpunkte zusammen, um sie in Bausch und Bogen zu verdammen.

Der allgemeine Drang zur Mitte wird schon an den Parteinamen deutlich. Eine als »christlich« firmierende Gruppierung, also eine, die zur Bekämpfung des Sozialismus angetreten ist, wird es nicht versäumen, sich mit dem Beiwort »sozial« zu schmücken, eine nationalistische sich als »sozialistisch« tarnen. Parteien, die Veränderungen anstreben, glauben den Schock, den ihr Fortschrittswille bei der neuerungsfeindlichen Masse auslösen könnte, mit dem Adjektiv »demokratisch« abzufangen. Dissidenten einer alten Partei werden gewiß nicht als »Splitterpartei«, sondern als »Einheitspartei« an die Öffentlichkeit treten.

Eine wenn auch nur vorgetäuschte Mittelstellung erlaubt viele demagogische Trick-Variationen, zum Beispiel die Bekenner-Attacke.

Bei diesen Trick tritt der Demagoge ans Pult und erklärt: »Wir, die Partei X, sind für Frieden, Freiheit und Gerechtigkeit«, womit er indirekt unterstellt, die andere Seite verneine diese Werte. Der Sprecher der Partei Y, der die genannten Begriffe für nicht weniger wertvoll hält, kann nun nicht antworten: »Wir sind *gegen* Frieden, Freiheit und Gerechtigkeit«, vielmehr muß er umständlich darlegen, warum und inwieweit er diesen oder jenen Wertbegriff anders auslege als sein Vorredner. Das kostet Zeit und überfordert die Geduld, nicht selten auch die Auffassungsgabe der Zuhörer.

Die Bekenner-Attacke kann noch schärfer geritten werden; etwa in der Weise, daß der Sprecher der Partei X die

Partei Y auffordert, sie solle zum Beweis dafür, daß ihr an Frieden, Freiheit und Gerechtigkeit gelegen sei, auf glühenden Kohlen barfuß gehen. Lehnt deren Sprecher das Ansinnen ab, dokumentiert er damit, er und seine Parteifreunde mißachteten diese heiligen Güter.

Ein Beispiel aus dem Wahljahr 1976: »Jungsozialisten und Jungdemokraten sollen sich am 13. August an einer Sternfahrt der Jungen Union zur Mauer in Berlin beteiligen. Das hat gestern der geschäftsführende Landesvorsitzende der Jungen Union von Schleswig-Holstein... gefordert. Die Jugendorganisationen der SPD und FDP könnten damit deutlich machen, ›daß auch sie Terror und Gewalt Ost-Berlins eine Alternative der Freiheit entgegensetzen wollen‹...« (»Welt am Sonntag« Nr. 29).

Worte, die scheinbar unwiderleglich einen politischen Wert oder Unwert bezeichnen, nennt man Schlagworte. Wird ein Schlagwort zusätzlich mit Emotionen befrachtet, verabsolutiert und über einen längeren Zeitraum hinweg ständig gebraucht, spricht man von einem »suggestiven Fahnenwort« (W. Dieckmann), das Meinungsunterschiede innerhalb der Gruppe verwischt und gegenüber Fremdgruppen Grenzen setzt, die in so starrer Form, wie man es sich einredet, gar nicht vorhanden sind.

Da jedes Schlag- oder auch Fahnenwort historischen Wandlungen unterliegt, die seine Bedeutung verschieben, manchmal sogar ins Gegenteil verkehren, hat der begabte Demagoge immer eine Interpretation parat, die einem bestimmten Zwecke oder einer bestimmten Situation angepaßt ist. Natürlich ist *seine* Auslegung jeweils die einzig mögliche und richtige. Der politische Gegner, der das Wort anders deutet (oder dem eine abweichende Deutung unterschoben wird), ist daher moralisch nicht berechtigt, es zu benützen.

Schon der Begriff Demokratie kann sowohl schlechtweg eine vielerorts herrschende Staatsform meinen als auch ein Schlag- und Fahnenwort sein.

Wort für Wort

Die Übersetzung »Volksherrschaft« sagt weder etwas darüber aus, was wir uns unter »Volk« vorzustellen haben, noch läßt sie erkennen, in welcher Weise diese Herrschaft ausgeübt wird. Die klassische Version der Griechen war im Grunde eine Oligarchie, nämlich die Befehlsgewalt weniger Privilegierter über viele rechtlose Sklaven. Auch später, zur Zeit der absoluten Monarchien, bedeutete »Demokratie« als Throne bedrohendes Schlagwort nicht Vollstreckung des Mehrheitswillens, sondern Macht, die sich auf die niederen Stände stützt. Ebensowenig kann man den heutigen Parlamentarismus Herrschaft des Volkes nennen, weil er die Befugnis der Gesetzgebung an wenige delegiert und seine Hauptaufgabe darin sieht (oder sehen sollte), die Rechte eigenwilliger Minderheiten zu schützen. Gleichzeitig flattert »Demokratie« als kriegerisches Fahnenwort der östlichen tautologischen (»Volksdemokratie«) wie der westlichen pluralistischen Variante voran.
Da das Wesen Masse, soweit es überhaupt etwas begreift, die demokratische Regierungsform einerseits immer noch als Machtausübung durch »die da oben«, andererseits aber auch als getreuen Vollzug des Wähler-Votums versteht, ist das Schlag- und Fahnenwort »Demokratie« für die Oligarchen (Funktionäre), die unsere modernen Massenparteiapparate in Gang halten, unentbehrlich.
Soll der erhebende Eindruck »alle Staatsgewalt geht vom Volke aus« erweckt werden, halten sie Parteitage ab, auf

denen die Volkssouveränität durch hohe Mitgliederbeteiligung sichtbar gemacht wird. Je nach Saalgröße genügen oft schon einige hundert Personen. Geht es um Entscheidungen, bei denen ein Übermaß an Mitspracheberechtigung stören könnte, etwa bei der Neuwahl des Vorstands, kommt jene Lesart von Demokratie zum Zuge, wonach zwar viele das Abstimmen, aber nur wenige das Sagen haben. Deshalb werden in Parteien, die nicht auf dem Führerprinzip gründen, Abstimmungen zu möglichst später Stunde vorgenommen. Die Zwischenzeit wird mit so viel ideologischer Langeweile vollgepfropft, daß die meisten die Versammlung rechtzeitig, das heißt vor der Stimmabgabe verlassen haben.

Nicht anders ist es auf parlamentarischer Ebene. Geht es um Fragen, die Mehrheiten betreffen, wird in scheinheiliger Ehrfurcht vor dem allmächtigen Volkswillen auf rohen Eiern geschlichen. Löcken einige wenige wider den konventionellen Stachel, wird ihre Meinungsäußerung als unerheblich, ja unseriös abgetan: »Wir haben heute morgen erlebt, was sich dieses Parlament von einer *absolut lächerlichen* Minderheit bieten lassen muß« (Franz Josef Strauß am 7. Februar 1952 im Deutschen Bundestag).

Ein anderer vieldeutiger und darum demagogisch ergiebiger Begriff heißt »Freiheit«. Ursprünglich nur als Gegensatz zu Monarchie und Tyrannis verstanden, wurde er bald zum handlichen Schlag- und Fahnenwort, dessen Geschichte sich weit zurückverfolgen läßt.

»Freiheit« hieß die Losung der Mörder Julius Cäsars, der sich selbst »Befreier« genannt hatte. »Freiheit« lautete nach der Ermordung des Caligula die von den Konsuln ausgegebene Tagesparole. »Freiheit« stand nach Neros Tod auf den Helmen seiner Nachfolger.

Der Tribun Clodius, der im Jahre 58 v. Chr. die Verbannung Ciceros durchgesetzt hatte, ließ dessen Haus niederreißen und an seiner Stelle einen Tempel der Freiheitsgöttin Libertas bauen. Nach dem Sturz des Sejanus, einem Günstling des Tiberius, wurde in Rom ein Standbild der Freiheit errichtet. Aus der Kopfbedeckung der freigelassenen Sklaven entstand die Phrygische (Jakobiner-) Mütze, so wie in unseren zwanziger Jahren die Sträflingskappe Mahatma Gandhis (»Gandhi Cap«) zum Symbol der indischen Freiheitsbewegung wurde.

Auch »Befreiungsarmeen«, die, wie es in der römischen Antike hieß, nicht »Freien die Sklaverei, sondern Sklaven die Freiheit« bringen, gibt es bis in unsere Tage. Ihre Tradition setzte sich um so lieber fort, als Raub- wie auch Glaubensfeldzüge sich vor der Historie gefälliger ausnehmen, wenn die Besiegten als »befreit« gelten können, und sei es nur von ihrer Habe, ihrem Unglauben oder schlicht von ihrem irdischen Dasein.

Zu Beginn des 19. Jahrhunderts war das Wort Freiheit nicht nur für die Liberalen, die damaligen »Linken«, mit hohen Wertvorstellungen verknüpft, auch die Konservativen hielten es in Ehren. Freilich verstanden beide Seiten darunter etwas völlig Verschiedenes. Die Konservativen meinten damit das Recht eines jeden Standes, nach seinen Privilegien zu leben. Weil jedoch praktisch nur *sie* Privilegien, besondere »Freiheiten«, besaßen, konnte sich dieses Recht nur auf *ihren* Stand beziehen, denn konservativ war seinerzeit gleichbedeutend mit bevorrechtigt. Für die Liberalen hingegen bedeutete Freiheit einen herbeigewünschten Zustand, der das Vorhandensein eben dieser konservativen Vorrechte ausschloß.

Für den konservativen Demagogen bot es sich daher an,

seinen liberalen Gegner in die anarchistische Ecke zu drängen oder ihn wenigstens der zügellosen Ausschweifung (Libertinage) zu bezichtigen. Der demagogisch veranlagte Liberale tat so, als hätte das Wort »liberal« nicht das geringste mit Politik zu tun, sondern sei synonym mit human, tolerant, edel, freimütig und gütig; was wiederum den Konservativen bewog, diese vorteilhafte Begriffsbestimmung auch für sich zu reklamieren: »Der König«, heißt es in einem Brief von 1849 über Friedrich Wilhelm II. von Preußen, »war von jeher *freisinnig* und ist es noch; freisinniger als viele, deren politisches Bekenntnis ausschließlich diese Aufschrift trägt.«

Die Liberalen von heute berufen sich weder auf ihre privilegienfeindlichen Vorkämpfer von 1830 noch auf das Manchestertum von 1859, dessen Freisinnigkeit in schrankenlosem Wirtschafts-Egoismus bestand. Da sie nicht fähig sind, Massen zu begeistern, bilden sie von Fall zu Fall das für eine regierungsfähige Mehrheit nötige Anhängsel. In dieser Eigenschaft verschleiern sie ihre zahlenmäßige Schwäche mit der Schmuck-Metapher »Zünglein an der Waage«, halten sich »nach allen Seiten offen« und beteuern, das »Schlimmste verhüten«, das heißt dafür sorgen zu wollen, daß keine Massenpartei, die mit ihnen koalieren muß, die von ihren Wählern erwartete Politik verwirklichen kann. Für den fernen Mao Tse-Tung wiederum meinte Liberalismus in seiner »11. Erscheinungsform« die Untugend: »einen Fehler, den man begangen hat, zwar erkennen, aber nicht daran denken, ihn zu korrigieren«.

Das Hauptmerkmal des Schlag- und Fahnenworts »Freiheit« besteht jedoch darin, daß man es so gut wie kaum ein anderes im Sinne von Ideen oder Vorurteilen definieren kann. Spricht man einen Kommunisten auf den empfindlichen Mangel an Freiheit an, der dort, wo sein Glaube dominiert, zu beklagen ist, stellt er reflexartig die Gegenfrage: »Freiheit wozu?« und will damit den in jedem freien Gemeinwesen unvermeidlichen Mißbrauch der Freiheit anprangern. Fragt man einen Durchschnittsbürger der »freien Welt«, was ihm der Begriff Freiheit bedeute, wird seine Antwort auf sich warten lassen. Schließlich werden ihm einige vorwiegend materielle Vorteile einfallen, die es »drüben« nicht gibt, oder er wird hervorheben, daß *er* jederzeit offen seine Meinung sagen könne. Wie selten er mangels Zivilcourage von seinem Recht der freien Meinungsäußerung Gebrauch macht, dürfte ihm verborgen sein.

Daß das Fehlen von Zwang und Bevormundung einen objektiv hohen Wert darstellt, dieser Gedanke würde manchem von uns erst einleuchten, wenn die gewohnte Freiheit plötzlich abhanden käme. Der gläubige Kommunist hat ihn längst verdrängt bzw. modifiziert. Für ihn wie für alle Totalitären ist Freiheit die Erlaubnis, beim Anvisieren des utopischen Ziels mal das eine und mal das andere Auge zuzukneifen.

Auch der Rassist vermag nicht einzusehen, inwiefern das natürliche Recht des Menschen auf Freiheit verletzt wird, wenn Staatsangehörige mit dunklem von solchen mit hellem Teint getrennt leben müssen. Dies sei doch, so argumentiert er, für die Träger beider Hauttönungen die »wahre« Freiheit.

Jedes als positiv empfundene Schlagwort auf der einen gebiert ein im abschätzigen Sinn verwendetes auf der anderen Seite. Einst stand Monarchie gegen Tyrannis, Aristokratie gegen Plutokratie (Geldherrschaft), Demokratie gegen Ochlokratie (Pöbelherrschaft), Patriotismus gegen Chauvinismus, Stand gegen Kaste. Heute haben sich die alten Antagonismen neue Namen zugelegt. »Sozialdemokratie«, auch »Demokratischer Sozialismus« genannt, provoziert in einer Zeit, in der äußerer und innerer Feind dekkungsgleich geworden sind, die gegnerische Schimpf-Pauschale »die Roten«, was freilich nicht neu ist. Bereits Mitte des vorigen Jahrhunderts hielten die Konservativen eine Unterscheidung zwischen dem »rohen, rothen Communismus« und dem »gemäßigten Socialismus, einem Versuch, die vorteilhafteste Arbeitsgemeinde zu gründen«, für den Gipfel der Spitzfindigkeit.

»Opposition« erscheint Regierenden als »Obstruktion«; »Revolution«, dem einen heilige Verpflichtung, wird im Falle ihres Scheiterns vom anderen als »Putschversuch« abgetan. Parteien entarten in den Augen anderer Parteien zu »Cliquen«, »Kamarillas« oder »Rotten«. Neu ist die Gegenüberstellung von »Staat« und »Gesellschaft«, welch letzte bis vor wenigen Jahren noch mit »High Society«, »The Upper Ten« oder der »Welt, in der man sich nicht langweilt« gleichzusetzen war. Inzwischen heißt die Summe aller Nichtsozialisten »Establishment«, und das Häuflein der Sorgenarmen nennt sich entgegen dem Augenschein »beautiful people«.

Einen Bedeutungswandel hat auch das Wort »Militarismus« durchgemacht. Als es geprägt wurde, meinte es nichts anderes als zu hohe Rüstungsausgaben (»Moloch des Militarismus«). Nach dem Zweiten Weltkrieg stand es für säbelklirrende Kriegslüsternheit und wurde zum bösen Pendant des guten »bewaffneten Friedens«. Ähnlich erging es dem Wort »Fanatismus«. In der Tradition von Aufklärung und Liberalismus war es das diskriminierende Gegenüber von »Enthusiasmus«, worunter man in jener

Zeit die schwärmerische Begeisterung insbesondere der Romantiker verstand. Danach wurde es zur »sinnentleerten Emotionshülse« (W. Dieckmann), gekennzeichnet durch Wortverbindungen wie »Ordnungs-« oder »Eigentumsfanatiker«. Hitler, der unversehens an dem zugehörigen Adjektiv Gefallen fand, vielleicht weil er es als »fanattisch« aussprach, was einen martialischen Effekt ergab, mußte dieser Vorliebe wegen die 820. Auflage seines Buches »Mein Kampf« revidieren. Hatte er in der 617. Auflage »dem« Juden noch »wahrhaft *fanatische* Wildheit« nachgesagt, so war dessen ungebärdiges Wesen nach der Korrektur »wahrhaft *satanisch*«. Heute benützt man das Wort wieder einmütig im negativen Sinne.

Dafür haben wir jetzt zweierlei Kosmopolitismus, einen westlichen und einen östlichen. Den westlichen definiert der »Große Brockhaus«, Wiesbaden 1955, bündig als »Weltbürgertum«, den östlichen nennt der »Duden«, Leipzig 1952, eine »als ›Weltbürgertum‹ getarnte Ideologie der Zersetzung und Versklavung der Nationen zugunsten des Machtanspruchs des anglo-amerikanischen Imperialismus«.

Außer den mehrdeutigen kennen wir noch die nebligen Schlagworte, etwa das Wort »Preußen«. Außerhalb Deutschlands, besonders bei seinen ehemaligen Kriegsgegnern, ist es mit so viel feindseligen Klischees beladen, daß nach dem letzten Krieg sogar der Begriff abgeschafft wurde. Es gibt kein Preußen mehr, folglich auch keine Preußen, nicht einmal in Preußisch-Berlin. In deutschen Gemütern aber nistet bis heute die vage Vorstellung, daß »Preußentum« etwas ungeheuer Positives sein müsse, das in engem Zusammenhang mit Tugenden wie Disziplin, Ehre, Gehorsam, Pflichterfüllung, Unbestechlichkeit

oder »mehr sein als scheinen« stehe; Friedrich der Große plus Kant plus Langemarck, mit einem verdauungsfördernden Schuß Fontane.
Neuerdings werden diese ehrenvollen Assoziationen sogar dort hervorgerufen, wo Preußen immer noch ein fiktives, von Würzburg bis Flensburg reichendes Feindesland ist, dessen Bewohnern man es ein Jahrhundert lang nicht verzeihen konnte, daß 1866 ihre Zündnadelgewehre schneller schossen als die österreichisch-bayerischen Vorderlader. »Wir Bayern wollen die letzten Preußen sein!« versicherte unlängst das Urbild eines Unpreußen.
Besonders beliebt ist die Vernebelung zweier Begriffe mit nur einer Dunstwolke; ein Verfahren, das dazu dient, möglichst alle Bevölkerungsschichten für ein politisches Vorhaben zu gewinnen. Typisches Beispiel: »Soziale Marktwirtschaft«. Sozial heißt »das Gemeinwohl betreffend«, Marktwirtschaft bedeutet vereinfacht, daß Angebot und Nachfrage die Preisgestaltung bestimmen. Da das Gemeinwohl darunter leidet, wenn die Preise marktgerecht in Höhen klettern, in die ihnen nur wenige folgen können, enthält der Koppelbegriff einen Widerspruch in sich selbst. Ebenso kann eine Partei nicht gleichzeitig demokratisch und, im katholischen Sinne, christlich sein, weil Demokratie und Autokratie Gegensätze sind und die römische Kirche eine streng autokratische Einrichtung ist.

Immer nur Bahnhof

Was dem Demagogen an der Nebulosität und Vieldeutigkeit fast jedes Schlagwortes so gut gefällt, ist die Chance, die es ihm gibt, sich von all seinen Bedeutungen diejenige herauszupicken, an die der politische Gegner, als er das Wort benützte, bestimmt *nicht* gedacht hat. Geht aus dem Zusammenhang einer Rede oder Schrift noch so klar hervor, wie es gemeint ist, – wer es darauf anlegt, deutet es unfehlbar falsch, versteht sozusagen »immer nur Bahnhof«.

Dieses bewußte Nicht- oder Mißverstehen ist einer der simpelsten und daher einer der am häufigsten angewandten demagogischen Kniffe.

Auf ein berühmtes Beispiel aus der Mitte des vorigen Jahrhunderts macht uns der Germanist Walter Dieckmann aufmerksam. Damals, zwischen 1840 und 1850, fühlten sich Liberale und Demokraten zutiefst durch das grassierende Wort vom »beschränkten Untertanenverstand« beleidigt, was kräftig zur ohnedies aufrührerischen Stimmung jener Jahre beitrug. Gemeint war damit die angebliche Arroganz der preußischen Obrigkeit, des Königs Untertanen, nur weil sie Untertanen waren, für Trottel zu halten.

Der wahre Sachverhalt liest sich ein wenig anders. In einem Erlaß vom 15. Januar 1838 hatte der preußische Minister von Rochow geschrieben: »Es ziemt dem Untertanen nicht, die Handlungen des Staatsoberhauptes an den Maßstab seiner *beschränkten Einsicht* anzulegen und sich in dünkelhaftem Übermut ein öffentliches Urteil über die Rechtmäßigkeit derselben anzumaßen«; was nichts anderes bedeutete, als daß ein politischer Experte sich gegen die Einmischung von politischen Laien verwahrte, welche in die Zusammenhänge der Politik naturgemäß nur eine beschränkte, sollte heißen: eine begrenzte Einsicht haben.

Nach heutiger Staatsauffassung gewiß kein geziemender Umgangston, aber für die damalige Zeit doch ebensowenig eine absichtliche Kränkung des preußischen Volkes. Manipulanten der liberaldemokratischen Seite aber nutzten die Mehrsinnigkeit der Wörter »beschränkt« und »Einsicht« dergestalt, daß sie Einsicht statt im Sinne von »Einblick« als »Begriffsvermögen« auslegten und »beschränkt« für »dumm« verkauften. Möglicherweise taten sie dies gar nicht in demagogischer Absicht, sondern im Eifer der sogenannten Märzrevolution.

Bewußt trieb zweifellos Winston Churchill Demagogie, als er 1908 in einer Rede über die noch unscheinbare Labour Party herzog. Obwohl deren Programm sich kaum von dem der Liberalen, zu denen er damals gehörte, unterschied, und sie mit dem Wort »Kollektiv« nichts Verwerflicheres als gewerkschaftliche Arbeits- und Tarifregelungen meinte, verstand Churchill immer nur »railway station«: »Wir lieben aber nicht im Kollektiv«, wetterte er, »die Frauen heiraten uns nicht im Kollektiv, wir essen auch nicht im Kollektiv und wir sterben nicht im Kollektiv!«

Eine geschätzte Spielart demagogischen Nicht- oder Mißverstehens ist es auch, sich kritisch mit Redefragmenten und Auszügen aus Schriften eines politischen Gegners auseinanderzusetzen, besonders dann, wenn dieser mangels Anwesenheit nicht in der Lage ist, der Kritik zu begegnen. Dabei muß man nicht so ungeschlacht vorgehen wie Joseph Goebbels, der in Massenversammlungen Schallplatten mit Reden des damaligen Reichskanzlers Brüning abspielen ließ und ihn solcherart zum stupiden, keiner vernünftigen Antwort fähigen Diskussionspartner machte.

Ein »Rednerdienst« der CDU aus dem Wahljahr 1953 zeigt, wie man es listiger anstellt.

Vorausgeschicktes SPD-Zitat: »Nur die Erfüllung der sozialdemokratischen Forderungen auf der Grundlage einer

gerechteren Lohngestaltung und einer Politik der Vollbeschäftigung sichern den Bestand von Ehe und Familie und gewähren ihnen wirksamen Schutz.«
CDU-Erläuterung: »Die SPD sagt damit nicht mehr und nicht weniger, als daß sich Ehe und Familie auflösen werden, wenn sie nicht schnellstens unter das Protektorat einer sozialistischen Regierung gestellt werden.«
Demagogisch ist an der SPD-Aussage das Wörtchen »nur«, denn Ehe und Familie halten bekanntermaßen auch dort zusammen, wo es niedrige Löhne und Arbeitslosigkeit gibt. Die Demagogie der CDU-Erklärung liegt in der Unterstellung, die Sozialdemokraten hätten für den Fall ihrer Wahlniederlage das familiäre Chaos angedroht.
Geradezu künstlerisch wertvoll wurde der Kniff, den Gegner mit dessen eigenen Worten zu diskriminieren, in seiner Anwendung durch Konrad Adenauer:
»Herr Erler, meine Damen und Herren, hat am 16. Januar dieses Jahres in einer Rede im Bayerischen Rundfunk folgendes gesagt: ›Die Schwäche des Atlantikpaktes ist offenbar geworden. Daher müssen wir die Stunde nützen und unsere Politik nach vorne entwickeln und nicht nur von neuen Wegen reden, sondern auch neue Wege beschreiten.‹«
An dieser von Adenauer zitierten Äußerung des SPD-Bundestagsabgeordenten Fritz Erler aus dem Jahre 1957 findet der in solchen Dingen Unerfahrene nichts, woran sich etwas Demagogisches knüpfen ließe. Sie ist klar formuliert, bezieht sich auf die damalige »Politik der Stärke« und fordert zur Suche nach geeigneteren Lösungen auf.
Dem ersten Kanzler der Bundesrepublik Deutschland gelang dessenungeachtet folgende Ausdeutung:
»Meine Damen und Herren! Was heißt das? Das heißt

doch, da es in der Welt für Deutschland nur zwei Wege gibt, den Weg nach Westen und den Weg nach Osten, und wenn Herr Erler sagt: Wir wollen neue Wege gehen, dann heißt das: Wir wollen nach Osten gehen!«

Lernen wir daraus: Auf die subjektive, unbeweisbare Prämisse, daß sich der deutschen Außenpolitik nur zwei Alternativen böten, wird die nicht einmal durch Indizien belegbare Absicht gestellt, mit der UdSSR gegen die USA zu paktizieren, und schon durchzuckt den anfälligen Zuhörer der Aha-Gedanke »rote Verschwörung!«

Konrad Adenauer, der uns unbeschadet seines Nachruhms als Staatsmann zu unserem Hauptthema noch manches Beispiel liefern wird, brachte es in jenem Wahljahr 1957 zur absoluten Meisterschaft im Nichtverstehen.

»Von der FDP weiß ich in meinem Leben nicht, was sie will, und ich werde es auch nie wissen«, behauptete er in Bochum. Und der SPD bescheinigte er ebendort: »Es ist ungewöhnlich schwer, aus den Verlautbarungen, sei es den offiziellen Verlautbarungen der Sozialdemokratie, sei es aus den Verlautbarungen ihrer führenden Leute, mit Sicherheit herauszubekommen, was sie eigentlich wollen.«

Und: »Herr Ollenhauer (sagte) an dem Tage das und Herr Eichler sagte jenes, und dann kam Herr Erler, den Sie kennen, und sagte wieder etwas anderes. Und dann kam wieder ein anderer und sagte etwas anderes. Und dann sagte Herr Ollenhauer etwas anderes, als er damals gesagt hat. Und so, meine Damen und Herren, muß man sich da hindurchwinden, und eigentlich steht man da und greift sich an den Kopf und sagt: Was wollen die denn eigentlich?«

Merken wir uns: 1. Gegnerische Parteien haben kein Programm; 2. haben sie doch eins, ist es völlig konfus; 3. was

ihre Führer verlautbaren lassen, ist widersprüchlich und ergibt keinen Sinn. Fazit: Die Partei, die man selber vertritt, hat ein klar umrissenes Ziel und kann sich verständlich ausdrücken.
Manchmal ist es schwer zu beurteilen, ob das Nicht- oder Mißverstehen einer zum Schlagwort ausgewucherten Vokabel wissentlich oder arglos geschieht; etwa im Fall des CSU-Bundestagsabgeordneten Richard Jäger und der Quintessenz seines Abscheus, genannt »Pornographie«.
Jäger am 5. März 1971 im Deutschen Bundestag: »Wenn Sie mir sagen, es gibt viele Jugendliche, die von Pornographie gar nicht angesprochen werden, die sogar Ekel davor empfinden, dann sage ich: gut, wenn es bei vielen so ist.«
Erstes Mißverständnis: Annahme, die eigenen Sex-Tabus seien für jedermann verbindlich.
Jäger weiter: »Andererseits können wir aber doch im Sinne einer modernen Sexualerziehung nicht wünschen, daß unsere jungen Menschen einen Ekel vor dem Sexus bekommen und damit unfähig zur Familiengründung werden. . .«
Zweites Mißverständnis: Gleichsetzung von Sexus und Pornographie.
Weiter: »Fast alle demokratischen Staaten der Erde kennen ein Pornographieverbot. Wollen wir Deutsche wieder einmal demokratischer sein als die gewachsenen und bewährten Demokratien der Welt?«
Drittes Mißverständnis: Vermutung eines ideellen Zusammenhangs zwischen Pornographie und Demokratie.
Jäger: »Wird man nicht sagen: Die Deutschen, die vor 25 Jahren gerade eine Barbarei hinter sich gebracht haben, schicken sich an, in eine neue zu versinken?«
Viertes Mißverständnis: Gleichsetzung von Pornographie und Gaskammer.

Lassen wir, um neuen Mißverständnissen vorzubeugen, die Frage ›demagogische Absicht oder guter Glaube?‹ in der Schwebe, behalten aber Richard Jägers Einfall, Völkermord »Barbarei« (ungesittetes Wesen) zu nennen, im Gedächtnis, denn er fällt bereits unter unsere nächste Rubrik.

Schönfärben und Frisieren

Wer in einer Demokratie Macht erlangen will, braucht, wie wir inzwischen wissen, Verführer-Charme, ein Minimum an Gepränge und, zählt man allen verbalen Aufwand zusammen, eine Menge Worte. Nun stellen aber gesprochene oder gedruckte Buchstabenreihen nicht nur starre Verständnisformeln dar, die jeder, der sie hört oder liest, mit bestimmten, ihm angenehmen oder unangenehmen Begriffen verbindet, sondern es schwingen bei jedem Wort auch zeitbedingte Emotionen mit, die durchaus nicht mit seinem ursprünglich positiven oder negativen Sinn übereinstimmen müssen. »Befreiung« kann, wie in Vietnam, etwas Schlimmes, »Krieg«, wie am 1. August 1914, etwas lange Erhofftes bedeuten.
Um so nötiger ist es, unangenehme oder mit unguten Gefühlen belastete Begriffsbezeichnungen, falls man auf den Begriff selbst nicht verzichten kann, durch die Wahl oder Prägung von Ersatzwörtern gefälliger erscheinen zu lassen. Le Bon sah darin sogar »eine der wichtigsten Aufgaben der Staatsmänner«.
Schon bei den altgriechischen Gesetzgebern Solon und Lykurgos hießen die Steuern »Beiträge«, die Gefängnisse »Gemächer« und Besatzungstruppen »Stadtwächter«. Die Römer sagten, als die darangingen, ihr Imperium zu grün-

den, »befrieden« (pacare) statt Krieg führen (bellare). Flucht (fuite) hieß in der französischen Revolutionssprache »rückgängige Bewegung« (mouvement rétrograde), Terror war »nichts anderes als rasche, harte, unbeugsame Gerechtigkeit« (Robespierre). Während des amerikanischen Unabhängigkeitskrieges nannten diejenigen, die zur britischen Krone hielten, sich nicht Royalisten, sondern »Loyalisten«, womit sie anzeigten, daß sie ihr unamerikanisches Verhalten doch ein wenig genierlich fanden.
Laut Goebbels' Sprachregelung hieß das, was nach »heldenhaftem Widerstand« unternommen wurde, nicht Flucht, sondern wahlweise »planmäßiger Rückzug«, »Frontbegradigung«, »elastische Verteidigung« oder Herbeiführung des »Vorteils der inneren Linie«. Gegenangriffe stolzierten, je erfolgreicher sie wurden, als »Vergeltung« einher; gemeinsames Plündern verkroch sich hinter dem Scherzwort »Organisieren«, geraubte Landstriche gelangten »heim ins Reich«; die Beifügung »Sonder« (-Kommando, -Behandlung) gaukelte den Tätern einen Ausnahmezustand vor, der ihre Untaten moralisch rechtfertigen sollte.
Mittlerweile gibt es die »saubere Atombombe«, einen Wurfgegenstand, der nur fremdes Gebiet radioaktiv verseucht, sowie »taktische Atomwaffen«, nach Konrad Adenauer nichts als »eine Weiterentwicklung der Artillerie« und somit »besondere normale Waffen in der normalen Bewaffnung«. Daneben gibt es, einschließlich Napalm, »konventionelle« Vernichtungsmittel. Kleinere Kriegshandlungen, wie das Eingreifen der Briten während der Suez-»Krise« von 1956, lassen sich ebensogut »Polizeiaktionen« nennen; die Geheimagenten »befreundeter«, das heißt voneinander abhängiger Staaten sind, im Gegensatz

zu den kriminellen Spähern der anderen Machtinteressengemeinschaft, ehrbare Berufstätige. (Boulevardblatt-Schlagzeile: »US-*Pilot* gegen Sowjet*spion* ausgetauscht!« Und für den Neugriechen Papadopoulos waren Landsleute, die er auf seiner KZ-Insel foltern ließ, keine Häftlinge, sondern lediglich »Kommunisten in Freiheitsverwahrung«.

Auch heute fordert die Verwaltungsapparatur, genannt »Vater Staat«, von seinen Bürgern lieber »Abgaben« als Steuern. Tarifstreitigkeiten werden nicht zwischen Arbeitern und Unternehmern ausgetragen, sondern allenfalls zwischen »Arbeitnehmern« und »Arbeitgebern«, zwei Begriffs-Relikten aus Zeiten, da der Mächtige huldvoll die Gnade des Broterwerbs gewährte und der Machtlose sie mit untertänigstem Dank entgegennahm. Seltsamerweise fällt niemandem, nicht einmal den Gewerkschaften, auf, daß im Grunde doch umgekehrt, wer Arbeit leistet, »gibt« und der Arbeitsleistung empfängt, »nimmt«. Am liebsten aber wird der Arbeitskampf zwischen »Sozialpartnern« geführt, weil dieses Wort die Realität am niedlichsten verschleiert.

Ist man selbst am Ruder, und geht es infolge internationaler Hochkonjunktur vielen gut, nennt man diesen erfreulichen Zustand ein »Wunder«, welches allerdings nicht himmlischem Eingreifen, sondern eigener Genialität zu verdanken ist. Verläuft die ökonomische Entwicklung ungünstiger, als man es den Wählern vorausgesagt hat, bieten sich zwei schmucke Blendwörter an: »Engpaß« und »Talsohle«. Beide umschreiben das Faktum Wirtschaftskrise als eine vorübergehende Unbill und bemänteln die Möglichkeit, daß ein Engpaß so eng sein kann, daß man darin steckenbleibt, und ein Tal so tief, daß man es besser Abgrund nennen sollte.

Führt der politische Gegner die Regierungsgeschäfte, kann ein weltweiter Konjunkturrückgang natürlich nur von ihm allein, und zwar in böswilliger Absicht verursacht worden sein. Geht es unter seiner Regierung unbestreitbar aufwärts, ist dieses Ärgernis gleichfalls einem Wunder zuzuschreiben, freilich einem, das sich höchstens mit Schwarzer Magie erklären läßt.

Ist ein politischer Begriff in seinem engeren Sinne nicht populär, muß man nach einem umfassenderen Begriff suchen und diesen an die Stelle des unbeliebten setzen. Eine beabsichtigte Sozialisierung der Privatwirtschaft verkauft sich besser unter dem Rubrum »Demokratisierung«, nationaler Egoismus sieht in der Verkleidung »abendländische Verantwortung« respektabler aus.

Will man gewisse Schattenseiten der eigenen politischen Praxis vergessen machen, muß man darauf hinweisen, daß von den unzähligen Sonnenseiten, über die man verfügt, alle Mitmenschen profitieren könnten, wären einige von ihnen nur imstande, sich solcher Bestrahlung würdig zu erweisen:

»Die Jakobiner«, sagte der Jakobiner Collot-d'Herbois, »besitzen alle Tugenden: sie sind mitleidig, menschlich, großmütig. Aber sie reservieren alle diese Tugenden für die Vaterlandsfreunde, die ihre Brüder sind; und das werden die Aristokraten niemals sein.« Saint-Just hielt sich, allein seines Namens wegen, viel auf seinen Gerechtigkeitssinn zugute, schränkte jedoch dessen Wirkungsbereich ein: »Da es zwischen dem Volk und seinen Feinden nichts Gemeinsames gibt als das Schwert, so müssen diejenigen, die sich nicht durch Gerechtigkeit regieren lassen, mit dem Eisen regiert werden.« Nach Mao Tse-Tung läßt sich das Phänomen »Demokratische Diktatur des Volkes« je nach

Bedarf in zwei Hälften mit unterschiedlicher Methodik teilen: »Den Feinden gegenüber bedient sie sich der Methode der Diktatur. . ., den Volksmassen gegenüber wendet sie. . . die Methode der Demokratie (an).«
Wo Parlamentswahlen, »ritualisierte Bürgerkriege«, wie wir sie nannten, abgehalten werden, dort gibt es entweder nur Gewinner, weil ja durch den normalen Bevölkerungszuwachs jede Partei bei jeder Wahl ein paar Stimmen mehr bekommt, oder beide Seiten geben zu verstehen, daß es mit Triumph bzw. Niederlage eine spezielle Bewandtnis hatte. Die Sieger verweisen auf die gewaltigen, von heimtückischer Hand errichteten Hürden, die sie überwinden mußten, die Verlierer äußern, es sei aus diesem oder jenem Grunde kein Kunststück gewesen, sie um Haaresbreite zu schlagen. »Wenn die Spartaner«, sagte einst der Athener Perikles, »jemals einen kleinen Sieg über uns errängen, so würden sie berichten, sie hätten mit einem kleinen Teil ihrer Streitkräfte die gesamte Macht Athens geschlagen. Wenn sie aber eine Niederlage erfahren, behaupten sie sofort, die gesamte Streitmacht der Athener sei über einen Teil von ihnen hergefallen und habe so einen leichten und bedeutungslosen Erfolg gehabt.«
Eine besondere Art von demagogischer Beschönigung liegt darin, ein als unliebsam empfundenes Etwas für ein Nichts auszugeben.
Man kann darüber traurig sein, daß das Deutsche Reich als Folge eines von ihm verschuldeten Weltkrieges geteilt wurde, kann diese Teilung für einen Fehler der Siegermächte halten, kann die Ideologie, von der einer dieser Teile befallen ist, ablehnen und sich eine Wiedervereinigung ohne sie wünschen – und man kann etwas sehr Absurdes tun: die Teilung nicht zur Kenntnis nehmen.

So hieß der eine deutsche Teilstaat, der auf Betreiben der östlichen Siegermacht zustande kam, im anderen, der seine Gründung den Westmächten verdankt, in verwirrender Folge: Sowjetzone, Zone, Mitteldeutschland, sogenannte DDR, »DDR«, SED-Staat, Unrechtsstaat, Ulbricht-Staat, Mauerstaat, Phänomen oder einfach »drüben«. Im Jahre 1963 wurde allen Ernstes vorgeschlagen, statt »Anerkennung der DDR«, »Zurkenntnisnahme der bestehenden administrativen Regelungen« zu sagen.
Ob nach der zweiten Teilung Polens im Jahre 1793 die Bewohner des polnischen Reststaates das ohne ihre Schuld an Preußen gefallene Danzig ebenfalls in Gänsefüßchen setzten oder vom sogenannten Danzig sprachen, wissen wir nicht. Vielleicht hätten sie ein bißchen mehr Recht dazu gehabt.

Marionettentheater

Zu allen Zeiten, nicht nur im spannungsreichen Ost-West-Verhältnis unserer Tage, war es ein demagogisches Grundbedürfnis, zwischen dem jeweiligen äußeren und dem inneren Feind verschwörerische, den Bestand des Staates bedrohende Beziehungen herzustellen. Schon der athenische Agitator und persische Geheimagent Demosthenes klagte 330 v. Chr. dem Volksgericht: »Einen gewaltigen Vorteil, Männer von Athen, hatte Philipp (von Makedonien) von vornherein. Unter den Hellenen... fanden sich Verräter, bestechliche Elemente und Gottesverächter in einer Fülle, wie es sie seit Menschengedenken nicht gegeben hat. Sie alle verwendete Philipp als *Helfershelfer und Handlanger*...«
1926 sagte Winston Churchill in einer Wahlrede: »Die so-

zialistischen Abgeordneten im Unterhaus bemühen sich nach Kräften, zu beweisen, daß die Sowjetregierung keineswegs Geld zur Unterstützung des Generalstreiks gespendet hat. Was aber sind die Tatsachen? Die russische Außenhandelsorganisation, die Dritte Internationale und die russischen Gewerkschaften sind alle miteinander Hilfsorganisationen der russischen kommunistischen Partei, deren Zentralkomitee ganz Rußland allein lenkt und kontrolliert. Dies ist das wirkliche russische Kabinett, das all die Marionetten an seinen Drähten tanzen läßt... überall in der Welt. Wenn man die Hand kennt, die die Pistole hält, was interessiert es, welcher Finger auf den Abzug drückt?«

Am besten, wir lernen den Drahtzieher-Trick gleich an diesem Paradebeispiel:

Churchill erhebt nicht den Vorwurf, die Labour-Partei, deren Abgeordnete er wohlüberlegt »sozialistisch« nennt, habe einen Generalstreik mit Geldspenden aus der Sowjetunion finanziert, er unterstellt ihr nur angestrengtes Bemühen um den Nachweis des Gegenteils. Das zuhörende Wesen Masse schließt daraus wie gewünscht: Die Labour Party hat etwas Schlimmes getan, sonst würde sie sich nicht so viel Mühe machen, es zu vertuschen.

Nachdem die angegriffene Partei solcherart in den Geruch der Unaufrichtigkeit gelangt ist, führt der Redner etliche Tatsachen an, vor deren Hintergrund die angebliche Heimlichtuerei vollends als Lüge erscheint; und er nennt *wirklich* Tatsachen: daß es in der UdSSR ein Zentralkomitee der kommunistischen Partei gibt, daß dieses Zentralkomitee ganz Rußland kontrolliert und daß der sowjetischen KP überall in der Welt Hilfsorganisationen zur Verfügung stehen. Sogar das Bild mit der Pistole stimmt. Es *ist* ohne Belang, welcher Finger einer Feindeshand den Abzugsbügel betätigt. Nur sind all diese Tatsachen hier völlig unerheblich, denn sie beweisen weder, daß Labour den Generalstreik inszeniert hat, noch daß der Streik von der Sowjetunion finanziert wurde. Doch der demagogische Zweck ist erfüllt: Durch die Gegenüberstellung von Verdächtigungen und Tatsachen hat das Wesen Masse den Eindruck gewonnen, als seien die Verdächtigungen nunmehr bestätigt.

Mit dem Drahtzieher-Trick, den es in zahlreichen Abwandlungen gibt, will der Demagoge zweierlei. Einmal will er die stets latent vorhandene Tendenz zur Polarisierung, die nur Freund und Feind gelten läßt, verstärken und für seine Pläne nutzen, zum anderen will er einen politischen Gegner ins aktuelle Feind-Klischee einbeziehen, von dem er im Grunde genau weiß, daß er nicht hineinpaßt.

Daß eine missionseifrige Heilslehre wie die kommunistische bestrebt ist, Einfluß auch in nichtkommunistischen Staaten zu gewinnen und auszuüben, ist eine Tatsache, die man nicht gottergeben hinnehmen muß. Der Benutzer des Tricks aber spielt sie zur Weltverschwörung hoch und bezeichnet jeden, der seinem politischen Willen trotzt, als Teilnehmer an dieser Verschwörung. »Moskau befiehlt: ›Stürzt Adenauer!‹ Nun erst recht – CDU!« stand auf einem Wahlplakat von 1957.

Traut dem quasi Mitverschworenen niemand den Dolch im Gewande zu, muß er wenigstens als gefügig hampelnde Marionette dargestellt werden, die linientreu oder ahnungslos ausführt, was Drahtzieher oder »Hintergrundsregisseure« (F. J. Strauß) an üblen Machenschaften aushecken. Ist ein Opponent weder der Konspiration mit dem

»Weltfeind Nummer eins« noch des bewußten oder naiven Handlangertums zu verdächtigen, sind seine Widerreden zuallermindest »Wasser auf die Mühlen der Sowjets« (K. Adenauer).

Auch die Sowjetunion und ihre Bündnispartner verfügen über gemeingefährliche Puppenspieler, mögen sie Kapitalisten, Monopolisten, Kolonialisten, Militaristen, Revanchisten, Revisionisten, Trotzkisten, Titoisten oder Maoisten heißen. Aus maoistischer Sicht wiederum sind Leonid Breschnew und Josip Tito gleichermaßen »Helfershelfer des westlichen Imperialismus«.

»Weltverschwörungen« gab es viele in der Geschichte. Einmal waren es die Anhänger Jesu von Nazareth, die mit ihrer Frohbotschaft die römischen Sklaven derart verwirrten, daß sie um ihres sogenannten Seelenheils willen den Tod in Kauf nahmen, woraus der Volkswirtschaft große Nachteile erwuchsen; ein andermal waren es die gottesmörderischen Juden, die tagsüber ehrlichen Christenmenschen Wucherzinsen abnötigten und ihre Nächte mit Hostienschänden und Brunnenvergiften verbrachten; bald galt es weltweit Hexen und Ketzer vom Erdboden zu vertilgen, nach wieder einer Weile ging es Jesuiten und Freimaurern an den Kragen.

Manche Demagogen bringen es fertig, zwei globale Feindbilder doppelt zu belichten. So Franco, der noch in seinem letzten Lebensjahr Proteste gegen eine von ihm verfügte Hinrichtung als Verquickung von Kommunismus und Freimaurertum empfand, und vor allem Hitler, der Weltjudentum und Weltbolschewismus für identisch erklärte; was ihn in die Lage versetzte, den Marxismus »jüdisch beherrscht« und das Judentum »marxistisch unterwandert« zu nennen.

Ein Bock für alle

Robespierre erhob die Abartigkeit in den Adelsstand, als er erklärte: »Jeder Aristokrat ist entartet, und jeder entartete Mensch ist ein Aristokrat.« Richard Wagner mochte keine Juden leiden, darum hielt er jeden, den er nicht leiden konnte, für einen Juden, schon gar den Musikkritiker Eduard Hanslick, Vorbild des »Beckmesser« in den »Meistersingern«, der in Wahrheit aus einer katholischen Bauernfamilie stammte. Der Friedensnobelpreisträger Carl von Ossietzky kam seiner »Rasse«, nicht seiner pazifistischen Artikel wegen im Konzentrationslager um, glauben heute noch viele Vollarier; vielleicht, weil das letzte Foto von Ossietzky, das ihn mit kahlgeschorenem Kopf und im Sträflingskittel zeigt, sie zu wenig anheimelt.

Wenn wir etwas nicht mögen oder wenn uns etwas fremd erscheint, wollen wir nicht lange tüfteln, warum das so ist; wir wollen unsere Antipathie gebündelt auf ein Ziel richten, auf ein einziges. Ebenso brauchen wir für jedes Mißgeschick, das uns trifft, jedes Versagen unsererseits jemanden, den wir dafür verantwortlich machen können. Kurz, wir brauchen einen Sündenbock.

»Sünde« wurde in ferner Vorzeit für etwas konkret Vorhandenes, eine Art Krankheitserreger, gehalten, den man durch rituelle Waschungen fortspülen oder auf andere Lebewesen übertragen kann. Nach mosaischer Überlieferung waren es *zwei* Böcke, die am Versöhnungstag (Jom Kippur) die Gesamtschuld des Volkes Israel schleppen mußten. Einen davon opferte man nach erfolgter Transaktion dem Himmel, den anderen schickte man auf eine Goodwil-Tour in die Wüste, wo ein gefährlicher Dämon namens Asasel begütigt werden mußte. Während der »Thargelien«, einem

altgriechischen Frühlingsfest, wurden die Götter durch das Hinschlachten Krimineller soweit bei Laune gehalten, daß begründete Aussicht auf eine reiche Ernte bestand.
Daß wir den Sündenbock nur in der Einzahl, im demagogischen Singular, kennen, ist kein reiner Zufall. Es heißt ja, wenn eine mißliebige Anzahl gemeint ist, auch *der* Jude, oder *der* Pole. Schon weil es praktischer ist, einen stellvertretend für mehrere zu mißachten. Daß auch Politiker von *dem* Wähler sprechen, hat noch einen anderen Grund: Sie wollen glauben machen, daß die Stimmberechtigten »wie ein Mann« hinter ihnen stehen; doch ein wenig klingt bei diesem Singular auch mangelnde Hochachtung vor denen an, die so brav glauben, was man ihnen in Wahljahren weismacht.
Sündenbock kann auch eine Einzelperson sein, zum Beispiel ein Schwede im Fußballstadion, der, zwischen Nicht-Schweden eingekeilt, in Jubel ausbricht, wenn die schwedische Nationalmannschaft den Führungstreffer erzielt hat. Sein blaues Auge schwillt für ganz Schweden. Manchmal fällt ein bestimmter Berufsstand der Volkswut zum Opfer, so in Italien, wo nach dem Ersten Weltkrieg der Einzelhandel Sündenbock der gerade aufkommenden Faschistenbewegung wurde. Mussolini 1919, nachdem seine Schwarzhemden Läden geplündert und Kleinhändler verprügelt hatten: »Wir billigen die fundamentale Richtigkeit dieser Proteste!« Doch im allgemeinen ist eine traditionell unbeliebte Minderheit »unser Unglück«: Zigeuner, Homophile, am häufigsten Gruppen, die von einem fremdartigen Brauchtum oder von einer Ideologie zusammengehalten werden. Heute steht das Sündenlasttier im Dienst des äußeren Feindes und muß – als Saboteur, Spion oder einfacher Unterwanderer – *hier* für die Kollektiv-

Furcht vor einem als angriffswütig gedachten Kommunismus, *dort* für die Bedrohung durch den vorgeblichen Weltfeind Kapitalismus geradestehen.
Das seltsamste an einem Sündenbock ist seine Unveränderlichkeit, an der wir erkennen, daß er zur großen Familie der Vorurteile gehört. Bei allen, die ihre Ängste und Abneigungen auf ihn projizieren, löst er eine Gefühlsautomatik aus, die durch eine vom Klischee abweichende persönliche Erfahrung kaum beeinflußt wird.
Begegnet ein überzeugter Kommunist einem »guten« Unternehmer, sieht er in ihm beharrlich den ausbeuterischen Eigentümer von Produktionsmitteln, mag er sein Eigentum auch längst seiner Belegschaft überschrieben haben. Sind wertvolle Charaktereigenschaften unverkennbar vorhanden, bildet dieser Unternehmer eben eine seltene Ausnahme. Er ist für den Kommunisten kein »richtiger« Kapitalist, so, wie in der Nazizeit der »anständige« Jude, der jedem dann und wann über den Weg lief, kein »typischer« Jude sein konnte.
Warum eigentlich war und ist zu allen Zeiten und in aller Welt »der« Jude das Inbild eines Sündenbocks? Warum muß gerade dieses wundersame Mixtum aus Religionsgemeinschaft, Volk und »Rasse« immer wieder, bis zum massenmörderischen Exzeß, dazu herhalten, daß die Internationale der Neurotiker in Pogromstimmung gerät? Nun, wie an so vielem, angefangen beim Kreditwesen bis zu Relativitätstheorie und Hollywood, ist das Judentum auch am Antisemitismus »schuld«, genauer gesagt: die jüdische Religion.
Vergegenwärtigen wir uns die Situation überall dort, wo Juden als Minderheit auftraten. Da waren, schon vor unserer Zeitrechnung, Einheimische, die Isis und Osiris, Zeus

und Jupiter sowie deren Abbilder verehrten, und plötzlich kamen von irgendwoher Fremde, die behaupteten, a) es gebe nur einen Gott, b) dieser Gott sei unsichtbar, c) er habe sie, die Fremden, zu seinem Volk auserwählt, sei also ausschließlich *ihr* Gott. Was bedeutete: Selbst wenn die Irrgläubigen der unsichtbaren Einzigartigkeit des Judengottes Rechnung getragen und ihren alten Göttern abgeschworen hätten, wären sie danach ohne jedes höhere Wesen dagesessen. Hinzu kam erschwerend, daß die jüdische Glaubenslehre mit ihren vielen Geboten und Verboten nicht nur den kultischen, sondern alle Lebensbereiche umfaßt, weshalb aus der religiösen bald eine soziale Absonderung wurde, die den Ureinwohnern, ob in Ägypten, Griechenland oder Italien, als elitäre Überheblichkeit erschien.

Als ein Glaubensstreit zwischen orthodoxem Judentum und einer seiner zahlreichen Sekten nach Rom getragen wurde und dort unter der Bezeichnung »Christentum« viel Staub aufwirbelte, entstand ein neues Diaspora-Problem: Der Gott, zu dem die jüdische Sekte der Christen betete, war zwar immer noch unsichtbar und einmalig, aber er war nicht mehr ein exklusiv jüdischer Gott. Auch andere Völker durften, ja sollten ihm Ehre erweisen. Weil jedoch die im Namen eines Juden aus Nazareth getauften Europäer durch diese Taufe nicht zu Orientalen wurden und obendrein auch noch das erwählte Volk im Mittleren Osten des Mordes an ihrem Religionsstifter Jesus bezichtigten, entstanden Komplikationen und Konflikte, die um so größer wurden, je mehr sich das »Neue Testament« der bekehrfreudigen Christen-Sekte zur Weltreligion entwickelte.

Wer sich von der Mehrheit absondert, der wird auch von ihr abgesondert. Als das Christentum in West- und

Ost-Rom es zum Status einer offiziellen Heilslehre gebracht hatte, und die über beide Reiche verstreuten Exil-Juden die christliche Taufe ablehnten, wurden ihnen die Bürgerrechte verweigert und besondere Rechtsvorschriften, insbesondere Verbote auferlegt: sie durften kein öffentliches Amt bekleiden, kein Handwerk treiben, keine Bauern sein und mußten (seit 1215) im »Ghetto«, einer Art städtischen Strafkolonie, leben.

Einem Sündenbock, der so ideale Voraussetzungen mitbringt, kann man *alles* anlasten. Nicht nur Pest, Cholera und Viehseuche, auch Ritualmord, Reliquienschändung, Sexualverbrechen, kurz, was man als guter Christ nicht tun darf und im Innersten doch manchmal gern täte. Vor allem kann man ihn für das eigene sündige Denken grausam bestrafen. Daß die Reformation hierin keinen Wandel schaffte, erklärt sich schon aus dem zu Wittenberg »anstudierten« Judenhaß Martin Luthers.

Als Mittelalter und Neuzeit verstrichen waren und die »Judenemanzipation« sich aufgeschlosseneren Geistern so stark aufdrängte, daß selbst ein Bismarck sie nicht länger verhindern konnte, stellte sich heraus, daß die mittelalterlichen Beschränkungen nicht nur Nachteile gehabt hatten. Da es den Christen verboten war, Zinsen zu nehmen, konnten die Juden, deren Gott dies gestattete, eine Bedarfslücke füllen und zu Pionieren des Bank- und Kreditgeschäfts werden; da ihnen Beamtentum, Handwerk und Landwirtschaft verschlossen waren, mußten sie in freie Berufe ausweichen und sich als Ärzte, Rechtsanwälte, Philosophen, Händler oder Künstler bewähren. Doch auch dies war der in Christo getauften Mehrheit nicht recht. Weil Geld leihen angenehm, Geld mit Zins und Zinseszins zurückzahlen aber verdrießlich ist, kamen die Urheber der

»Zinsknechtschaft« rasch in Verruf, und die freiberuflich tätigen Christen fühlten sich durch ein Häuflein tüchtiger jüdischer Standeskollegen in ihrer Existenz bedroht. Dazu kam, daß viele emanzipierte Juden sich taufen ließen und Ehen mit Nichtjuden eingingen, wodurch den Antisemiten (das Wort wurde erst 1879 geprägt) die Unterscheidung zwischen Sündenbock und Unschuldslamm erschwert wurde.

Als Ausweg bot sich eine Wahnidee des französischen Grafen Gobineau, Autor eines Buches »Von der Überlegenheit der arischen Rasse«, an. Die gräfliche Idee bestand darin, aus einem Teil der semitischen eine selbständige jüdische Rasse zu formen, sie mit allen Abscheulichkeiten dieser Erde auszustatten, und sich als gefälliges Gegenstück den »Arier« auszudenken, einen Übermenschen ohne Falsch und Fehl, mit einem Erbgut, so gepflegt wie das eines Lippizanerhengstes. Hitler in »Mein Kampf«: »Der schwarzhaarige Judenjunge lauert stundenlang, satanische Freude in seinem Gesicht, auf das ahnungslose (arische) Mädchen, das er mit seinem Blute schändet.«

Um das zur neurotischen Zwangsvorstellung degenerierte Vorurteil, genannt »traditioneller Antisemitismus«, zur Massenpsychose zu machen, bedurfte es nur noch der Kleinigkeit, die Juden vom Arierschreck zur Menschheitsbedrohung hochzuagitieren. Ein Plan zur Errichtung einer jüdischen Weltherrschaft, die »Protokolle der Weisen von Zion«, war schnell gefälscht (1865 von dem russischen Polizeispitzel Jakob Brafmann), das für die Lösung der »Judenfrage« erforderliche »Zyklon B«-Gas beizeiten erfunden.

Heute sind, wenn die Zeichen nicht trügen, sowohl dogmatischer Kommunismus als auch emotionaler Antikommunismus bereit, den klassischen Sündenbock »Weltjudentum« in die Wüste zu schicken. Schließlich braucht jeder nur *einen*.

Der Cassius dort...

Wir erinnern uns: Das Wesen Masse ist leicht zu beeinflussen. Soll es etwas erheiternd finden, tost sein Gelächter; soll es gerührt sein, schluchzt sein Mitgefühl; will man, daß es zornig ist, gellt aufs Stichwort seine Empörung. Wer es dahin bringt, daß es ihm vertraut, dem glaubt er die haarsträubendsten Geschichten. Nur mit Vernunftgründen darf man ihm nicht kommen.

Bezeichnenderweise hat auch der autoritäre Menschentyp, der den Massen-Charakter am reinsten verkörpert, eine tiefwurzelnde Abneigung gegen alles Intellektuelle, ja für ihn besteht nicht der geringste Zweifel, daß »Seele«, »Herz«, »Gemüt« oder »Gefühl« ungleich höhere Werte sind als der »nüchterne«, »kalte« Verstand. Das Goethesche »Gefühl ist alles, Name ist Schall und Rauch; umnebelnd Himmelsglut« legt er fälschlich als Ehrenerklärung für seine eigene Sentimentalität aus.

Walter Dieckmann sieht in der Beurteilung des Wortes »intellektuell«, die bereits eine geistige und politische Vorentscheidung anzeigt, ein wichtiges Zeichen, woran zwei Menschen, die einander fremd sind, ablesen können, ob sich für sie eine nähere Bekanntschaft lohnt. »Es schafft«, so Dieckmann, »ein Gefühl der Zusammengehörigkeit, wenn die Partner im Einverständnis über die Bewertung des Intellektuellen sind, und eine Abwehrhaltung, wenn sie verschiedene Positionen vertreten.« Im Falle der Übereinstimmung ruft das Wort bei beiden entweder positive

Assoziationen wie »geistige Freiheit«, »selbständiges Denken«, »kritischer Verstand«, »scharfer Witz«, »Wahrheit«, »Bemühen um soziale Gerechtigkeit«, »Aufklärung« hervor oder negative wie »bindungslos«, »vaterlandslos«, »zynisch«, »zersetzend«, »Kritik um der Kritik willen«, »Neinsager«, »Nörgler«, »disziplinlos«, »ohne Herz«.

Die Masse und der typische Massenmensch assoziieren ausschließlich negativ, weshalb der Demagoge ihren Widerwillen vorausfühlen muß: »Von wem wird das Land regiert? Von einer *Armee* (!) überflüssiger und schädlicher Intellektueller, die auf die kleinen Leute im Lande verachtungsvoll heruntersehen«, tönte der US-Senator George Wallace als Streiter gegen Lyndon B. Johnson und dessen »Gehirn-Trust«, und diesen Ton haben wir schon beim Leichenbitter Mark Anton gehört: »Ich bin kein Redner, wie es Brutus ist, nur, wie ihr alle wißt, ein schlichter Mann. . .«

»Ein starkes Herz ist wertvoller als Verstand und Intellekt«, versicherte Joseph Goebbels. Wahlkämpfer Winston Churchill schrieb dem Hohlmuskel, der schon so wacker das Blut durch die Adern pumpt, auch noch ein hohes Maß von Urteilskraft zu: »Die Herzen sind vertrauenswürdiger als die Gehirne«, sagte er und schränkte ein: »allerdings nur die Herzen verständiger Leute.« (Merken wir: »Verständige Leute« sind solche, die einem am Wahltag ihre Stimme geben.)

Gilt es, dem unpopulären »reinen Verstandesmenschen« eins auszuwischen, gehen dem Demagogen die Schmäh- und Hetzreden besonders glatt von der Zunge, denn der Intellektuelle ist ihm ja nicht nur unsympathisch, er ist sein erklärter Ur- und Erzfeind.

Shakespeares Cäsar wünscht sich in seiner Umgebung fette, gutausgeschlafene Glatzköpfe. »Der Cassius dort«, das erkennt er gleich, »hat einen hohlen Blick; er denkt zuviel: die Leute sind gefährlich.« Hier haben wir den Intellektuellen, wie ihn Massen und Massenverführer sehen: hager, sensibel, Brillenträger, wahrscheinlich magenkrank, jedenfalls einer, dem man auf dieser schönen Welt nichts recht machen kann; der ewige »Merker« (Kuby), der dem ewigen »Täter« nicht über den Weg traut.

Es gab und gibt hochgebildete, auch intelligente Demagogen; intellektuelle wie Mirabeau sind verschwindende Ausnahmen, mochte und mag sich auch mancher, zum Beispiel Goebbels, in dieser Pose gefallen. Intellekt hat ja nicht nur mit »Zersetzen«, also mit Analysieren, sondern auch mit Ideen-Schöpfen, also mit Phantasie zu tun. Das soll nicht heißen, daß diese Phantasie für die Menschheit immer die reine Erquickung gewesen wäre. Einige Intellektuelle, darunter Rousseau, Hegel und Nietzsche, haben fleißig Beete gegraben und gedüngt, aus denen Demagogie auf das allerüppigste hervorsproß.

Freilich, der Demagoge haßt die Intellektuellen nicht, weil sie so phantasievoll sind, sondern weil er ihnen am ehesten zutraut, daß sie seine Tricks durchschauen. Deshalb wird jedes Feindbild, das er an die Wand malt, immer auch etwas vom Cassius mit dem hohlen Blick an sich haben.

Demagogisches Traumfeind-Klischee: Der homoerotische, hunde-, katzen- und singvogelfeindliche, linksintellektuelle Gastarbeiter.

2. *Die Macht der Lüge*

Wäre die Wahrheit ein geeignetes Mittel, um Wählerstimmen zu gewinnen, müßte heute auf den Wahlplakaten aller Parteien stehen: »Wählt uns, wir kochen auch nur mit Wasser!« Denn die Zeit, da man im Bereich der realisierbaren Politik zwischen klar zu unterscheidenden Alternativen wählen konnte, ist vorüber. Man erkennt dies am deutlichsten daran, daß die linken Flügel sogenannter rechter und die rechten sogenannter linker Parteien vom vielen Aneinanderflattern schon ganz zerzaust sind. Im Grunde könnte man am Wahlabend, statt kybernetische Hochrechnungen anzustellen, eine Tombola veranstalten und den Entscheid darüber, welcher Wahlkreis künftig schwarz, rot oder blau sein soll, von einem niedlichen Waisenkind aus der Lostrommel grapschen lassen. Live und in Farbe. So hätten die Politiker endlich Muße, sich der Verkündigung lauterer Wahrheiten zu widmen.

Natürlich wird man beim alten System bleiben. Aus verfassungsrechtlichen Erwägungen, vor allem aber, weil man sonst den Politiker, wie man ihn seit Jahrtausenden kennt, aussterben lassen und in mühevoller Züchtungs- und Erziehungsarbeit einen völlig neuen Typ schaffen müßte.

Unter »Lüge« verstehen die Lexikographen sowohl eine bewußt falsche, auf die Täuschung anderer abzielende Mitteilung als auch das absichtliche Verdrehen, Färben und Verschweigen von Tatsachen, ferner vorsätzliche Unklarheit der Rede sowie irreführende Andeutungen und Gebärden.

Als unbestritten verwerflich gelten die Lügen des Betrügers, des Verleumders und des auf seinen Vorteil bedachten Schmeichlers, weil sie Vertrauen vernichten und, wollte man sie gutheißen, jede menschliche Gemeinschaft unmöglich machen würden.

Unter Moralisten umstritten ist die *fromme* Lüge, nach dem Wieland-Motto: »Ein Wahn, der mich beglückt, ist eine Wahrheit wert, die mich zu Boden drückt.« Immanuel Kants Ethos gestattet Unaufrichtigkeit nicht einmal in Notlagen. Für ihn bedeutet Lüge »durch die bloße Form ein Verbrechen des Menschen an seiner eigenen Person und eine Nichtswürdigkeit, die den Menschen in seinen Augen verächtlich machen muß«.

Wir wollen uns mit der moralisch nicht minder strittigen *politischen* Lüge befassen, einer Zwillingsschwester der voreinst üblichen *pädagogischen* Lüge, welche u. a. darin bestand, Unwissende durch Vorspiegelung erfundener Drohgestalten (»Schwarzer Mann», »Buhmann«, »Böser Wolf«) zu fürchtigem Wohlverhalten zu bewegen.

Wer einmal lügt. . .

Die politische Lüge gibt es in vielen Variationen, sei es als Behauptung unwahrer Sachverhalte, als direkte oder indirekte Verleumdung, als böswillige Unterstellung, als Diskriminierung und – vor allem in den Kommunikationsmedien – als Unterschlagung, Fälschung bzw. Verfälschung von Nachrichten.

»Wer *einmal* lügt, dem glaubt man nicht«, doziert der Volksmund. Den Nachsatz »und wenn er auch die Wahrheit spricht« läßt er häufig weg; vielleicht weil er ahnt, wieviel Weisheit schon in der ersten Verszeile steckt. *Eine* Lüge ist schnell dahingesagt und ebenso schnell vergessen – von dem, der sie in die Welt gesetzt hat. Belogene jedoch haben manchmal ein peinlich gutes Gedächtnis und können Unwahrheiten noch nach Jahren als solche entlarven. Daher ist es für jeden Lügner ratsam, sich seine falschen Aussagen durch ständige Wiederholung so fest einzuprägen, daß er sich später nicht in Widersprüche verwikkelt.

Auch der Demagoge, der quasi professionelle Lügner, gebraucht das Mittel der Wiederholung zur eigenen Gedächtnisschulung und damit zum Schutz vor blamabler Entlarvung. Mehr noch freilich bedeutet ihm der Nebeneffekt: daß auch die Getäuschten sich dessen, was er ihnen als Wahrheit offeriert, so lange erinnern, wie es sein machtpolitisches Kalkül erfordert.

»Ich kenne nur eine rhetorische Figur: die Wiederholung«, enthüllte Napoleon Bonaparte einer einschlägig interessierten Nachwelt. Hitler sagte es noch deutlicher: »Die Aufnahmefähigkeit der großen Masse ist nur beschränkt, das Verständnis klein, dafür jedoch die Vergeßlichkeit groß. Aus diesen Tatsachen heraus hat sich jede wirkungsvolle Propaganda auf nur sehr wenige Punkte zu beschränken und diese schlagwortartig so lange zu verwerten, bis auch bestimmt der Letzte unter einem solchen Worte das Gewollte sich vorzustellen vermag« (»Mein Kampf«).

Verständlicherweise hat der Wiederholungs-Trick im demagogischen Anwendungsbereich die gleichen Nachteile wie im pädagogischen. Wer jemals versucht hat, Kinder zu erziehen, der weiß, welche Schwierigkeit in der zu häufigen Wiederholung von Verhaltensempfehlungen liegt. »Zum einen Ohr rein, zum anderen raus!« klagen Millionen frustrierter Eltern und Erzieher. Dem Demagogen sind die Tücken »Übersättigung« und »Abnutzung« ebenfalls bekannt, und er versuchte ihnen in früherer Zeit dadurch zu begegnen, daß er, wenn es galt, der Masse eine bestimmte These einzuhämmern, die Radikalität dieser Thesen mit jeder Wiederholung steigerte. Noch Lenin, Kalinin und Goebbels hielten sich an diese Praxis, der insofern Grenzen gesetzt sind, als Superlative nicht mehr gesteigert werden können, die Übersättigung also nur hinausgeschoben anstatt verhindert wird.

Hier hat die Werbepsychologie einigen Wandel geschaffen. Heute wissen die Volksverführer genauer, warum ein demagogischer Ausspruch mehrfach wiederholt werden muß: weil seine Wirkung, kurz nachdem er getan wurde, relativ gering ist; ein Phänomen, das in der Fachsprache »Sleeper effect« heißt. Außerdem ist ihnen bekannt, daß ein Lehrstoff, der zu plötzlich und in zu hoher Dosis dargeboten wird, rasch in Vergessenheit gerät. Was der Masse suggeriert werden soll, muß über einen längeren Zeitraum verteilt werden. Faustregel, frei nach Hermann Ebbinghaus: Die Pausen zwischen den Wiederholungen des Lügen-Pensums müssen, damit der einzelne es im Kopf behält, jeweils verdoppelt werden. Zuerst legt man zwischen unwahrer Aussage und Wiederholung *einen* demagogiefreien Tag ein, dann zwei, dann vier, acht usw. So erkennen die zu Verführenden weder Absicht noch Methode und bewahren, was sie bewahren sollen, im Gedächtnis.

Hat ein politischer Lügner das Pech, daß man ihm auf die Schliche kommt, kann er es halten wie Joseph Goebbels, der im engsten Freundeskreis äußerte: »Ich bin für den alten Grundsatz: Wenn du mal angefangen hast zu lügen, dann bleibe auch dabei. . . Was wir einmal gesagt haben, *ist* wahr und *bleibt* wahr.« Soll heißen: Der Überführte muß so lange weiterlügen, bis das Wesen Masse, das Ausdauer leicht mit Charakterfestigkeit verwechselt, seine gesträubten Nackenhaare wieder geglättet hat. War die Unlauterkeit besonders kraß, empfiehlt es sich, alles aufzubieten, was einem an Nimbus, Prestige, Charisma, vor allem aber an demagogischem Charme zur Verfügung steht. Wer in der Politik seinen Charme einsetzt, so belehrte uns der als »Schlitzohr« vielbewunderte CSU-Politiker Hermann Höcherl, »hindert die anderen daran, ihren Verstand einzusetzen«.

Nun gibt es allerdings, was die Ansichten über statthaftes oder verwerfliches Tun betrifft, erhebliche historische und ethnographische Unterschiede. Im alten Sparta zum Beispiel galt das Stehlen als rühmlich, das dabei Erwischtwerden jedoch als Schande. Vielerorts ist das Übervorteilen anderer ein Ausdruck feinerer Lebensart. In einigen Staaten des Orients und Okzidents darf man Bestechungsgelder nicht nur zahlen und entgegennehmen, sondern sogar von der Steuer absetzen. Was Wunder, daß auch hinsichtlich der wahrheitswidrigen Aussage Divergenzen bestehen.

Die klassischen Kreter logen ohne zu erröten das Blaue vom Himmel; ähnliches munkelt man von den Bewohnern der Sowjetunion. In einem gebirgigen deutschen Landstrich, wo Freizeitwert und Fremdenverkehrsdichte besonders groß sind, hat man zur Wahrheit ein so liberales Verhältnis, daß man selbst parlamentarische Lügen, bei denen man ertappt wurde, wiederholen, ja die heiligsten Eide »kalt«, das heißt im Vertrauen auf Gottes und der Stammesgenossen nachsichtiges Augenzwinkern leisten darf. Erklärt aber ein britisches Kabinettsmitglied vor dem Unterhaus, es habe mit einer obskuren Angelegenheit nichts zu tun, und man kann ihm das Gegenteil nachweisen, ist es die längste Zeit Minister, womöglich sogar Volksvertreter gewesen.

Zum Segen für die demagogische Internationale ist die Masse viel zu vergeßlich, um auf lange Sicht nachtragend zu sein. Darum dürfen wir uns unbesorgt merken: Politische Lügen, die durch ständige Wiederholung den Status der Glaubwürdigkeit erlangt haben, heißen *objektive* Wahrheiten; solche, die aufgedeckt werden, heißen *subjektive* Wahrheiten; solche, die ebensooft aufgedeckt wie wiederholt werden, heißen *unumstößliche* Wahrheiten oder *Doktrinen*.

Wer zuerst lügt. . .

Stellen wir uns ein Großraumbüro vor und darin, nicht weit voneinander entfernt sitzend, zwei Sekretärinnen: Frau Hinz und Fräulein Kunz. Warum Frau Hinz ihre etwas jüngere Kollegin nicht leiden mag, lassen wir dahingestellt. Jedenfalls behauptet sie eines Tages vor aller Ohren, das Fräulein Kunz verdiene sich nach Dienstschluß und auf unsittliche Weise ein Zubrot.

Obwohl Frau Hinz für ihre Beschuldigung keinerlei Beweise erbringt und das Fräulein Kunz den ihr unterstellten Nebenerwerb abstreitet, sind die meisten im Büro eher geneigt, der Denunziantin zu glauben. Wie auch immer die Angeschuldigte ihr »das stimmt nicht« vorbringt, man wird es zu ihren Ungunsten deuten. Sagt sie es ruhig und beherrscht, heißt es: »So eine raffinierte Person!«; sagt sie es laut und voller Zorn, tuschelt es ringsum: »Warum regt sie sich so auf, wenn's nicht stimmt?«; geht sie vor Gericht und gewinnt den Prozeß, wird ihre Ehre dennoch nicht mehr im alten Glanz erstrahlen. Ganz anders, wenn Frau Hinz dem Fräulein Kunz statt eines unsittlichen ein besonders tugendhaftes Verhalten bescheinigt hätte. In die-

sem Fall würde man ihr den Beweis für ihre Behauptung unnachsichtlich abverlangen.
Von der menschlichen Untugend, das falsche Zeugnis wider den Nächsten unbesehen für wahr zu halten, profitieren nicht zuletzt auch die Demagogen. Für sie kommt noch erleichternd hinzu, daß es in der Politik keine klare, nach gemeinsamer Übereinkunft gesteckte Grenze zwischen einer allseits respektablen Grundeinstellung und deren radikaler Übersteigerung gibt. Wer am Herkommen hängt, kann einen Gegner, der für maßvolle Reformen eintritt, unbedenklich einen Linksextremisten nennen, der Reformer den Konservativen einen Reaktionär, und keiner der Angegriffenen kann sich mit einem schlüssigen Gegenbeweis zur Wehr setzen.
Demagogische Behauptungen dürfen frei erfunden sein, dürfen teilweise zutreffen, dürfen sogar, falls es die Taktik erfordert, der Wahrheit entsprechen. Nur etwas dürfen sie nicht: das Verlangen nach Beweisen wecken. Schon die Begründung einer Behauptung ist ein Kunstfehler, der sich unter mißlichen Umständen rächen kann. Zum Glück der Volksverführer ist die Masse nur insoweit neugierig, als sie den Zustand der Ungewißheit, den sie nicht erträgt, beseitigt wissen möchte. Sie will immerzu auf dem laufenden gehalten werden, und eine falsche Mitteilung ist ihr immer noch lieber als keine Mitteilung.
Wichtig ist, daß der Demagoge seine Behauptungen mit um so mehr Verve und intoleranter Überzeugung vorträgt, je weniger sie einer Prüfung standhalten, vor allem aber, daß er seinen Zuhörern Gelegenheit gibt, das Gehörte mit ihren selbstgewonnenen Erfahrungen in Einklang zu bringen.
Wenn, um ein Beispiel aus der demagogischen Klippschule

zu nennen, der Wortführer der opponierenden Partei Alpha die regierende Partei Beta beschuldigt, sie heize die Inflation an und bürde den Abgabepflichtigen eine unerträgliche Steuerlast auf, so erscheinen diese Beschuldigungen dem Publikum dank zweier Erfahrungen glaubwürdig: 1. Es hat gemerkt, daß die Preise steigen, 2. es ist ihm aufgefallen, daß es mehr Steuern zahlen muß. Ob woanders die Lebenshaltungskosten noch höher liegen, ob eine gewisse Preissteigerungsrate unvermeidlich ist und ob die Steuerprogression vielleicht daraus resultiert, daß außer den Preisen auch die Löhne gestiegen sind, will das Publikum gar nicht wissen. Versteht der Oppositions-Demagoge sein Geschäft, wählt es die Partei Alpha, die, an der Macht, weder das eine noch das andere Übel aus der Welt schaffen wird.

Eine These muß, damit sie von möglichst vielen geglaubt wird, als stark vereinfachtes Ganzes vermittelt werden. Keinesfalls darf der demagogisch Tätige sich in komplizierte Details verlieren oder gar verwirrende Einschränkungen machen. Eine Behauptung, die das Wesen Masse direkt ins Herz treffen soll, hat etwa so auszusehen: »Auf der einen Seite die Vereinigten Staaten, die die Freiheit für alle wollen, auf der anderen Seite die Sowjetunion, die die Knechtschaft für alle will« (Konrad Adenauer 1957).

Damit sind wir gleich bei einem der am häufigsten angewandten Kunstkniffe, genannt »demagogische Alternative«.

»Wer nicht für uns ist, ist gegen uns«, oder: »Wer nicht wider uns ist, der ist für uns«, tönt es unentwegt durch die Weltgeschichte. Solon, Christus, Cäsar und viele andere wollten und wollen es nicht glauben, daß zwischen den Menschen außer Liebe und Haß, Sympathie und Abneigung auch so unentschiedene Beziehungen wie Gleichgültigkeit oder distanziertes Interesse bestehen können, und daß jene, die sie »die Lauen« schelten, meist umgänglichere Zeitgenossen sind als die Hitzigen, mit denen sich so gut marschieren, Glaubenslehren verbreiten und lynchen läßt.

»Lieber tot als rot«, hieß in den frühen fünfziger Jahren eine Parole, die listig vertuschte, daß »tot« ein endgültiger, »rot« hingegen ein potentiell veränderlicher Zustand ist, der mehrere Möglichkeiten offenläßt: Widerstand aus dem Untergrund, Emigration, vielleicht sogar die allmähliche Bekehrung fremder Okkupanten zum eigenen Demokratieverständnis.

Was nicht böse ist, kann aus der Sicht des politischen oder Machtmenschen nur gut, was nicht heiter ist, nur traurig, was nicht stark ist, nur schwach sein. »Ist es zum Beispiel nicht wahr«, fragte 1959 der CDU-Bundestagsabgeordnete Freiherr von und zu Guttenberg die Sozialdemokraten, »daß Sie uns zwar vorwerfen, wir betrieben eine Politik der Stärke, daß Sie sich aber entrüsten, wenn wir darauf antworten, daß Sie also logischerweise eine Politik der Schwäche vertreten?« (Beachten wir hier auch den Nebeneffekt, daß der Begriff »Schwäche« nicht nur militärisch, sondern auch moralisch, etwa im Sinne von Haltlosigkeit, ausgelegt werden kann!)

Der CDU-Slogan »Freiheit oder Sozialismus« wollte im Wahljahr 1976 glauben machen, a) die Möglichkeit, auch als Minderheit ungehindert reden und innerhalb der Gesetze zu handeln (und nichts anderes kann Freiheit politisch meinen), sei nur unter konservativer Führung gegeben, b) der totalitäre, von Marx und Lenin als Vorstufe zum Kommunismus gedachte Sozialismus sei geichbedeu-

tend mit dem demokratischen der SPD. »Es geht jetzt«, klärte Helmut Kohl die unter sozial-liberaler Tyrannei schmachtenden »Bild«-Leser auf, »um die Entscheidung im Grundsätzlichen. Wir müssen wieder lernen, was ›Freiheit‹ ist – so wie damals nach dem Ende der Naziherrschaft: Frei reden können, reisen, wohnen, einkaufen ...«
Mit der gleichen demagogischen Alternative – »Wir oder das Chaos« – jonglierte der SPD-Vorsitzende Willy Brandt, als er die CDU/CSU-Opposition ein »Sicherheitsrisiko« für die Bundesrepublik Deutschland nannte.
Eine beliebte Trick-Variante besteht darin, der Welt, wie sie zu vieler Leidwesen ist, eine Welt gegenüberzustellen, wie sie zu aller Entzücken sein könnte, wenn Utopien sich verwirklichen ließen. Eine wieder andere Abart konfrontiert die ärgsten Nachteile im Sozialsystem der Feindattrappe mit den augenfälligsten Vorteilen der eigenen Gesellschaftsordnung: Hier Meinungsfreiheit und üppiges Warenangebot, dort Regimegegner in der Nervenheilanstalt, oder aus umgekehrter Perspektive: Hier sichere Arbeitsplätze, dort bedenkenloses Profitstreben.
Außer der demagogischen Alternative, dem »Entweder-Oder«, gibt es noch das »Zwar-Aber« und das »Wenn nicht so, dann so«.
Unter dem demagogischen »Zwar-Aber« verstehen wir eine in sich widersprüchliche Aussage, die zu einem umstrittenen Problem provokatorisch Stellung nimmt, ohne den von der Mehrheit vertretenen Standpunkt zu verlassen. Der einstige Massenliebling William Siegmund Schlamm 1960 auf einer rhetorischen Deutschland-Tournee: »Ich lehne den Präventivkrieg ab.« Aber: »Wenn ich genau wüßte, daß die Sowjetunion einen Angriff mit Raketen für den 7. Februar vorbereitet, dann würde ich dafür eintreten, daß man ihr am 2. Februar zuvorkommt.«

Das demagogische »Wenn nicht so, dann so« gelangt zur Anwendung, wenn eine Behauptung durch Gegenargumente entkräftet oder von den Ereignissen überholt wurde. Da der Demagoge nicht zulassen kann, daß der Gegenstand, dem seine Behauptung galt, nun plötzlich in einem anderen, womöglich günstigeren Licht erscheint, versucht er, was er behauptet hat, im Kern aufrechtzuerhalten, indem er es durch neue Beweise belegt: Als im Februar 1971 die Sowjetunion russischen Juden die Ausreise nach Israel verweigerte, nannte der ZDF-Moderator Gerhard Löwenthal die dort herrschende Staatsauffassung »ein unmenschliches System, das die Freizügigkeit seiner Untertanen nicht zulassen kann«. Ein Jahr später durften Sowjetjuden auswandern; eine Wendung, die jeden Nichtdemagogen hätte verstummen lassen. Löwenthal indes erkannte im Verhalten der UdSSR diesmal sogar »verstärkt anti-israelische Beweggründe« und unterschob ihr die Absicht, »den kleinen Staat bis an den Rand seines Fassungsvermögens vollzustopfen und so in Schwierigkeiten zu bringen«.
Daß »bipolare« Demagogie so erfolgreich ist, hat einen plausiblen Grund: Das Wesen Masse kann buchstäblich nicht bis drei zählen. Darum ist es natürlich erst recht für die *einfache* Zweckbehauptung empfänglich.
»Das Schicksal ist immer gerecht. Es stellt sich gegen die Feigen«, erklärte Goebbels, ohne die Historie in den Zeugenstand zu rufen – und Millionen Zwangshelden schlurften weiter hinter dem Endsieg her. »Das sozialistische System wird letzten Endes an die Stelle des kapitalistischen treten; das ist ein vom Willen des Menschen unabhängiges objektives Gesetz«, äußerte Mao Tse-Tung am 40. Jahrestag der Oktoberrevolution – und eine knappe Milliarde Chinesen weiß seither, wie die Geschichte weitergeht.

»Steuerschwindler sind Freiheitskämpfer!« hieß das Losungswort Morgens Glistrups, des Gründers der dänischen »Fortschrittspartei«, deren Ziel auf eine Entmachtung der Finanzämter hinauslief. Es brachte Glistrup so viele Wählerstimmen ein, daß seine Partei 1973 zur zweitstärksten Dänemarks wurde.
Auch die vergleichende Behauptung, wir nennen sie »demagogische Analogie«, hat im Rüstzeughaus der Verdummer ihren festen Platz: »Niemals hat es Völker gegeben, die. . .«, »Immer wieder wird der Fall eintreten, daß. . .« – Der Demagoge kennt keine überraschenden Zufälle. Für ihn ist der Lauf der Welt ein Leierkasten mit wenigen Walzen, und er kann jede Melodie vor- und rückwärts pfeifen.

Schon Goethe wußte. . .

Wie wir gelernt haben, ist eines der Hauptmerkmale einer psychologischen Masse ihre Leichtgläubigkeit. Ob zu Ciceros, Hitlers oder unserer Zeit, es lassen sich nur wenige Absurditäten denken, die das vielköpfige Wesen *nicht* für wahr gehalten hätte oder halten würde. Zu dieser quasi normalen Situation kommt die besondere des Menschen im kybernetischen Zeitalter, der sich sein Wissen nicht mehr selbst erwerben kann, sondern es von hochspezialisierten Fachkräften oder Automaten als Fertigprodukt übernehmen muß. Das macht die Demagogie nachgerade zu einem aktuellen Phänomen. Wer erst einmal daran gewöhnt ist, denken zu *lassen*, der denkt bald nicht mehr *mit*, geschweige *nach* und verliert allmählich jede Kritikfähigkeit. Ein solcher Mensch, mag er sich auch von Massenversammlungen fernhalten, läuft ständig Gefahr, auf

irgendeinen Leim zu gehen; denn wie will er beurteilen, ob einer, der aufgrund besseren Wissens Führungsanspruch erhebt, es wirklich besser weiß oder ein Scharlatan ist?
Auf der anderen Seite kann es dem modernen Staatsbürger, selbst wenn er Teilchen einer Masse ist, kaum verborgen bleiben, daß der Mann, der auf ihn einredet, sein Besserwissen gleichfalls nicht aus eigenem erlangt, womöglich das Erlangte nicht einmal geprüft hat, folglich muß dieser Mann, um glaubwürdig zu erscheinen, den Ursprung seiner Kenntnisse offenlegen, muß Quellen angeben, Gewährsleute nennen. Dies brächte ihn in Verlegenheit, ja er müßte seine Stellung als Demagoge neu überdenken, gäbe es für ihn nicht ein Gutes: Er hat sich schon immer auf Autoritäten berufen.
Am beliebtesten, versteht sich, war und ist die Zeugenschaft von Koryphäen, die eines Einspruches nicht oder nicht mehr mächtig sind: himmlische und andere metaphysische Instanzen (ihnen werden wir uns noch ausführlich widmen), vor allem jedoch renommierte Verstorbene aus Politik, Wissenschaft und Kunst; wobei es weniger auf fachliche Kompetenz als auf klangvolle Namen oder Titel ankommt.
Wie der Interviewer im Zahnpasta-Werbespot, wenn's ums leidige Zahnfleischbluten geht, zum lebenden Kältetechniker sagt: »Herr Doktor, Sie als Wissenschaftler wissen doch immer einen Rat«, so holt sich der demagogisch Begabte sein Zeugnis bei den Abgeschiedenen: »Schon Goethe wußte. . .« eröffnet der Tagungsteilnehmer sein Referat zum Thema »Ist Atom-Müll wirklich so schädlich?« »Wie recht hatte doch Clausewitz, als er schrieb...«, steuert der Wehrexperte zur Klärung der Frage bei, ob man besser den Panzer vom Typ »Schildkrö-

te« oder den vom Typ »Wildkatze« auf Band legen solle. Gilt es, privaten Nutzen in den Rang eines Beitrages zum öffentlichen Wohl zu erheben, kann sich weder Aristoteles noch der weise Konfuzius um ein Attest herumdrücken.
In der Politik herrscht die Gepflogenheit, bei parlamentarischen Totenbeschwörungen der verblichenen Prominenz der Gegenseite das Wort zu erteilen. Im christdemokratischen Lager wird hierzulande laut der Äußerungen Kurt Schumachers und Ernst Reuters gedacht. Weht der Atem der Geschichte besonders stürmisch, besinnt man sich – so im Wahljahr 1976 – des Altliberalen Friedrich Naumann und übernimmt dessen zu Kaiser Wilhelms (und Zar Nikolaus') Zeiten geprägten Satz: »Was nutzt die beste Sozialpolitik, wenn die Kosaken kommen«. Brauchen die Sozialdemokraten Bestätigung, finden sie diese bei Konrad Adenauer, Jakob Kaiser, Karl Arnold und Theodor Blank. Vom jeweils zitierten Toten wird angenommen, er drehe sich aus Zorn über das Ungeschick oder die parteiinternen Streitigkeiten seiner Nachfolger im Grabe um, wie man sich ja überhaupt um das Wohl des politischen Widersachers weit besorgter gibt als um das der eigenen Partei. Adenauer 1957: »Meine Damen und Herren, ich hoffe – und das ist wirklich eine ernste Hoffnung von mir –, daß wir doch eines Tages wieder eine vernünftige Sozialdemokratische Partei bekommen . . .«
Ebenso vertrauenerweckend wie der Nimbus von Name und Rang ist die Autorität der Fachvokabeln, Statistiken, Daten und Formeln. Derlei dient nicht nur, wie im Abschnitt über Disraeli gesagt, der taktischen Einschläferung einer Versammlung, es kann bei Bedarf auch demonstrieren, daß ein Politiker, der es stets abrufbereit im Gedächtnis hat, die Unentbehrlichkeit in Person darstellt.

Ex-Verteidigungsminister Franz Josef Strauß 1964 vor dem Bundestag: »Deshalb geht es nicht vom Input zum Output, sondern hier geht es zurück vom Output zum Input. Dann muß eben das, was für das zugesagte Kontingent an finanziellen, personellen und raummäßigen Mitteln erforderlich ist, von uns bewältigt werden (Zum SPD-Abgeordneten Alex Möller:) Ich glaube, Sie könnten mir keine Antwort geben. Ich weiß, was Sie meinen. Sie sprechen von dem Problem der costs-effectiveness, der höchsten Kostenergiebigkeit; man könnte es auch anders ausdrücken: des Kostenoptimums . . . Was ist denn das Kostenoptimum? Das Kostenoptimum ist doch der Punkt, wo sich die Stückkostenkurve mit der Grenzkostenkurve schneidet . . .«

Etwas aus dem Stegreif Dahingesagtes gewinnt um so mehr Autorität, je weniger Zuhörer momentan in der Lage sind, es zu begreifen oder gar nachzuprüfen. Das betrifft neben dem Fach-Chinesisch auch die Fach-Mathematik. Le Bon: »Wenn ein Irrtum in mathematischer Form geboten wird, findet er sofort Glauben. Auch der hartgesottene Skeptiker beugt sich dem Mysterium der Zahlen.«

Ein Zahlenspiel aus Gerhard Löwenthals »ZDF-Magazin« vom November 1975: »*Ostpolitik kostet Milliarden*«, schockte der Titel eines Filmberichts über die finanziellen Folgen der Verträge von Moskau, Warschau und Ostberlin. Allein die Vereinbarungen mit der DDR, so erfuhren die Zuschauer, kostete den Bundeshaushalt und das »Land Berlin« in den Jahren 1970 bis 1974 eine Milliarde und 754,7 Millionen Mark. In diesem Betrag waren aber u. a. enthalten: die Rückerstattung von Visa- und Einreisegenehmigungsgebühren, Gelder also, die nicht die Drahtzieher in Pankow bereichern, vielmehr Reisende aus der

Bundesrepublik entlasten sollte, sowie Entgelte für Dienstleistungen der DDR.
Hätte Löwenthal statt dieser rund zwei Milliarden etwa die Summe nennen lassen, die in den Jahren 1966 bis 1969 in den »von Kommunisten regierten Teil Deutschlands« geflossen ist, wären die Zuschauer, denen es auf ein paar Nullen mehr oder weniger nicht ankommt, sicher auch sehr entrüstet gewesen; doch der Moderator (zu deutsch: »Besänftiger«) wollte ja nicht der vorigen, er wollte der gegenwärtigen Regierung ans Leder.
Zu den gesamten »Kriegsfolgelasten«, die im selben Filmbericht auf 598 Milliarden und 235 Millionen Mark beziffert wurden, meinte Löwenthal: »Angesichts dieser Zahlen muß man wohl endlich einmal damit aufhören, immer wieder zu argumentieren, die Deutschen hätten ja den Krieg verloren und müßten nun auch dafür bezahlen. . .«
Merken wir: Es gibt nicht bloß ein Mysterium, sondern sogar eine Moral der Arithmetik.
Zudem gibt es keine geeignetere Technik, aus Dingen, von denen man keine Ahnung hat, Beweismaterial zu melken, als die numerische. »Hier sprechen Zahlen und Tatsachen für sich selbst«, sagt der wirtschaftspolitische Ignorant, und die Masse glaubt ihm lieber, anstatt sich mit Daten anöden zu lassen, die sie weder begreift noch im Kopf behält. Hat der Demagoge Zeit gehabt, einiges Material zu sammeln, zählt er geflissentlich Beweispunkt für Beweispunkt auf und sagt, wenn er mit seinem Latein absolut am Ende ist: »Diese Liste ließe sich beliebig verlängern.« Der gleiche Trick empfiehlt sich, wenn eine Behauptung, die man aufgestellt hat, nur schwer oder gar nicht erhärtet werden kann.

Im Negativen: »Ich könnte noch unzählige andere Affären von ihm erzählen, ich will sie aber übergehen, denn sie sind sich alle ähnlich. . .« Oder: »Ich könnte noch vieles andere über ihn vorbringen, doch will ich davon absehen; glaube ich doch, nicht leichtfertig alles sagen zu dürfen, was ich ihm an Schimpf und Schande nachweisen könnte, sondern nur das, was ich ohne Unehre für mich wiedergeben kann« (Demosthenes 330 v. Chr. über seinen Gegner Aischines). Im Positiven: »Die Kommunistische Partei führt die Massen und führt sie nicht schlecht. Zum Beweis dafür kann man eine Unzahl von Beispielen anführen« (der sowjetische Agitator Michail Iwanowitsch Kalinin 1942 in einer Rede vor Parteifunktionären der Moskauer Betriebe).

Will der demagogisch Tätige etwas, woran die Masse glauben soll, ins Licht der Wahrheit manipulieren, verfügt aber nur über ein einziges, noch dazu erkennbar fragwürdiges Argument, so bringt er dieses vor und erwähnt gleichzeitig die ungeheure Menge von Beweismaterial, welche herbeizuschaffen er imstande wäre, falls die Gegenseite ihn zu dieser Maßregel zwänge. Hat die Angst, er könnte seine Drohung wahrmachen, im Auditorium Platz gegriffen, lenkt er verständnisinnig ein: »Aber ich will Ihre Geduld nicht über Gebühr strapazieren.« Oder: »Leider ist hier nicht der Ort, um diese Dinge mit der gebotenen Ausführlichkeit zu behandeln.« Oder auch: »Die Kürze der Sendezeit verbietet es mir, auf dieses Problem so gründlich einzugehen, wie es dies zweifellos verdient.« Ein scherzhafter Hinweis auf die anschließende Live-Übertragung des UEFA-Pokalspiels läßt das Wesen Masse solche Rücksichtnahme noch höher schätzen.

Sieht unser Modell-Demagoge sich in die Defensive gedrängt, etwa durch ein von ihm stammendes Zitat, das eine ungünstige Auslegung gestattet, nennt er es »aus dem Zusammenhang gerissen« (was immer zutrifft, es sei denn, jemand hätte ihn mit dem Gesamttext einer mehrstündigen Rede konfrontiert), oder er schlägt mit dem demagogischen Trick zurück, den Gegner auf etwas festzunageln, was dieser vor langer Zeit, in einem völlig anderen politischen Klima geäußert hat: »Ach, wissen Sie, Herr Kollege, wenn ich daran denke, was *Sie* am 2. Oktober 1949 zu diesem Thema gesagt haben!« (stürmischer Beifall der eigenen Fraktion).

Beachten wir: Man selbst hat ein verbrieftes Recht auf politischen Irrtum und daraus folgendem Meinungs- und Gesinnungswandel; beim Gegner ist jede Änderung von Ansichten und Überzeugungen entweder arglistige Täuschung oder entspringt verabscheuungswürdigem Wankelmut.

Eine weitere Autorität, auf die ein demagogisch beflissener Mensch sich berufen kann, ist das Programm seiner Partei; eine Kollektion edler Prinzipien und fortschrittlicher Vorhaben, die zum Nutzen der Nation beherzigt bzw. verwirklicht werden sollen. Hierbei freilich ist Vorsicht geboten, denn was gestern der massenpsychologischen Situation wie angegossen paßte, kann heute dem Wahlkampfgegner wohlfeilen Schießbedarf liefern. Das »Aalener Programm«, das die CDU sich maßgeschneidert hatte, bevor es ihr ausreichend erschien, ein Interessenverband zur periodischen Wiederwahl Konrad Adenauers zu sein, sollte jedem Parteigründer als Warnung dienen: Niemand hat sich je daran gehalten, und doch lastet es unauslöschlich in den Archiven.

Wie ein Parteiprogramm sein muß, um alle Wechselfälle

der Politik heil zu überstehen, zeigen die Satzungen, die sich die SPD 1959 auf ihrem Parteitag in Bad Godesberg gegeben hat.
Dieses »Godesberger Programm« verdankt sein Entstehen folgender Sachlage: Sobald eine Parlamentarische Demokratie auf das für ihre Fortdauer unerläßliche Zweiparteiensystem zusteuert, welches verlangt, daß jede Partei grundsätzlich für jedermann wählbar ist, stehen die politischen Gruppierungen in dieser Demokratie vor der Entscheidung: das Feld räumen oder es möglichst vielen recht machen. Die Christdemokraten waren damals ohnedies zur »Volkspartei« prädestiniert; einmal weil sie an keine Vorkriegs-Traditionen anzuknüpfen brauchten, folglich auch keiner bestimmten Gesellschaftsschicht Zugeständnisse schuldeten, zum anderen, weil jeder Inhaber eines christlichen Taufscheins – die absolute Mehrheit also – sich mit ihnen identifizieren konnte. Die Sozialdemokratische Partei hingegen, von ihren Ursprüngen her eine reine Arbeiterpartei, konnte schon den Angestellten und Beamten, geschweige den Unternehmern und Managern wenig Anreiz bieten, ihr an die Macht zu helfen.
Was tut eine Partei in solcher Zwickmühle? Sie vollführt den Austern-Trick: Öffnung nach allen Seiten, Zusammenhalt gerade so viel und so fest, daß man sie noch für ein Ganzes halten kann.
Ins Godesbergische übersetzt: Wenn ein Programmpunkt mit den Worten beginnt »Das private Eigentum an Produktionsmitteln hat Anspruch auf Schutz und Förderung. . .«, muß die Einschränkung folgen: ». . . soweit es nicht den Aufbau einer gerechten Sozialordnung hindert.« Verbeugung nach rechts: »Freie Konsumwahl und freie Arbeitsplatzwahl sind entscheidende Grundlagen, freier

Wettbewerb und freie Unternehmerinitiative sind wichtige Elemente sozialdemokratischer Wirtschaftspolitik.« Bückling nach links: »Wo mit anderen Mitteln eine gesunde Ordnung der wirtschaftlichen Machtverhältnisse nicht gewährleistet werden kann, ist Gemeineigentum zweckmäßig und notwendig.«
Schema: Die Todesstrafe ist abgeschafft; verhängt man sie dennoch, wird sie so schonend wie möglich vollstreckt.
Im Klartext meint das Godesberger Grundsatzprogramm: Erstens, lieber Wähler, wollen wir dein Eigentum nicht nur schützen, sondern auch dafür sorgen, daß es immer mehr wird, – nur zuviel darf es nicht werden. Was zuviel ist, bestimmen wir. Zweitens: Wenn du Lohn *empfängst*, darfst du unabhängig von Beschäftigten-Quote und Warenangebot arbeiten, wo, und kaufen, was du willst; wenn du Lohn *bezahlst*, darfst du deine Unternehmerpersönlichkeit frei entfalten. Was frei ist, bestimmen wir. Entfaltest du sie *zu* frei, wirst du enteignet.
Daß eine Partei, die ihre Absichten so hübsch verschlüsseln kann, in einem Land voller antisozialistischer Emotionen die Summe dieser Absichten statt »Sozialdemokratie« ausgerechnet »demokratischen Sozialismus« nennt, geschieht keineswegs aus Gefälligkeit gegenüber der konservativen Wahlkampfstrategie. Die Sozialdemokraten glauben nicht nur, daß es eine gerechte Sozialordnung und eine gesunde, sozusagen naturgemäße Ordnung der wirtschaftlichen Machtverhältnisse gebe, sie sind auch davon überzeugt, daß es bei allem Antisozialismus doch der innigste Wunsch der Wählermehrheit sei, solche idealen Verhältnisse herbeizuführen. Dabei übersehen sie, daß dem Wesen Masse an Gerechtigkeit nur im (etwa von der Presse hochgespielten) Einzelfall gelegen ist. Bevor es an

bestehendem Unrecht rüttelt, bewahrt es lieber ein lahmes Pferd vor dem Schlachthof.

Wer lügt, der stiehlt

Hat der demagogisch Talentierte zufällig keine Antwort parat, die ihm die Richtigkeit seiner Behauptungen attestieren kann, beruft er sich gern auf vorhandene oder selbsterdachte Spruchweisheit. Die vorhandene findet er in sogenannten »Zitatenschätzen«, während der Hochblüte des Bildungsbürgertums zusammengetragen von Georg Büchmann (1864), Franz Freiherr von Lipperheide (1906) und Richard Zoozmann (1910). Ihre wohldosierte und geschickt plazierte Anwendung kann ihm, wo er dessen bedarf, den Anschein von literarischer Bildung verleihen.

Vor schlichtem Volk jedoch genügen jene Verallgemeinerungen, die man bei Menschen aller Bildungsgrade als bekannt voraussetzen darf. Der Leitsatz »Wer lügt, der stiehlt« gehört zum eisernen Vorurteils-Bestand jeder Masse; seine Weiterung: »Wer lügt, stiehlt und dazu noch besser aussieht als seine tortenvertilgenden Altersgenossinnen, ist auch der Anstiftung zum Doppelmord fähig«, schwebte unausgesprochen über dem Vera-Brühne-Prozeß. Die Behauptung »Wer wagt, gewinnt« füllt in aller Welt die Spiel-Casinos. »Wer schreit, ist im Unrecht«, sagen die, deren Infamie über dezentere Mittel verfügt. »Volkes Stimme ist Gottes Stimme« – falls sie der Masse oder dem Massenverführer nach dem Munde redet. Der Spruch »Ausnahmen *bestätigen* die Regel« (statt: Es gibt kaum eine Regel ohne Ausnahme) kann unter günstigen Umständen Beweiskraft vortäuschen.

Auch die erfundene Spruchweisheit ist häufig nach dem Muster der demagogischen Alternative gestaltet. »Wer nicht aufsteigt, geht unter«, formulierte William S. Schlamm eine Sentenz, die für anzeigenabhängige Journale zutrifft, jedoch den mangelnden Angriffsgeist der NATO brandmarken sollte. »Wer aussperrt, sperrt auch ein«, stand am 1. Mai 1976 auf einem Spruchband. Effektvoller freilich sind Sprichwortschöpfungen, die dichterischem Walten entspringen oder zu entspringen scheinen; besonders wenn sie ein Überraschungsmoment, etwa ein Paradoxon, enthalten.

Um ein demagogisches Paradoxon zu fertigen, bedarf es nicht allzu vieler Musenküsse. Eine These wie »Blei ist das Leichte, das schwer zu heben ist«, wirkt trotz aller Verwunderung, die sie hervorrufen mag, banal. Übertragen wir die Fertigungsmethode aber vom Materiellen auf das Spirituelle und sagen: »Dummheit ist die Intelligenz, die sich nicht erkennen läßt«, blitzt bereits Philosophenlächeln auf, deutet sich möglicher Tiefsinn an. Begeben wir uns noch eine Stufe höher, auf das Niveau einer vielbeachteten Ideologie, schon wird aus der überraschenden Banalität die verblüffend profunde Weisheit: »Der Kommunismus ist das Einfache, das schwer zu machen ist« (Bertolt Brecht).

Höchste demagogische Dichtkunst ist es, einer Volksmasse, die sich in auswegloser Lage befindet, den Trost zu spenden: »Die Stunde vor Sonnenaufgang ist stets die dunkelste« – wo doch viele, die den Zuspruch empfangen, schon ein Morgengrauen erlebt haben – oder aller Erfahrung trotzend zu reimen: »Eine erkannte Gefahr ist eine gebannte Gefahr« (J. Goebbels). Ja selbst ein so simpler Slogan wie »Gemeinnutz geht vor Eigennutz« will erklü-

gelt sein. Hitlers Propagandaminister erfinderstolz im Freundeskreis: »Jeder kann sich dabei alles denken, keiner ihm widersprechen, und niemand hat eine konkrete Forderung, ein reales Versprechen in der Hand.«
Bevor wir das Thema »Berufungs-Autoritäten« verlassen, möchten wir bewundernd einer Institution gedenken, die es Tag für Tag fertigbringt, Behauptungen aufzustellen, ohne zum Beweis, daß sie stimmen, auch nur ein Fünkchen Volksweisheit aufzubieten, ganz zu schweigen von klangvollen Namen, Rängen, Würden und anderen Insignien der Glaubhaftigkeit. Wir meinen die demagogische Presse. Will sie zugunsten der Regierung dartun, daß die Opposition eine Horde von Landesverrätern ist, leitet sie Berichte, die solchen Übelstand zu bestätigen scheinen, mit der Floskel ein: »Wie aus gut unterrichteten Kreisen verlautet. . .« Will sie der gewählten Obrigkeit am Zeug flicken, enden ihre Schreckens-Rapporte mit einem kommentierenden »Beobachter meinen. . .« *Wer* da so scharf beobachtet oder sich so gut unterrichtet hat, fällt unter das »Redaktionsgeheimnis«, ein Standesprivileg, das sich, verglichen mit der Schweigepflicht der Ärzte und Rechtsanwälte, durch besonders hohe Elastizität auszeichnet.

Die falsche Barbara

Zu den klassischen Mitteln der Demagogie gehören, außer den bereits behandelten, noch folgende Spielarten der Lüge: die direkte Verleumdung, in ihrer rüdesten Gestalt auch »Hetze« genannt, ferner die indirekte (assoziative) Verleumdung und die böswillige Unterstellung (Diffamierung). Wir werden diese Mittel und ihre Anwendungstechniken behandeln; zuvor aber wollen wir das Urprinzip aller Massenverführungskünste kennenlernen. Wir nennen es die »demagogische Logik«.

Wie zu Le Bons Zeiten als Gegensatz zur klaren und schnurgeraden Denkweise des Mannes eine wolkige und verquere »Frauenlogik« angenommen wurde – was wohl einer der Gründe war, weshalb das »andersdenkende« Wesen Masse den Psychologen alter Schule für »weibisch« galt –, so gibt es unverkennbar ein massenspezifisches Denken, das vom individuellen abweicht und jedem Vollblutdemagogen instinktiv vertraut ist. Es gründet wie alle traditionell abendländische Logik zunächst auf der Lehre des Aristoteles vom »kategorischen Subsumtionsschluß«, auch »Syllogismus« genannt, der in seiner einfachsten Form auf den Namen Barbara hört. Eine Schlußfolgerung nach dem »Modus Barbara« sieht so aus:

Erste Prämisse oder »Obersatz«: »Alle Lebewesen sind sterblich.« Zweite Prämisse oder »Untersatz«: »Alle Menschen sind Lebewesen.« Fazit: »Alle Menschen sind sterblich.«

Wir erkennen: Im aristotelischen Syllogismus geht der Verstand von etwas Bekanntem aus (»alle Lebewesen sind sterblich«), gelangt zu etwas gleichfalls Bekanntem (»alle Menschen sind Lebewesen«) und landet schließlich bei etwas, rein logisch betrachtet, Unbekanntem (»alle Menschen sind sterblich«). Jede Schlußfolgerung setzt also zwei voneinander unabhängige Gegebenheiten (Prämissen) voraus, die, um miteinander in Verbindung gebracht werden zu können, einen sogenannten *Mittelbegriff* gemeinsam haben müssen.

Ein anderes Beispiel: a) Der Weise ist glücklich (1. Prämisse); b) Sokrates war ein Weiser (2. Prämisse); c) Sokrates war glücklich. Mittelbegriff ist »der Weise«.

Hier wird bereits die Fragwürdigkeit solcher Schlüsse deutlich, denn weder wissen wir absolut sicher, ob Weisheit unter allen Umständen (z. B. im Rollstuhl) glücklich macht, noch ob Sokrates, den wir ja nur aus den Beschreibungen Platons und Xenophons kennen, tatsächlich ein Weiser war. Selbst wenn wir dies annehmen wollten und zudem für gewiß halten dürften, daß Weisheit und Glück einander bedingende Werte seien, wäre es doch möglich, daß der weise Sokrates nicht 24 Stunden am Tag glücklich gewesen ist, sondern zuweilen, etwa in Gegenwart seiner als zänkisch verschrieenen Frau Xanthippe, wunschloser Seligkeit ermangelte.
Eine Schlußfolgerung, die unbeabsichtigt von falschen oder zweifelhaften Prämissen ausgeht und dadurch zu falschen oder zweifelhaften Ergebnissen führt, heißt »Fehlschluß«; sind Ober- und Untersatz absichtlich falsch, handelt es sich um einen »Trugschluß«; werden, zumal in der Rhetorik, bei längeren Schlußreihen einzelne Prämissen weggelassen, weil sie den Zuhörern selbstverständlich erscheinen, entsteht der verkürzte Syllogismus oder das »Enthymen«. Beispiel: a) Alle Lebewesen brauchen Nahrung; b) alle Menschen sind Lebewesen; c) alle Menschen brauchen Nahrung. Das Enthymen lautet dann: Alle Lebewesen brauchen Nahrung, folglich brauchen alle Menschen Nahrung.
Die demagogische Logik unterscheidet sich von der aristotelischen durch folgende Merkmale:

1. *Ihre Prämissen sind meist richtig, ihre Schlüsse dennoch meist Trugschlüsse.*

Schema: a) Der Papst ist gegen Einbruchsdiebstahl (1. richtige Prämisse).
b) Der Dalai Lama ist gegen Einbruchsdiebstahl (2. richtige Prämisse).

Trugschluß je nach demagogischer Erfordernis: Der Papst ist Lamaist, oder: der Dalai Lama ist katholisch.
Hier heißt der Mittelbegriff »Einbruchsdiebstahl«, und der Demagogen-Trick besteht darin, die selbstverständliche Ablehnung dieser Straftat als Charakteristikum beider geistlicher Obrigkeiten hinzustellen und daraus abzuleiten, daß sie noch andere, vielleicht alle kennzeichnenden Eigenschaften gemeinsam haben.
Wie schwer manchmal, besonders in der Politik, absichtlicher Trugschluß und versehentlicher Fehlschluß zu trennen sind, sehen wir an einem historischen Beispiel:
Als gegen Ende des 18. Jahrhunderts in England Blitzschutzanlagen installiert werden sollten, wollte König Georg II. bei Strafe die Einführung von *runden* Blitzableitern befehlen, obwohl der Erfinder dieser Schutzvorrichtung, Benjamin Franklin, ausdrücklich *spitze* angeraten hatte. Warum? Franklin war Mitunterzeichner der amerikanischen Unabhängigkeitserklärung von 1776, also aus legitimistischer Sicht ein Landesverräter. Daraus ergab sich folgender Syllogismus:
a) Benjamin Franklin war für spitze Blitzableiter.
b) Benjamin Franklin war ein Landesverräter.
Schluß: Wer auf seinem Dach einen spitzen Blitzableiter anbringen läßt, ist ein Landesverräter.
Zum Glück für das britische Brandversicherungswesen muß sich dann doch jemand gefunden haben, der die königliche Logik in weniger rigorose Bahnen lenkte.
2. *Demagogische Schlüsse werden in umgekehrter Richtung gezogen.*
Das heißt: Weil der Demagoge nicht aus denksportlichen Gründen, vielmehr in einer bestimmten Absicht schlußfolgert, ist ihm das Resultat seiner Folgerung im vorhinein

bekannt. Er braucht nur noch dafür zu sorgen, daß Ober- und Untersatz das beabsichtigte Fazit rechtfertigen.

Schema: Soll der Trugschluß lauten »Der Lehramtskandidat Linkmann ist Kommunist, infolgedessen für den Öffentlichen Dienst ungeeignet«, bietet sich ein Syllogismus wie dieser an:

a) Linkmann hat an einem Protestmarsch teilgenommen, der den Abbruch eines Baudenkmals verhindern sollte (1. richtige Prämisse).

b) Angehörige einer kommunistischen Splittergruppe haben mitprotestiert (2. richtige Prämisse).

Da die Masse, wenn es um Übelstände geht, am liebsten »von allein dahinterkommt«, bleibt die Folgerung »Linkmann ist Kommunist« am besten unausgesprochen. Hat der Demagoge beide Prämissen im geeigneten Tonfall vorgebracht, werden seine Zuhörer den Trugschluß mit Freuden selber ziehen und für das Aha-Erlebnis dankbar sein.

3. *Demagogische Schlüsse können auch auf falschen Prämissen beruhen.*

Schema: a) Neger sind sexuell aktiver als Weiße (1. falsche Prämisse).

b) Sexuelle Aktivität wird besonders von Frauen mit heller Hautfarbe geschätzt (2. falsche Prämisse).

Trugschluß: Wenn weiße Männer Neger lynchen, handeln sie in Notwehr.

4. *Die Prämissen eines demagogischen Trugschlusses können teils falsch und teils richtig sein.*

Dies kommt vor allem in Schluß-*Reihen* zum Ausdruck, die in der Regel um so länger ausfallen, je folgenschwerer die Schlüsse sind, die gezogen werden sollen.

Schema: a) Der Mensch hat das Recht auf Leben und körperliche Unversehrtheit (richtig).

b) Der Mensch ist ein vernunftbegabtes Wesen (richtig).
c) Unsere Gesellschaftsordnung ist die einzig vernünftige (falsch).
d) Wer sich gegen diese Ordnung stellt, kann somit nicht vernünftig sein (falsch).
e) Das Individuum X stellt sich dagegen, also ist es kein vernunftbegabtes Wesen (falsch).
f) Das Individuum X ist kein Mensch (falsch).
g) Das Individuum X hat folglich *kein* Recht auf Leben und körperliche Unversehrtheit (falsch).

Trugschluß: Das Individuum X darf sowohl getötet als auch gefoltert werden.

Verhält sich das Wesen Masse in einer bestimmten Frage indifferent oder nimmt eine Haltung ein, die den Plänen des Demagogen zuwiderläuft, macht er ihr dies nicht zum Vorwurf, sondern tut zunächst einmal so, als ob ihr Verhalten richtig, zumindest verständlich sei. Verfolgt er beispielsweise die Absicht, einen kleinen, bislang nicht diskriminierten Bevölkerungsteil zum Sündenbock zu stempeln – nennen wir ihn zum Unterschied zur längsköpfigen Mehrheit die »Querköpfe« –, dürfte seine Schlußreihe ungefähr so verlaufen:

a) Querköpfe sind Menschen wie wir alle (richtig).
b) Sie haben eine andere Kopfform als die meisten von uns (richtig).
c) Das macht sie häßlich (falsch).
d) In der Natur dient alles einem Zweck (falsch).
e) Also dienen auch quere Köpfe einem Zweck (falsch).
f) Was häßlich ist, kann nur einem häßlichen Zweck dienen (falsch).
g) In unserem Land geschieht vieles, was uns nicht gefällt (richtig).

h) Auch anderswo geschehen häßliche Dinge (richtig).
i) Häßliche Dinge haben häßliche Ursachen (falsch).
Trugschluß: An allem Häßlichen, was auf der Welt geschieht, sind die Querköpfe schuld.
Da die Minderheit der Querköpfe in Wahrheit das gleiche Verhalten zeigt wie die längsköpfige Mehrheit, kann es nicht ausbleiben, daß der eine oder andere Längskopf Erfahrungen macht, die dem Bild vom häßlichen Querkopf widersprechen. Liegen solche Erfahrungen bereits vor, suggeriert der Demagoge den Verunsicherten eine Schluß-Reihe wie diese:
a) Querköpfe sind häßlich und treiben häßliche Dinge.
b) Auch der Mitbürger Quengelmeier ist ein Querkopf.
c) Er hat niemandem Anlaß gegeben zu glauben, er tue Unschönes.
d) Quengelmeier ist demnach kein »richtiger« Querkopf.
e) Seine Schädelform weist ihn aber als solchen aus.
f) Er geht bei all dem Häßlichen, was ein Querkopf notwendigerweise tut, so geschickt vor, daß man ihm nichts nachweisen kann.
Daraus folgt: Quengelmeier ist ein besonders gefährlicher Querkopf.

Beim demagogischen Enthymen, der verkürzten Schlußkette, geht die Einsparung von Zwischengliedern wesentlich weiter als beim aristotelischen. Wollte ein Demagoge etwa den logischen Beweis erbringen, er habe das »Zweite Gesicht«, sähe seine Folgerungsreihe ungekürzt so aus:
a) Ich habe in zwei Fällen vorausgesagt, wie sich bestimmte Dinge entwickeln werden, und habe beide Male recht gehabt.

b) Voraussagen treffen entweder ein, oder sie treffen nicht ein. Die Chance, daß sie eintreffen, beträgt mithin 50 Prozent.
c) Verglichen mit dem üblichen Zinssatz der Banken und Sparkassen sind 50 Prozent eine stattliche Größe.
d) Ich habe zweimal recht gehabt, also beträgt meine Trefferquote 100 Prozent.
e) Ich bin ein Prophet.

Folgerung: Da ich ein Prophet bin, werde ich auch in Zukunft recht behalten.

Die demagogische Verkürzung lautet: »Ich habe recht gehabt, und ich werde auch in Zulunft recht behalten!« (Adolf Hitler am 20. Mai 1937).

Die Gefährlichkeit solcher Pseudologik liegt darin, daß irrationale Schlußketten im ganzen oder streckenweise vernünftig erscheinen, solange man ihre falschen Prämissen nicht antastet. Steht ein Grundirrtum erst einmal unter Denkmalschutz oder gar im Rang eines Dogmas, hält das Wesen Masse jede noch so monströse Folgerung daraus für statthaft und schlüssig.

Die Kunst des Weglassens

Wenn wir, wie der »Große Brockhaus«, unter *Kunst* allgemein »jedes zur Meisterschaft entwickelte Können« verstehen, so zählt die Massenbeeinflussung unbestreitbar zu den Künsten; nicht zuletzt deshalb, weil für ihr Zustandekommen die beiden klassischen Kunstgriffe »Wiederholung« und »Vereinfachung« erforderlich sind. Über die Notwendigkeit, das, was sich einprägen soll, immer wieder zu sagen, haben wir bereits gesprochen. Mindestens ebenso wichtig ist für den Volksverführer die Fertigkeit,

Verwirrendes evident zu machen, aus einer Fülle von Fakten und Aspekten die richtige, d. h. seinem Vorhaben dienliche Auswahl zu treffen.
Jeder, der sich anderen mitteilen will, muß weglassen. Auch der Nicht-Demagoge. Wer über ein Erdbeben berichtet, kann nicht sämtliche Dachziegel aufzählen, die dabei zerbrochen, oder die Namen aller nennen, die mit dem Schrecken davongekommen sind. Wer Geschichte lehrt, hat nicht Zeit, auch jener Jahre zu gedenken, die ohne besondere Vorkommnisse verliefen. Doch hier, beim Lehren, beginnt schon, ob bewußt oder unbewußt, das Manipulieren.
Über Napoleon Bonaparte nichts weiter zu sagen, als daß er auf Korsika geboren und auf St. Helena gestorben ist, wäre Wahrheit und zugleich Fälschung, denn es hieße das Wesentliche über ihn verschweigen. Was aber ist an Napoleon das Wesentliche? Daß er Armeen verbluten ließ, das französische Zivilrecht reformierte, den europäischen Nationalismus auslöste?
Die Weltgeschichte ähnelt einem Familienalbum: Nicht alles Wichtige ist überliefert und nicht alles Überlieferte wichtig, weshalb kausale Zusammenhänge sich nicht erforschen, sondern bestenfalls erahnen lassen. Geschieht dieses Erahnen im Bannkreis einer Religion oder Ideologie, wird daraus bald ein Erraten und schließlich ein Erdichten. Wer die Kunst des Weglassens beherrscht, für den ist es ein Kinderspiel, das Christentum wahlweise als ewig verfolgte Unschuld oder als nie verglimmenden Scheiterhaufen darzustellen, im Kapitalismus das Wirken gütiger Patriarchen oder eine Blutsaugerbrutstätte zu sehen und den Sozialismus als das Heil der Welt oder als eine Verschwörung sowjetischer Generalstäbler zu deuten.

Gäbe es keine Lehrpläne, könnte, wer seinen Schülern eine bestimmte Meinung oktroyieren wollte, den Wissensstoff so geschickt auswählen, daß diese Meinung als die einzig vernünftige erschiene. Die Lernenden würden sie unbedenklich teilen, da sie ja glauben müßten, sich frei, das heißt aufgrund erschöpfender Informationen, ein Urteil gebildet zu haben. Dieses »Schulbeispiel«, in totalitären Staaten gespiegelte Wirklichkeit, gilt in Demokratien nicht für den didaktischen, wohl aber für einen anderen Informationsbereich: die Presse.

Wer aus Überzeugung oder Tradition politisch festgelegt ist, liest in der Regel nur Zeitungen, die diese Politik unterstützen. Da auch Druckerzeugnisse, mit Ausnahme von Telefon- und Adressbüchern, nur selektiv informieren können, also das »Unwichtige« weglassen müssen, sind parteiorientierte oder »nahestehende« Blätter eher geneigt, die dümmste Verlautbarung aus dem eigenen Lager zu veröffentlichen, als stichhaltigen Argumenten der Gegenseite Aufmerksamkeit zu verschaffen. Selbst zu neutraler Haltung verpflichtete Informationsmedien wie Rundfunk und Fernsehen sind bei der Unterscheidung zwischen erwähnenswerten und belanglosen Neuigkeiten auf Menschen angewiesen, die eine Meinung, folglich den Hang haben, diese Meinung für richtig zu halten, folglich dafür sorgen, daß nichts von dem ungesendet bleibt, was die Richtigkeit ihrer Meinung bestätigen könnte. Allerdings gründet solche Einseitigkeit selten auf unlauterer Absicht. Wer eine parteiische Auswahl trifft, macht sich nicht nur glauben, daß er strengste Objektivität walten lasse, er ist sogar überzeugt, seine aussparende Version des Zeitgeschehens sei dessen komplette Wiedergabe; wie ja auch in manchem sonst akribisch aufgezeichneten Lebenslauf die

Lücke zwischen 1933 und 1945 nicht willkürlich, sondern durch unbewußte Verdrängung entstanden ist.

Die demagogische, also absichtliche Vereinfachung komplizierter Zusammenhänge, mag sie sich durch Selektion, Verallgemeinerung oder sonstwie äußern, spekuliert auf die bekannten Vorurteile, Ängste und Wesenszüge der psychologischen Masse. Dies ist am deutlichsten an der Boulevardpresse erkennbar, die mit denselben Waffen, mit denen sie ihren täglichen Existenzkampf austrägt, auch die Ziele derer verficht, bei denen sie, getarnt mit dem Qualitätssiegel »unabhängig«, im Sold steht.

Ihre beiden wichtigsten Kampfmittel heißen »Personifikation« und »Verkürzung«. Personifikation nennen wir das Bestreben, jedes die Masse interessierende Vorkommnis, und sei es Hagelschlag oder Sturmflut, mit einer Person in Verbindung zu bringen, der man es in die Schuhe schieben oder, falls es erfreulich ist, zugute halten kann. Unter Verkürzung, auch »Kahlschlag zur Pointe hin«, verstehen wir die Kunst, alle der Redaktion bekannten Einzelheiten eines Geschehens zum »talking point«, dem Springenden Punkt, zu verdichten, einer Kürzest-Fassung, welche sich nochmals, nämlich auf eine Schlagzeile reduzieren läßt.

Die Schlagzeile, deren Buchstaben zehn, ja manchmal noch mehr Zentimeter hoch sein können, ist absatzfördernder Blickfang und zugleich manipulierte Wirklichkeit, weil sie aus einer Unmenge von Tagesereignissen ein bestimmtes hervorhebt und gebieterisch für das absolut wichtigste erklärt. Steht eine Hiobsbotschaft wie »Vollbesetzter Schulbus stürzt in Abgrund« klein auf der sechsten Seite, wird der Boulevardblattleser sie nur flüchtig streifen und rasch vergessen, denn er ist es gewöhnt, daß andere für ihn vorentscheiden, was mehr oder weniger schrecklich,

angenehm oder bedeutsam ist. Sieht er dieselbe Meldung in Riesenlettern auf der Titelseite, womöglich noch mit Balken und Ausrufungszeichen, schon überkommt ihn das Jagdfieber, und er fahndet instinktiv nach einem »Schuldigen«.
Je kürzer (und höher) eine Zeile, desto größer der Effekt. Ein groß aufgemachtes SO NICHT, HERR MÜLLER! kann alle latent vorhandene Unzufriedenheit auf einen Mann dieses Namens konzentrieren, ein PFUI TEUFEL! den friedfertigsten Exhibitionisten zum »Unhold« stempeln. Da Emotionen sich um so schwerer artikulieren lassen, je heftiger sie sind, genügt es oft schon, wenn die Schlagzeile, etwa als Kurzkommentar zum Ergebnis einer Massensportveranstaltung, aus einem schlichten HURRA! oder AUAH! besteht.
Außer in den Überschriften, kann die vereinfachende Auswahl auch im Text vorgenommen werden; entweder indem man Vorfälle, bei denen der politische Gegner gut abgeschnitten hat, verheimlicht oder, wenn dies zu auffällig wäre, den Politiker, den man bevorzugt, präzise und in direkter Rede zu Worte kommen läßt, gegnerische Äußerungen jedoch möglichst verschwommen und in indirekter Rede wiedergibt. Die indirekte Redeform kann in manchen Fällen durch ein wertendes Adjektiv ersetzt werden. Zum Beispiel: »Auf eine lahme Erklärung des Regierungssprechers (Sprechers der Opposition) entgegnete der Sprecher der Opposition (Regierungssprecher). . .« – es folgt das ausführliche Zitat des Favoriten.
Man selbst, der Chefredakteur oder Verleger eines nach demagogischen Grundsätzen geleiteten Presseorgans, ist, wenn einem nachgewiesen werden kann, man habe Unwahres verbreitet, ein Opfer skrupelloser Falschinforman-

ten, äußerstenfalls eine Bestätigung der Regel »Irren ist menschlich«; der, den man angreift, kann sich weder auf Treu und Glauben, noch auf Unkenntnis hinausreden. Von ihm erwartet man Allwissenheit. »Herrn Ypsilonzett dürfte sehr wohl bekannt gewesen sein...«

Ein beliebter Trick ist es auch, bei der Schilderung politischer Auseinandersetzungen zu verschweigen, wer den Schlagabtausch weshalb und mit welchen Mitteln begonnen hat, dafür aber die Verteidigungs- oder Vergeltungsaktion des Angegriffenen, falls dieser ein designierter »Feind« ist, als Symptome krankhafter Gewalttätigkeit darzustellen.

Nach dem Verständnis der Boulevardblätter und ähnlich demagogieanfälliger Druckerzeugnisse ist deren Leserschaft nicht eine durch die Zugkraft der täglichen Schlagzeile bestimmte Anzahl von Zeitungskäufern. Es ist »das Volk«, das diese auflagestarken Produkte auf geheimnisvolle Weise zu seinen Sprachrohren erwählt hat. »Vorwärts mit dem Volk!« heißt denn auch folgerichtig der Wahlspruch des englischen »Daily Mirror«.

Zum Beweis, daß man das Wohlergehen der Nation gepachtet und immerfort im Auge hat, dienen die Leserbriefspalten. Im Vergleich zu Meinungsäußerungen, die in aller Öffentlichkeit getan wurden und daher nicht beliebig zu verändern sind, bieten Briefe an Zeitungen und Zeitschriften außer unbegrenzter Manipulierbarkeit noch andere, unschätzbare Vorteile: Man kann sie von Redakteuren schreiben lassen, bei Freunden oder Gesinnungsgenossen bestellen, und man kann die Zuschriften, die man tatsächlich bekommt, so selektieren, daß sich bei der Gegenüberstellung von Pro und Kontra das gewünschte Verhältnis ergibt. Ist die Meinung der Redaktion bzw. des Zeitungsverlegers gar zu grobschlächtig, kann man sie unschuldsvoll hinter dem Unmut eines Briefschreibers verstecken und etwa die Teilnahme westdeutscher Aussteller an der Leipziger Messe mit den eingesandten Worten geißeln: »Was die 380 Firmen tun, ist Landesverrat. Geschäft bleibt Geschäft. Und ein Schwein bleibt ein Schwein, auch wenn es sauber gewaschen ist«. So am 6.9.1961 die »Bildzeitung«, nach Hans Habes, des heutigen Springer-Kolumnisten Meinungs-Stand von 1965 »nicht ein Organ der Sensation, sondern der Demagogie«.

Sogar Balkenüberschriften lassen sich durch Leserbriefe rechtfertigen. Hat ein Verleger beispielsweise die Absicht, dem bestehenden öffentlich-rechtlichen Fernsehen ein privates zur Seite zu stellen, kann sein Chefredakteur die allzeit schwelende Verdrossenheit über das »schlechte Programm« zu der Schlagzeile DEUTSCHE SIND FERNSEHMÜDE komprimieren (»Bildzeitung« vom 23.9.63), wenn nur in der Briefspalte genügend Schmähungen wie »Der größte Käse!« oder Anregungen wie »Man müßte das Fernsehen wegen Betrugs verklagen« untergebracht sind.

Ein Massenblatt sollte – so Hitler in einem Tischgespräch – nicht nur »leicht zu lesen« sein und »einen Roman bringen, damit die Dirndel auch etwas davon haben«, es hat vor allem *»viel Bildwerk«* zu enthalten. Damit wären wir dort angelangt, wo die Kunst des Weglassens ihren erhabensten Ausdruck findet: im analphabetischen Bereich.

Bilder, von den Höhlenmalereien der Steinzeit bis zum modernen Fernseh-Feature, haben verglichen mit anderen Dokumentationsmedien die größte Beweiskraft, denn was man mit »eigenen Augen« sieht, erscheint einem glaubwürdiger als alles, was gesagt wird oder geschrieben steht.

Schon vor der Erfindung von Foto- und Kinematografie war die informative Abbildung nicht nur Zierde, sondern diente, außer bei offenkundigen Fiktionen, als Zeichen dafür, daß man dem, was einem mitgeteilt wurde, vertrauen durfte. Kein Bänkelgesang ohne Bildtafel, kein ideologischer »Ismus« ohne minuziös illustrierenden Realismus, kaum ein religiöses Dogma ohne sakrale Kunst.
In einem so betont visuellen Zeitalter wie dem unseren, in dem nichts vorfällt, ohne daß sich gleich ein Fotografenschwarm darauf niederläßt, hat die Demagogie kein leichtes Spiel; denn wo Augenschein Trumpf ist, muß Täuschung passen – sollte man meinen. Doch zum Glück für die Gilde der Verdummer kann das Kamera-Objektiv die gesamte Wirklichkeit so wenig erfassen wie vordem das Malerauge. Die feinstgeschliffene Linse kann immer nur Ausschnitte zeigen, muß also Nebensächliches, oft sogar Wichtiges weglassen.
Zunächst hat das nichts mit parteiischer Selektion zu tun. Bei Fernsehübertragungen von Fußball-Länderspielen sehen wir notgedrungen nichts weiter als den Ball und was um ihn herum vor sich geht, und um dieses Teilgeschehen kontinuierlich zu verfolgen, braucht ein Kameramann schon einiges Reaktionsvermögen. Geschieht irgendwo auf dem Spielfeld ein Foul oder gar eine Prügelei, erkennen wir dies nur an der Reaktion des Tribünenpublikums oder erfahren es vom Kommentator. Derlei Informationslükken nehmen wir als unvermeidlich hin, weil uns einleuchtet, daß Fernsehkameras nicht »auf Verdacht« umheräugen können. Ist der Kameramann oder der Bildregisseur jedoch ein Patriot, für den in seinem Heimatstadion nicht sein kann, was nicht sein darf, und bleibt er, statt auf die Rüpelszene zu schwenken, auch dann noch am Ball, wenn

das Spiel unterbrochen wurde, muß er sich von uns den Vorwurf der Manipulation gefallen lassen.
In diesem unscharf abgegrenzten Niemandsland zwischen bewußter und absichtsloser Täuschung agiert auch die bebilderte Presse.
Hat sie ein interessantes Vorkommnis nach allen Regeln des Metiers personifiziert, war aber nicht in der Lage, die betreffende Person zu fotografieren, muß sie ein Bild von ihr aus dem Archiv holen bzw. bei einer Agentur bestellen. Angenommen, es gibt von dieser Person nur einen Amateur-Schnappschuß, der sie, etwa aus familiärem Anlaß, im Kreise fröhlicher Zecher darstellt, und es wird ihr zur Last gelegt, fahrlässig eine Katastrophe mit Hunderten von Toten verschuldet zu haben, »muß« die Redaktion dieses einzige Bild – ohne Zechkumpane, versteht sich – zwischen dem Text plazieren, der das Unglück in allen grausigen Details schildert. War die abgebildete Person Fahrdienstleiter, Jumbo-Jet-Pilot oder Brückenbau-Ingenieur, wird der durch die Schilderung aufgerüttelte Leser entweder die Ursache des schuldhaften Versagens zu erkennen glauben (»Der Kerl war besoffen«), oder er wird des Beschuldigten Gemütslage zu der Zeit, als das Foto entstand, für die gegenwärtige halten (»Das Schwein lacht auch noch!«). Schlimmstenfalls tut er beides.
Nicht immer, zumindest nicht auf dem Tummelfeld des demagogischen Journalismus, geschieht solche Irreführung des Lesers aus Mangel an Bildmaterial. Einen der Korruption verdächtigten Amtsträger der gegnerischen Seite zeigt man vorzugsweise mit jenem Lächeln, das ihm anläßlich einer karnevalistischen Ordensverleihung auf die Lippen trat; einen, dem man eine politische Niederlage vorhalten oder andichten will, mit der Miene, die er bei ei-

ner Kranzniederlegung zur Schau getragen hat. Und nicht immer sind es nur fröhliche Zecher, die der Redakteurs-Schere zum Opfer fallen. Soll eine Ablichtung zur Erhärtung einer Denunziation dienen, etwa den SPD-Fraktionsführer Herbert Wehner beim verschwörerischen Zwiegespräch mit dem SED-Oberen Erich Honecker ertappen, braucht man, wie 1973 geschehen, nur den störenden FDP-Fraktionschef Wolfgang Mischnick wegzuschneiden, und schon ist die gewünschte Assoziation »Kommunisten unter sich« hergestellt.

Mit ähnlichen Bildern arbeiten auch die Meister des bewegten Bildes, sei es bei der Fertigung bis zum Messerwetzen engagierter Fernseh-Magazine oder sogenannter »Wahlspots«, die dem noch zaudernden Stimmberechtigten beratend an die Hand gehen wollen.

Vor Jahren erlaubte sich der Fernsehreporter Jürgen Neven du Mont einen pädagogischen Scherz. In einem Filmbericht über ehemals deutsche Ostgebiete zeigte er einleitend auf, wie kraß doch der Unterschied zwischen den hiesigen und den dortigen Zuständen sei. Hier, in der Bundesrepublik: fachkundig bestelltes Ackerland, gepflegte Grünanlagen, blitzblanke Häuser, lachende, sauber gewaschene Kinder; das Ganze untermalt mit unverkennbar germanischem Liedgut. Dort, jenseits von Oder und Neiße: Dreck, Rost, Gerümpel, brach liegende Felder, graue Hinterhofkümmernis, kurz »polnische Wirtschaft«. Dazu triste, hörbar slawische Moll-Töne. Kaum aber hatten die Fernsehzuschauer all dies mit eigenen Augen gesehen und das seinerzeit übliche »Da sieht man's!« gedacht, mußten sie vom Kommentator erfahren: Das Elends-Tableau war im Raume Köln, die Heile-Welt-Idylle in der Volksrepublik Polen gedreht worden.

Die Möglichkeit, Geschehnisse und Zustände in selbstgewählten Ausschnitten zu zeigen und mit Musik und Sprache anzureichern, macht die Bild-Dokumentation, besonders die gefilmte, zum Propaganda-Instrument par excellence. »Mit der Ausschöpfung aller filmtechnischen Mittel ist es möglich, den Adressaten zu emotionalisieren«, heißt es in einer Werbe-Anleitung für den Bundestagswahlkampf von 1976. »Die Dokumentation von Mißständen muß visuell offensiv und emotionalisierend sein, die Diktion des unterlegten Kommentars hingegen sachlich (vertrauenerweckend), knapp (einprägsam) und einfach . . . In der Präsentation der Sprache muß ein Gefühl der Gemeinsamkeit vermittelt werden. In den Spots müssen bevorzugt affektive Momente als Bezugspunkte angeboten werden. . .« Dazu: »Musik zur Verstärkung affektiver Momente.«

Der Werbekurzfilm, der aus dieser Anleitung Nutzen zog, sah dann so aus: Zunächst Parademarschblöcke samt schwerem Kriegsgerät, unverkennbar osteuropäischer Provenienz, danach, auf das friedsamste kontrastierend, westliche Charter-Jets, offene Schlagbäume, einladend lächelnde Zöllner, dazu akustische Gesinnungsdokumente. »Wenn ich an die DDR denke, dann finde ich es schonphantastisch, daß wir überall hinfahren können«, frohlockte ein Bekenner. »Freizügigkeit ist ja nicht selbstverständlich«, hakte ein zweiter nach und forderte »wieder eine vernünftige Außenpolitik, damit sie nicht verlorengeht.« Auch hier wieder das altehrwürdige Warnsignal: »Die Kosaken kommen!«

Als Großmeister in der Kunst des Weglassens haben sich während des »Sechstagekriegs« von 1967 die israelischen Werbefachleute erwiesen. Da wurde nach den ersten Vorstößen im Sinai-Gebiet eine Meldung um den Globus geschickt, wonach ägyptische Soldaten dort ihre Stiefel weggeworfen hätten, nur damit sie schneller vor Mosche Dajans Truppen fliehen konnten. Zu dieser Meldung wurde ein Foto mitgeliefert, auf dem der Vorgang festgehalten war. Und siehe, in aller westlichen Welt krümmten sich Fernsehzuschauer und Zeitungsleser vor Lachen über dieses Kameltreibervölkchen, das nicht einmal Schuhe tragen kann, also nachweislich der Kultur und somit der Achtbarkeit ermangelt.

Hätten die Betrachter dieses Fotos gewußt oder sich vergegenwärtigt, daß nahöstlicher Wüstensand an einem Junitag nicht unbedingt zum Barfußlaufen animiert, vielmehr heiß genug ist, um darin Eier hart zu kochen, wären sie wohl etwas weniger vergnügt gewesen. Vollends erstorben wäre ihr Gelächter, wenn sie auch die abgeschnittene Bildhälfte zu sehen bekommen hätten. Denn die Originalaufnahme zeigte nicht nur Abd-el-Nassers vermeintliche Fußbekleidungs-Muffel, man konnte darauf ebenso deutlich israelische Soldaten erkennen, deren drohend in Anschlag gebrachte Maschinenpistolen das Stiefel-Striptease erklärten.

Das schwere Geschütz

Wie weit ein politischer oder Machtmensch die Kunst des Weglassens auch treibt, eines beachtet er sorgfältig: daß in Rede und Schrift das Schlechte erhalten bleibt; das Schlechte über andere, besser noch Andersgesinnte. Läßt sich Nachteiliges nicht ermitteln, erfindet er es hinzu. Wer sich scheut, den Tatbestand der Verleumdung zu erfüllen oder ihn wenigstens so knapp zu verfehlen, daß die Masse einen nervenkitzelnden Luftzug spürt, wird es niemals zum Vollblutpolitiker, geschweige zum Demagogen bringen.

Verleumdung, Beleidigung, üble Nachrede, böswillige Unterstellung und was sonst geeignet ist, einem Gegner oder dessen Anschauungen zu schaden, sind, wir sagten es schon einmal, nur dann demagogische Kampfmittel, wenn sie mit Vorbedacht angewandt werden. Temperamentsausbrüche oder rhetorische Gegenschläge, von den Getroffenen gern als Demagogie bezeichnet, gehören nicht in diese Rüstkammer. Auf den kleinsten Nenner gebracht: Wenn der siebenjährige Jürgen seiner gleichaltrigen Spielgefährtin Petra laut und spontan ihr geringes geistiges Niveau zum Vorwurf macht, läßt dies auf eine normale kindliche Entwicklung schließen. Schreibt er heimlich an die Wand PETRA IST DOOF!, beweist er damit, daß er das Zeug zu einem tüchtigen Wahlkämpfer hat.

Die primitivste Weise, einen politischen Gegner herabzuwürdigen, ist die unflätige Beschimpfung.

Hitler nannte die Demokraten »zwergenhafte Lederhändler«, »Tröpfe«, »blöde Nichtskönner«, »Schwätzer«, »Strauchdiebe«, »Spießgesellen«, »elende Charaktere«, »Jämmerlinge«, »feige Lumpen«, »Kreaturen«, »Unfähige«, »Nullen«, »Schieber«, »Nichtswisser« und »aufgeblasene Dilettanten«. Goebbels bezeichnete die Sozialdemokratie als »das ekelhafteste und widerwärtigste politische Gebilde, das Gottes Sonne je beschienen hat. SPD, so etwas faßt ein anständiger Mensch doch nur noch mit der Kneifzange an.«

Der französische Schreibwarenhändler Pierre Poujade, dessen »Union zur Verteidigung der Kaufleute und Gewerbetreibenden« 1953 doppelt soviel eingeschriebene

Mitglieder zählte wie die KPF, schalt die Nationalversammlung abwechselnd »Misthaufen« und »Saustall« und belegte den Milchtrinker Mendès-France mit der Injurie »Schnuller-Mendès« (»Mendès-Lolo«), die er so erläuterte: »Unsere Väter haben noch viel mehr gesoffen als wir und doch bei Verdun gesiegt!«

Diese hemdsärmelige Art der politischen Anfeindung findet, die Geschichte lehrt es immer wieder, ihre Liebhaber. Doch wer sein Gesicht als Staatsmann wahren will, verunglimpft würdevoller.

Der ehemals konservative Winston Churchill 1908 als Sprecher der Liberalen: »Die Konservative Partei ist keine Partei, sondern eine Verschwörung. Das ist die große Verschwörung, der die britische Demokratie nunmehr gegenübergestellt ist – ein Versuch, die Bürde den Lohnempfängern und nicht den Einkommenbesitzern aufzuerlegen, ein vernichtender Schlag gegen den Wohlstand, die Freiheit, die Wendigkeit und Expansivkraft der britischen Industrie und eine tödliche Gefahr für die Unverdorbenheit unseres öffentlichen Lebens. . .«

Konrad Adenauer im Wahlkampf von 1957: »Wenn im Herbst – Gott, man muß das auch mal sagen; ich glaube nicht daran – die Sozialdemokratie führend würde, dann, meine Damen und Herren, würde das ganze Ausland sagen: ›Also, das deutsche Volk ist doch nicht zu verwenden!‹«

Beachten wir: Beide, Churchill und Adenauer, wenden den Trick an, ihren Gegner aus der Gemeinschaft der Demokraten (sprich: aller Wohlanständigen) auszuschließen. Der Brite, indem er die notorischen Erhalter des Bestehenden originellerweise in den Geruch des Revoluzzertums bringt, der Deutsche, indem er an das schlechte Gewissen einer Masse appelliert, die, noch im Stadium der »Umerziehung«, aller Welt ihren guten demokratischen Willen beweisen möchte.

Eine besonders staatsmännische Art, des Widersachers Ansehen zu schmälern, ist das Rollenspiel »Ich arme, verfolgte Unschuld«. Hierzu bedarf es einer Vorbedingung, die jedoch im politischen Leben leicht erfüllt wird: Dem Trick-Benutzer muß selbst ein Ungemach widerfahren sein.

»Mögen Sie sich lossagen von diesem Mörder, wie Sie wollen, er hängt sich an Ihre Rockschöße fest!« donnerte Otto von Bismarck 1874 auf die Reichstagsabgeordneten des Zentrums hernieder, nur weil der Böttgergeselle Kullmann, dessen Attentat auf ihn fehlgeschlagen war, bei seiner polizeilichen Vernehmung Sympathien für diese Partei bekundet hatte.

Noch genießerischer kostete Konrad Adenauer 1957 ein Leid aus, welches man ihm im Lande Hessen zugefügt hatte: »Vor wenigen Wochen«, so erzählte er etwa in Hannover den Teilnehmern an einer Wahlkundgebung, »hat in Limburg an der Lahn eine sozialdemokratische Versammlung stattgefunden. Sie wurde geleitet von einem Mitglied der Sozialdemokratischen Partei, das Staatsanwalt und zwar Vertreter des Oberstaatsanwalts beim Landgericht Limburg ist. Und dieser Herr hat über mich derartig gesprochen, daß ein Versammlungsteilnehmer, der nicht Sozialist war, in einem Zwischenruf gesagt hat: ›Wenn das wahr ist, was Sie über diesen Bundeskanzler sagen, dann müßte er erschossen werden.‹ Darauf hat ein *Staatsanwalt*, meine Damen und Herren, erklärt: ›Jawohl, der Bundeskanzler müßte erschossen werden‹ (Pfui-Rufe). . . Dann, meine Damen und Herren, hat er in der sozialdemokratischen Zeitung dort erklärt, er habe sich versprochen... Meine Damen und Herren, ich muß Ihnen gestehen, ich finde es unmöglich für einen Rechtsstaat, daß ein Staatsanwalt derartiges tut, ohne daß dagegen etwas geschieht... Auf welchen Tiefstand, möchte ich jetzt sagen, sind wir gekommen, wenn solche Dinge möglich sind.«

In Wirklichkeit war der Limburger Tiefstand ein wenig anders bewerkstelligt worden. Nicht ein Staatsanwalt, die SPD-Wahlrednerin Helene Wessel hatte über den CDU-Patriarchen Ungutes gesagt. Anschließend hatte jemand aus dem Publikum, ein Kaplan, geäußert: Wenn man aus dem von Frau Wessel Gesagten ein Fazit ziehen wollte, könnte dies nur lauten, Adenauer müsse erschossen werden. Daraufhin erregt der Versammlungsleiter, tatsächlich Staatsanwalt und SPD-Mitlgied: »Wir sind eine demokratische Partei. Daß wir auch eine christliche Partei sind, kann der Herr Kaplan schon daraus entnehmen, daß wir Herrn Adenauer nicht erschießen, obwohl er es vielleicht verdient.«

Bis hierhin erscheint die Diskrepanz zwischen Vorfall und Kanzler-Schilderung vergleichsweise geringfügig. Vom weiteren Verlauf der Ereignisse jedoch wurden die Hannoveraner wie auch die Bewohner anderer auf der Wahlreise-Route gelegener Städte in einer Weise unterrichtet, die zwar ihre Entrüstung, nicht aber den Wahrheitsgehalt der Schilderung steigerte. Adenauer verschwieg ihnen 1), daß besagter Staatsanwalt, erschrocken über seinen Lapsus, sich noch am Versammlungsabend korrigierte, er habe nicht *er*schießen, sondern *ab*schießen gemeint; 2), daß er sich am nächsten Tag schwarz auf weiß entschuldigte; nicht in einer sozialdemokratischen Zeitung, sondern im CDU-nahen »Nassauer Boten«, und 3), daß auch der Ka-

plan als reuiger Verursacher des Zwischenfalls einen Abbitte-Brief an den SPD-Fraktionsvorsitzenden im Hessischen Landtag schrieb.
Weil wir gerade so ausführlich beim ersten Kanzler der Bundesrepublik Deutschland sind: Er beherrschte die Hohe Schule der Massenverführung so perfekt, daß er im Kampf um die Erhaltung seiner Macht niemals mehr demagogischen Aufwand trieb, als dazu unbedingt erforderlich war. Im Wahljahr 1953 beispielsweise kam er bei seinem Bemühen, die SPD von den Regierungsgeschäften fernzuhalten, mit einem einzigen Trick aus, der darin bestand, die Zeitspanne zu nutzen, die sich normalerweise zwischen einer üblen Nachrede und ihrer Ahndung durch die zuständige Justizbehörde erstreckt.
Adenauer hatte, zeitig genug, um damit bei den Wählern Wirkung zu erzielen, die Behauptung aufgestellt: Zwei Sozialdemokraten, der eine Ortsvorsitzender der Partei, der andere des DGB – er nannte sie mit Namen –, hätten zur Finanzierung ihres Wahlkampfes je 10 000 DM West aus der »Soffjetzone« erhalten. Die Angeschuldigten verklagten den Kanzler, und dieser nahm seine Behauptung vor der Zweiten Zivilkammer des Landgerichts Bonn zurück – 22 Wochen nach gewonnener Wahl und mit dem »Ausdruck des Bedauerns«. Zwei Monate später präzisierte er vor der SPD-Bundestagsfraktion sein Bedauern dergestalt: »Wenn Sie dieses Auftreten und Reden einige Millionen Stimmen gekostet hat, dann bin ich froh darüber.«

Die Kunstschützen

Wer mit einem Pistolenschuß auf 30 Schritt eine brennende Kerze löscht, darf sich einen guten Schützen nennen. Wer der Kerze dabei den Rücken kehrt und einen Spiegel zu Hilfe nimmt, ist ein Kunstschütze.

Die Kunst des indirekten Schießens, die im Varieté schlecht und recht ihren Mann ernährt, ist auf der politischen Bühne von größtem Nutzen. Wohl kann man einen Gegner auch geradewegs verleumden, diffamieren oder ihm Ehrenrühriges unterstellen, und viele bedienen sich dieser Methode besonders dann, wenn sie eine bereits emotionalisierte Masse vor sich haben. Doch der intelligente Volksverführer weiß: eine offene Anschuldigung weckt nicht nur Empörung, sondern zuweilen auch das kritische Bewußtsein, das in jedem Teilchen einer Masse schlummert. Dies gilt vor allem für Fälle, in denen ein Angeschuldigter noch keine Handhabe geboten hat, sich in irgendein Feind-Klischee einordnen zu lassen. Deshalb ist die mittelbare oder assoziative Diffamierung bzw. Unterstellung im allgemeinen wirkungsvoller als die direkte.

Zum besseren Verständnis wollen wir noch einmal auf die demagogische Logik zurückkommen und folgenden Syllogismus statuieren:

1. Prämisse: Schneider hat einen Freund Weber.
2. Prämisse: Weber ist Anarchist.

Daraus folgt: Schneider ist Anarchist.

Hier wird verleumderisch unterstellt, Schneider sei mit Weber befreundet, *weil* dieser Anarchist ist. Um solche offene Verleumdung zu einer indirekten zu machen, gibt sich der demagogisch Begabte den Anschein, als käme ihm ein Fazit wie »Schneider ist Anarchist« gar nicht in den

Sinn. Je nachdem, welche der beiden Prämissen allgemein bekannt ist, trägt er die jeweils unbekannte so vor, als ob sie eine sachliche Mitteilung sei, die zu keinerlei Schlußfolgerung berechtige. Weiß das Auditorium, daß Schneider mit Weber befreundet ist, verkündet er in Unschuld die Neuigkeit: »Weber ist Anarchist«; kennt es nur Webers anarchistische Einstellung, verweist er anerkennend auf die Freundschaft zwischen den beiden und warnt mit humanitärem Timbre davor, aus dieser Tatsache diffamierende Schlüsse zu ziehen. Genau das aber tun seine Zuhörer nun mit Freuden.

Darf ein Demagoge gerüchtweise erlangtes Wissen voraussetzen, kann er auch direkt verleumden, ohne gleich kritisches Bewußtsein wachzukitzeln. So konnte Marcus Tullius Cicero, als der Quästor Marcus Gellius im Römischen Senat ein Schriftstück mit etwas zu lauter Stimme verlas, ungeniert spotten: »Ihr dürft euch nicht wundern, er war früher mal Ausrufer«, denn alle Anwesenden kannten das böswillige Gemunkel, Gellius sei nicht als römischer Bürger, sondern als Sohn eines Freigelassenen oder gar Sklaven geboren worden.

Auch Demosthenes nützte 330 v. Chr. den Umstand, daß die 1501 Geschworenen des Athener Volksgerichts von seinem Prozeßgegner Aischines so mancherlei vom Hörensagen wußten, als er über dessen Herkunft äußerte: »Denn erst spät – spät sage ich? gestern erst oder vorgestern ist er Athener geworden und gleichzeitig Redner, und durch den Zusatz von zwei Silben zum Namen seines Vaters hat er aus Tromes* Atrometos** gemacht, seine

* klingt ähnlich wie »trometos« = »vor Furcht zitternd«.

** die verneinende Form von »trometos«.

Mutter hochtrabend Glaukothea genannt, obgleich sie alle Welt unter dem Namen Empusa* kennt. Offenbar verdankt sie diesen Beinamen ihrem Trieb, alles zu machen und mit sich machen zu lassen. Woher denn sonst dieser Name?«

In der Regel jedoch ist es ratsam, gerade bei der Abrechnung mit der Vergangenheit eines Gegners die offene Schmähung zu vermeiden. Konrad Adenauers berühmte Anspielung auf Willy Brandts uneheliche Geburt zeigt, nach welchem Grundschema diese Art der Diffamierung vor sich zu gehen hat: Der Namenszusatz »alias Frahm« sollte das Bundestags-Plenum nicht darüber aufklären, daß die Mutter des SPD-Politikers Brandt zum Zeitpunkt seiner Geburt unverheiratet war und den Namen Frahm trug. Dies war weder ein Geheimnis noch jemals bestritten worden. Vielmehr sollte allem Fernsehvolk die Gedankenkette suggeriert werden: »Deckname – Was hat er zu verbergen? – Überhaupt ein undurchsichtiger Bursche – Hat im Krieg fremde Uniform getragen – Spanienkämpfer gegen Franco, also Kommunist – Kommunistischer Agent? – Der Bundeskanzler wird schon wissen, warum er diese Andeutung macht!« Auch daß Adenauer nicht »eigentlich« oder »vormals«, sondern »alias« Frahm sagte, war kein Zufall. Wird dieses Fremdwörtchen doch in polizeilichen Suchmeldungen verwendet, wenn nach »Schränker-Paule« oder »Klappmesser-Ede« auch unter seinem richtigen Namen gefahndet werden soll.

Wichtig ist vor allem, indirekte Verunglimpfungen so zu gestalten, daß nachfolgenden Entrüstungsstürmen mit der Unschulds-Frage begegnet werden kann: »Ja darf man denn nicht mehr die Wahrheit sagen?«

* weibliches Wesen, das vielerlei Gestalt annehmen kann.

In diesen Bereich gehört auch Adenauers rhetorischer Umgang mit Herbert Wehner und dessen nie verhehlter kommunistischer Vergangenheit, vor allem aber mit Wehners Exil-Aufenthalt in Moskau, der dem Kanzler besonders im Wahljahr 1957 mancherlei Amüsement lieferte:
»Herr Wehner ist der maßgebendste Sachverständige für außenpolitische Angelegenheiten innerhalb der SPD... Er hat, wie Sie ja wissen, auch im Ausland manche Erfahrungen gesammelt« (Heiterkeit).
Oder: »Herr Wehner ist der maßgebende Mann in der sozialdemokratischen Bundestagsfraktion in Sachen Außenpolitik. Und er kennt ja das Ausland, meine Damen und Herren... (Heiterkeit) Wer lacht da, meine Damen und Herren? Ich habe das nur jetzt festgestellt, daß Wehner das Ausland kennt.«
Hier begegnen wir einem Phänomen, das uns schon eingangs, bei der Leichenrede des Mark Anton, aufgefallen ist (»Denn Brutus ist ein ehrenwerter Mann...«). Wir nennen es »demagogische Ironie« und verstehen darunter die Kunstfertigkeit, negative Werturteile, deren Richtigkeit sich nur schwer oder gar nicht beweisen läßt, in Gestalt eines Lobs vorzutragen, bzw. die Mißachtung, die man Andersdenkenden entgegenbringt, in die Form von übertriebenem Respekt zu kleiden. Der Erfolg dieser Diffamierungstechnik rührt daher, daß die Zuhörer die wahre Meinung des Lobspenders kennen und es ihrer Eitelkeit schmeichelt, wenn dieser sie, indem er solche Kenntnis bei ihnen voraussetzt, zu Teilnehmern an einem unterhaltsamen Ränkespiel macht.
Die Lacher auf ihrer Seite zu haben, war schon immer das

Bestreben der Machtliebenden, doch nur selten steht das Ausmaß ihres staatsmännischen Genies im rechten Verhältnis zur Geschliffenheit ihres Witzes – was freilich nichts auf sich hat; das Wesen Masse ist humorlos.
Julius Cäsar gab lange Zeit keine Entscheidung, die er getroffen hatte, bekannt, ohne unter dem Gelächter seiner Parteigänger hinzuzufügen: »Wenn Aquila es gestattet.« Der Genannte, ein Volkstribun, hatte es einmal versäumt, sich beim Erscheinen des Diktators von seinem Sitz zu erheben.
Otto von Bismarck 1847 auf die Bemerkung des schlesischen Landtagsabgeordneten Krause, er müsse sich wegen seines Eintretens gegen die Emanzipation der Juden den Vorwurf gefallen lassen, »mittelalterliche Anschauungen mit der Muttermilch eingesogen« zu haben: »Der verehrte Redner ist zum drittenmal auf dem etwas müde gerittenen Pferd auf mich eingesprengt, welches vorne Mittelalter und hinten Muttermilch heißt . . . (Heiterkeit) Was den Ausdruck ›Muttermilch‹ betrifft, so räume ich gern ein, daß ich im Feuer der Rede nicht immer die Eleganz des Ausdrucks erreiche, welche die Rede des Abgeordneten der Schlesischen Landgemeinden charakterisiert. . .« (Heiterkeit).
Im deutschen Sprachraum ist der Lachlust Gleichgesinnter zumeist schon Genüge getan, wenn man einen Gegner in der dritten Person nicht einfach mit Namen nennt, sondern die Anrede »Herr« vorausschickt und darauf eine verschmitzte Betonung legt (»*Herr* Wehner«).

Recht und Anstand

Da jede politische Richtung über Sinn und Anwendungsbereich eines Wortes, ja selbst eines Begriffes einige Vorstellungen hegt und *ihre* Auslegung für die einzig zulässige hält, ist auch jede Richtung geneigt, die andere für den »falschen« Gebrauch dieses Wortes oder Begriffes verantwortlich zu machen bzw. an deren Verwendung gewisse von ihr erdachte Bedingungen zu knüpfen.

»Wer Deutschland liebt, mag uns kritisieren. Wer eine Internationale anbetet, kann uns nicht kritisieren«, hieß es in einer Hitler-Rede. Damit wurde zur Verschlüsselung der Botschaft »Wer kein Nazi ist, soll das Maul halten« der Begriff »Vaterlandsliebe« beschlagnahmt oder, um im Jargon der Zeit zu bleiben: »sichergestellt«.

Der demokratische Kunstschütze Franz Josef Strauß wiederum knüpfte das Recht anderer, seine und seiner Parteifreunde Politik zu beurteilen, an wesentliche Kriterien der Körperhygiene: »Wir lassen uns Kritik gerne gefallen, aber nicht von Ungewaschenen und Verdreckten.«

»Hinter mir steht das anständige Deutschland!« konstatierte Willy Brandt bei seinem Rücktritt vom Amt des Bundeskanzlers – was nur bedeuten konnte, daß nach seiner Lesart des Begriffs »Anstand« auf knapp die Hälfte aller wahlberechtigten Bürger dieser Republik der Vorwurf der Unanständigkeit zutreffe.

Wie fein gesponnen solche semantische Demagogie sein kann, bewies im österreichischen Wahlkampf von 1970 ein ÖVP-Plakat mit dem Bild des amtierenden Regierungsschefs Klaus und der Textzeile: »Ein echter Österreicher.«

Was ist ein echter Österreicher und welche Gesichts- und

Wesenszüge lassen den Josef Klaus aus Kärnten als solchen erscheinen?, mochte sich der in Historie und Charakterkunde Unbewanderte damals gefragt haben. Der Kundige jedoch hätte ihm sagen können, daß kein äußeres Merkmal den ÖVP-Kanzler als typischen Sohn der Bundesrepublik Österreich auswies, vielmehr einige unsichtbare: Klaus weilte zur Zeit des »Anschlusses« *nicht* in Skandinavien, war nie im Leben auch nur ein halbherziger, geschweige entschiedener Sozialist – vor allem aber durchpulste ihn ff arisches Blut, eine Kostbarkeit, an der es, wie man in Kreisen, die das Plakat ansprechen sollte, sehr wohl wußte, dem SPÖ-Kandidaten Bruno Kreisky gebrach.

Der Haken daran

Wollte man die indirekte Verleumdung durch ein graphisches Zeichen versinnbildlichen, wäre hierfür keines geeigneter als das Fragezeichen. Denn nach dem Motto »Fragen kostet nichts« (im Verteidigungsfall: »Man wird doch noch fragen dürfen!«) läßt sich hinter dieser Markierung eine Menge Infamie unterbringen, von der versteckten Anspielung bis zum perfekten Rufmord.

»Wer bereitet denn heimlich den Umsturz vor?« erkundigt sich der Redner der *einen* Partei bei der Bier- und Tabakdunstwolke, die über der Versammlung schwebt; »Wer plant die totale Versklavung, will, daß Ordnung, Sicherheit und mühselig erworbener Wohlstand im Chaos versinken, schlägt seine Frau, ist ständig volltrunken, quält hilflose kleine Hunde?« – und die Versammelten wissen, daß es darauf nur eine Antwort gibt, ja daß selbst die Dunstwolke, könnte sie sprechen, bekennen müßte, wem allein all dieser Greuel anzulasten ist: den Führungskräften der *anderen* Partei!

Fragen dieser Art, von Sprachbeschönigern seit alters statt demagogisch »rhetorisch« genannt, wollen nicht Wißbegier stillen, sondern werden in der Absicht gestellt, das feindliche Lager zu verwirren, im eigenen Haß- oder Triumphgefühle anzufachen und ehrenrührige Behauptungen vor zivilrechtlichen Nachspielen zu schützen. Nicht selten täuscht ein Redner mit seiner Frage persönliche oder allgemeine Wißbegier vor, um das Schweigen des (abwesenden oder nicht zu Wort kommenden) Befragten als Schuldgeständnis oder wenigstens als ein Zeichen von Verstocktheit erscheinen zu lassen.

»Eines wird man Herrn Brandt fragen dürfen: Was haben Sie zwölf Jahre lang draußen gemacht? Wir wissen, was wir drinnen gemacht haben«, sagte der CSU-Vorsitzende Strauß 1961 in Vilshofen. Damit unterstellte er indirekt: 1. Brandt, offenbar gefeit durch den Freibrief »emigrierter Antifaschist«, spreche anderen, insbesondere niederbayerischen Mitbürgern das Recht ab, Fragen an ihn zu richten. 2. Allein dadurch, daß Strauß und die Einwohner von Vilshofen über ihr Verhalten während der Nazizeit Bescheid wissen, stehe ihre moralische Integrität außer Zweifel. 3. Strauß' und seiner Zuhörer Unwissen hinsichtlich Brandts Verhalten als Emigrant rechtfertige die Annahme, er habe Schändliches getrieben.

Fragen, die Erwiderungen eher unterbinden als provozieren wollen, erfüllen ihren höchsten, ja eigentlichen Zweck in der Presse. Da das periodisch erscheinende Druckerzeugnis großenteils vom Hörensagen lebt, infolgedessen ein gewisses Maß von Klitterung nicht vermeiden kann, braucht es ein Mittel, das es vor gar zu häufiger Konfrontation mit der Justiz bewahrt, eben das Fragezeichen.

Dieses Verhütungsmittel hält indes nicht nur den Kadi

fern, man kann damit auch kritisches Bewußtsein übertölpeln. Denn eine *Menge* Zeitungsleser ist, auch wenn sie nach allen Regeln der Massenpsychologie getrimmt wurde, noch nicht unbedingt eine *Masse* Zeitungsleser. Will man als politisch engagierter Verlagsherr oder als dessen ausführendes Organ der Gefahr ausweichen, in seinen Hintergedanken durchschaut zu werden, muß man Einfluß auf das Zeitgeschehen mit Sorgfalt, das heißt mit Hilfe des Fragezeichens ausüben. Beispiel: Eine Schock-Überschrift wie DEUTSCHLAND WIRD JETZT VERKAUFT! müßte von Ereignissen oder Fakten bestätigt werden, die ebensogroß aufgemachte Frage: WIRD DEUTSCHLAND JETZT VERKAUFT? (»Bildzeitung«, 25.9.1961) alarmiert die Nation ohne Gewähr, folglich auch ohne verlegerisches Risiko.

Betrifft eine Schlagzeilenfrage, obwohl sie nicht ohne politische Absicht auf der Titelseite steht, eine schmerzensgeldverdächtige Intimsphäre (HAT MINISTER KUNZE LEBERSCHADEN?), muß sie, da schwarz auf weiß vorhanden, also nicht leugbar, beantwortet werden, und sei es mit einem ebenso klaren wie kleingedruckten Nein. Notfalls läßt man sie auf einer Nachricht balancieren, deren Herkunft ruhig ein bißchen obskur sein darf. Beispiel: BESPRACH BAHR ZUSAMMENARBEIT SPD-DKP? Fundgrübchen ein »Springfield State Journal« (»Die Welt«, 14.11.1972).

Ganz gleich, ob sich Richter finden, die solcherlei Fragestellung als diffamierend erachten, oder ob die kränkende Überschrift dem nachfolgenden Text diametral widerspricht, so daß für den Leser eine Art Patt-Situation entsteht – das demagogische Ziel ist in beiden Fällen erreicht, weil es erstens mehr Kiosk-Passanten gibt, die nur das

Großgedruckte lesen, als Zeitungskäufer, die sämtliches konsumieren, und weil zweitens unser visuelles Gedächtnis aufnahmewilliger ist als unser begriffliches.
Das Fragezeichen ist der Haken, an dem sprichwörtlich »immer etwas hängenbleibt«.

Hassen und hassen machen

Das Verbum »hetzen« geht nach Meinung der Etymologen auf das gotische »hatjan« zurück, welches »hassen«, auch »hassen machen« oder »hassend verfolgen« bedeutet. Hetze ist demnach, wenn wir von der uns hier nicht interessierenden waidmännischen Bedeutung absehen, einerseits feindliche Gesinnung, die sich in Rede, Schrift und Bild äußert, andererseits verstehen wir darunter den Tatbestand der Anstiftung zur Empörung, des »Aufwiegelns«.
Wer Hetze betreibt, bedient sich unbedenklich oder scheinbar gerechtfertigt durch einen »heiligen« Zweck aller Mittel, mit denen sich Haß erzeugen läßt; doch das Mittel der Wahl ist für ihn die Übertreibung, das heißt die bis ins Absurde vergröberte Darstellung tatsächlicher oder vermeintlicher Mißhelligkeiten.
»Warum hat der Nichtstuer alles und der Arbeiter beinahe nichts?... Bin ich denn verdammt zu nimmer endender Arbeit, zur erniedrigendsten Versklavung?... Andere also sollen die Ernten genießen, die durch den Schweiß meines Angesichts erkauft worden sind?« fragte der Revolutionär Napoleon die Franzosen (der *Kaiser* Napoleon stellte solche Fragen nicht mehr) und beschrieb damit die sozialen Verhältnisse im vorrevolutionären Frankreich unbestreitbar richtig, gleichwohl wiegelte er auf, übertrieb

er; denn weder lebten alle, denen die Bezeichnung »Nichtstuer« galt, die Aristokraten also, faul in den Tag hinein, noch gerieten alle übrigen – am wenigsten er selbst – infolge nimmer endender Erntearbeit ins Schwitzen.
Bei Hetzparolen so wuchtigen Formates wie: »Der Antichrist springt uns an, der Kommunist will die Welt!« (William S. Schlamm 1960) oder: »Sehen wir denn nicht, wie aus dem Osten die Tollwut zu uns vordringt?« (Hans Christoph Seebohm 1958) wird das Mittel Übertreibung zum Aufzeigen von Übelständen benützt, die nach vernünftigem Erwarten gar nicht eintreten, im speziellen Fall zumindest bis zum Erscheinen dieses Handbuches ausgeblieben sind.
Daß es keines Mark Anton, sondern oft nur eines namenlosen »Sprechers« bedarf, um das Wesen psychologische Masse aufzuhetzen, erkennen wir an einem Vorfall, der sich 1961 in Frankfurt am Main während einer Wahlveranstaltung zugetragen hat. Die Baseler »Nationalzeitung« berichtete seinerzeit darüber:
»Begonnen hatte die Kundgebung, was nicht die Schuld Adenauers und seiner Begleitung war, etwas peinlich. Ein Sprecher setzte vor seine Huldigung eine Reihe von Fragen, deren Stil an Sportpalast-Kundgebungen des Joseph Goebbels erinnerte. ›Soll Wehner Deutschland regieren?‹ Chor der 20 000: ›Nein.‹ ›Wollt Ihr, daß Deutschland kommunistisch wird?‹ Der Chor brüllte: ›Nein‹. Bis wir das hörten, hatten wir geglaubt, im freien Deutschland würde es nach der Erinnerung an die Methoden der Nazipropaganda keine Rückfälle in die vulgärste und gefährlichste Form der Demagogie mehr geben. Zugegeben, die Sache war in den Reihen um Adenauer vielen peinlich, aber die 20 000 haben gebrüllt.«

Bemerkenswert an diesem Beispiel ist für uns nicht das Verhalten der Kundgebungsteilnehmer, noch weniger ist es die Tatsache, daß die Nein-Brüller zufällig Anhänger der Politik oder der Person Konrad Adenauers waren. Wir sehen in diesem Vorgang nichts weiter als das Resultat einer langen Kolonne von Übertreibungen. Mochten christdemokratisch Gesinnte sich auch zu Recht darum sorgen, daß die Dinge nach der Wahl anders laufen könnten als ihnen lieb geworden war – niemals, weder in diesem Jahre 1961 noch davor gab es einen einzigen Grund zu der Annahme, Herbert Wehner würde nach einem Sieg der SPD die Regierungsgewalt an sich reißen, nie stand zu befürchten, daß die kommunistische Partei, seit 1953 ohne Mandat und seit 1956 verboten, das politische Landschaftsbild der Bundesrepublik Deutschland bestimmen oder auch nur merklich verändern könnte. Und doch hielten 20 000 Versammelte all dies für denkbar, ja es brauchte nur irgendein Unbekannter, wie bei einem elektronischen Taschenrechner auf den Knopf, bei ihnen auf ein bestimmtes, Jahrzehnte lang vorprogrammiertes Klischee zu drücken, und schon hatte er – akustisch statt in grünen Digitalziffern – die Endsumme aller demagogischen Bemühungen.
Irrationalen Antikommunismus und wahltaktische Spekulationen darauf gibt es schließlich nicht erst seit Konrad Adenauer. Bereits 1919, knapp zwei Jahre nach der russischen Oktoberrevolution, hieß es auf dem Plakat einer »Vereinigung zur Bekämpfung des Bolschewismus«:
»Deutsche Männer, deutsche Frauen! Volk der Dichter und Denker! Wißt Ihr, was Bolschewismus ist?. . . Bolschewismus ist die Erhebung des Verbrechertums der ›Schwarzen Hand‹ zur Herrschaft am hellen Tage! Die Macht des ›Schinderhannes‹ übertragen auf das maschi-

nelle Zeitalter! Die Organisation des Diebstahls und der Beraubung unter dem Schlagwort ›Kommunismus‹! Die Zersetzung des Staates und des Familienlebens! Der Stillstand des Verkehrs und der Betriebe! Die Entwertung des Geldes... Arbeitslosigkeit! Hunger! Raub, Mord, Plündern! Entkräftung! Seuchen! Verzweiflung!«

Bevor die Schockfarbe rot die Wahlkampf-Arena beherrschte, war Hetz-Thema Nummer eins das »artfremde Element«, verkörpert zunächst durch die jüdische Minderheit. Daß im Volk der Dichter und Denker exzessiver Antisemitismus nicht erst von Hitler und seinen Subaltern-Demagogen eingeführt wurde, zeigt ein Beispiel aus dem Wahljahr 1903:

»Zu den Waffen!« trompetete damals eine »Christlich-Soziale Partei« (nicht zu verwechseln mit der heutigen »Christlich-Sozialen Union« im Bundesland Bayern), »Katholiken und Protestanten! Vereinigt euch in brüderlicher Liebe gegen den Todfeind des Deutschtums, den Judenkapitalismus und die asiatische Geldmoral! Zeigt den Mut des stolzen Germanen, indem Ihr alle, die Ihr unter der skrupellosen Konkurrenz des Judentums und der furchtbaren Geißel des Großkapitals leidet, am 16. Juni für diejenige Partei eintretet, von welcher das fremde Parasitenvolk mit Entschlossenheit und nach Gebühr bekämpft wird... Nieder mit allen Schwächlingen und Humanitätsduslern, die dem Freiheitskampf des deutschen Volkes hinter dem Ofen zusehen wollen!«

Die braunhemdsärmeligen Antisemiten brauchten also nur noch die Feindbild-Unterschrift »Judenkapitalismus« durch »Judenmarxismus« zu ersetzen, und schon war das »hassen machen« für sie ein Kinderspiel. Daneben gab es in Deutschland, kurz aber heftig, auch Rassenhaß, der sich an der Farbe schwarz entzündete:

»Helft! Helft! Schande!« zeterte 1919, als französische Kolonialtruppen das Rheinland besetzt hielten, ein »Deutscher Notbund gegen die schwarze Schmach«. »Die Schamlosigkeit der Verwendung schwarzer Truppen zu Treibjagden auf Deutsche, die unter französischem Zwang selbst in den kleinsten Städtchen erfolgende Einrichtung öffentlicher Häuser für Schwarze durch deutsche Behörden, die bestialische Vergewaltigung und die scheußlichen Notzuchtverbrechen, begangen an deutschen Mädchen, Frauen und Greisinnen von 6 bis 73 Jahren, die tierische Unzucht an 7 bis 11 jhr. Knaben durch schwarze Wüstlinge schreit zum Himmel. . . Völlige Verzweiflung ist heute das Los der deutschen Frau des besetzten Gebietes, wenn es nicht gelingt, durch eine vieltausendfache Anklage das Ausland wachzurütteln gegen die Gefahr, die schon jetzt die weiße Rasse der ganzen Welt bedroht! Die schwarze Schmach, heute begangen an der deutschen Frau!«

Beide Beispiele lehren uns: Was da auf den ersten Blick wie unartikuliertes Haßgeheul anmutet und aus der historischen Distanz eher komisch wirkt, hat durchaus Methode. Hier brüderliche Liebe und Freiheitskampf, dort Parasiten mit einer asiatischen, sprich: minderen Moral. Wer sein Kreuzchen an die »richtige« Stelle setzt, ist ein stolzer Germane, also ordentliches Gruppenmitglied, wer »falsch« wählt, ein feigherziger Schwächling, mithin Fremdkörper, und wen diese Art von Wählerbeeinflussung anwidert, ein Humanitätsdusler, also jemand, der sich Menschenfreundlichkeit auch dann leistet, wenn sie nach demagogischer Auffassung unangebracht ist.

Auch das Gezeter über die »schwarze Schmach« erschallt nicht von ungefähr, sondern trifft zielsicher des weißhäutigen Mannes Minderwertigkeitsgefühle in bezug auf die vermeintlich unerschöpfliche Lendenkraft des dunkelhäutigen. Im übrigen klingen in diesem Lamento noch jene Schauermärchen nach, welcher sich in den Kriegsjahren 1914/18 die Propagandisten beider Seiten bedienten; etwa die britischen mit ihren Greuelnachrichten von den kindsmörderischen Hunnen, die zwanzig Jahre später dazu führten, daß Meldungen über authentische Schrekkenstaten deutscher Schinderknechte im Ausland vielfach, und zwar gerade bei der zur Skepsis neigenden Intelligenz, auf Unglauben stießen.

Die tiefe, unüberwindliche Abneigung, die das Wesen Masse, das in jedem von uns steckt, gegen alles Andersartige und ihm Unbekannte empfindet, ist eines der Hauptangriffsziele, die jeder Organisator einer Hetzkampagne ins Auge fassen muß. Im Bundestagswahljahr 1972 fand diese Kampagne vornehmlich in Form von Zeitungsinseraten statt, für die ebenso obskure wie kurzlebige Zweckverbände verantwortlich zeichneten. So prophezeite eine »Bürgerinitiative Schalke«, wohl im Vertrauen auf die Namens-Zugkraft eines Fußballvereins: »Wer Brandt wählt. . . schafft einen babylonischen Vielvölkerstaat. Obwohl Millionen Jugendliche vor Langeweile und Sinnlosigkeit in Sex und Rauschgift flüchten, wird die Werbung für Gastarbeiter weiter angeheizt. So will man ein radikales sozialistisches Proletariat schaffen.«

Buhmann & Co.

Auch die Angst, ob ungerichtet oder auf etwas konkret Bedrohliches bezogen, ist eine tüchtige Gehilfin des Aufwieglers.

»Wer CDU/CSU wählt, der riskiert dauernde Einparteienherrschaft, Teuerung und Inflation, endgültige Spaltung unseres Vaterlandes, Atombomben und Atomtod«, schreckten 1957 sozialdemokratische Wahlplakate. Unliebsamkeiten aus naher Vergangenheit werden in die nahe Zukunft projiziert und als Auswirkungen falscher Wahlentscheidungen dargestellt; entweder direkt: »In Nürnberg proklamierte Adenauer die CDU zur Monopolpartei. In zwölf Jahren ruinierte Hitler Deutschland. Gebt Adenauer keine zwölf Jahre Zeit!« (SPD-Plakat 1957) oder assoziativ: »Die SPD hat durch ihre ständige Obstruktion im Bundestag der jungen deutschen Demokratie den schlechtesten Dienst erwiesen, den sie ihr erweisen konnte; durch ihren *Nationalismus sozialistischer Prägung* hat sie unseren Kredit im Ausland aufs schwerste belastet. . .« (Rednerdienst der CDU 1953).

Ein beliebtes Aufputschmittel ist die Manier, einen Andersdenkenden, um ihn fürchterlich erscheinen zu lassen, in den Plural zu setzen (»die Bölls«), desgleichen Gegenstände, die staatsfeindliche Umtriebe beweisen sollen. Hat jemand einen Brief geschrieben, wird von Brief*en*, lieber noch von »belastendem Briefmaterial« gesprochen, hatte er bei seiner vorläufigen Festnahme ein Taschenmesser bei sich, wurden bei ihm, falls ein Hetzblatt dies für opportun hält, »Waffen« gefunden.

Will man nicht so weit gehen wie 1972 jene unbekannten Wahlhelfer in Hamburg, die SPD-Plakate mit Aufklebern in Form von roten Ratten verunzierten, muß man latent schwelende Massenängste dadurch schüren, daß man den politischen Gegner kriminalisiert oder wenigstens in die Nähe der Kriminalität rückt. »Schreibtischtäter« nannte Willy Brandt die Redakteure einer ihm nicht wohlgesinnten Presse und übernahm damit ein Schlagwort aus der Zeit der Prozesse gegen NS-Verbrecher. »Die geistigen Bombenwerfer« setzte ein »Deutschland-Magazin« unter ein Bild, das die Köpfe liberaler Publizisten zeigte. »Die Polit-Gangster«, modifizierte der CDU-Politiker Alfred Dregger, »gedeihen unter einer Käseglocke regierungsamtlicher Verniedlichung, staatlich geduldeter Schmähung unseres Systems an den Schulen und Hochschulen, nachlassender Abwehrbereitschaft demokratischer Parteien gegen linksextreme Einflüsse.« Und ein eigens für den Wahlkampf von 1972 gegründeter »Katholischer Pressebund e. V.« befand: »Das Verbrechertum hat nie solche Orgien auf deutschem Boden gefeiert wie heute. . . Säubert das Land!. . . Wir wollen keine Abtreiber, keine Mörder und Blutmenschen ins Parlament senden. . . Wählt nur Kandidaten, die auf christliches Gewissen eingeschworen sind!«

Was das Geschäft des Angstmachens so ungemein erleichtert, ist die Bereitwilligkeit der psychologischen Masse, Diagnose mit Therapie zu verwechseln. Hört sie einen Satz wie: »Es muß mit der Unsicherheit in unserem Lande, daß abends ältere Personen und Frauen in größeren Gemeinden nicht mehr wagen, in die Öffentlichkeit zu gehen, Schluß gemacht werden!« (F. J. Strauß), ist sie so glücklich darüber, daß jemand ein Übel beim Namen nennt und dessen Beseitigung fordert, daß es sein Geheimnis bleiben darf, *wie* man es aus der Welt schafft.

Überhaupt freut sich das Wesen Masse in uns über jeden, der die finsteren Machenschaften, die es hinter allem wittert, entlarvt und geheimnisvolle Zusammenhänge ebendort erspäht, wo auch es seit langem solche vermutet. Dieses innige Einvernehmen zwischen Agitator und Agitierten gebiert fortzeugend Mysteriöses. So werden vermittels »Dolchstoßlegenden« aus unbestreitbaren Niederlagen durch Verrätertücke verhinderte, also moralische Siege, und allerorten wispern Weltverschwörer, tuscheln Umstürzler, sind Wühler, Unterwanderer und andere Dunkelmänner am Werk.

Daß selbst Schlagerlieder nicht ohne arglistige Absicht in Umlauf geraten, vielmehr Dokumente erdumspannender, hier kapitalistischer Ränke sind, deckte 1960 der DDR-Kommentator Karl Eduard von Schnitzler in seiner Sendereihe »Der schwarze Kanal« auf:

». . . ich bin überzeugt, daß Freddy Quinn nicht weiß, was er tut und wozu er mißbraucht wird, wenn er den ›Fremdenlegionär‹ singt. ›Der Weg nach Haus ist schwer für einen Legionär. . .‹ Auch hier. . . faules, unehrliches Bedauern, verlogene Sentimentalität, wie seinerzeit etwa in ›Heimat, deine Sterne‹. Aber keine Verurteilung des Kolonialkrieges gegen Algerien, keine Anklage Bonns, daß es diesen Krieg unterstützt und finanziert, daß es die Werbung für die Legion duldet und fördert. Ich frage Sie, hat dieser Schlager auch nur einen einzigen der 35 000 jungen Westdeutschen vom Weg in die Legion abgehalten; vermittelt er die Wahrheit, daß 8684 junge Westdeutsche bis jetzt im Algerienkrieg als Fremdenlegionäre gefallen sind? 8684! – Freddy lebt doch und singt doch wunderschön, so schlimm kann's also nicht sein. So wird man daran gewöhnt. . .«

Hier unterstellt der Agitator: 1. Die bundesdeutsche Schlagerproduktion werde von politisch interessierter Seite gesteuert. Beweis: Das Lied »Der Fremdenlegionär« ist keine Verurteilung des Algerienkriegs. 2. Das Lied habe die Aufgabe, junge Westdeutsche daran zu gewöhnen, als

Fremdenlegionäre zu fallen. Damit verrät er ungewollt, daß es für ihn unvorstellbar ist, ein ideologischer Gegner, in diesem Fall die Parlamentarische Demokratie »Bundesrepublik Deutschland«, würde sich solcher totalitärer Propaganda-Methoden *nicht* bedienen.

Immer die Kleinen

Neid, so lernten wir, ist die leidenschaftliche Ablehnung anderer, weil diese etwas besitzen, was man selber nicht hat, ja oft nicht einmal haben will. Zudem stellten wir fest, daß diese Empfindung zumeist auf einem sozialen oder rassistischen Vorurteil beruht.

Für den Aufwiegler ist besonders der sozial motivierte Neid ein sehr nützliches Gefühl, denn es hat einen so leichten Schlaf, daß es sich in jeder Massenseele jederzeit und mühelos wecken läßt; am besten mit einem Appell an das Selbstmitleid der »Enterbten«, der nach ihrem Verständnis zu kurz Gekommenen, der »Kleinen, die es immer zuerst trifft«. Nicht umsonst erlangte vor Jahren ein italienisches Lied mit der Refrainzeile Weltruhm: »Die süßesten Früchte fressen nur die großen Tiere . . .« Prosaischer gesagt: Mit *uns* können sie's ja machen! »Sie«, die stets Bevorzugten, Erfolgreichen, vom Glück Begünstigten.

Dieses resigniert dahindämmernde Gekränktsein, das sich gezielter Hetze geradezu anbietet, hat ohne Zweifel Berechtigung. In einer nach den Bedürfnissen räuberischer Riesenechsen zugeschnittenen Welt als »Kleintier« zu leben, ist kein Honiglecken. Andererseits gehört neidvolles Schmollen mit den irdischen Gegebenheiten zu jeder psychologischen Masse, und bestünde sie aus lauter Rennstallbesitzern. Immer gibt es »andere«, die aus purer Niedertracht das schnellere Pferd, die gesündere Leber oder die reizvollere Geliebte haben.

Der Aufwiegler, dem es nicht (wenigstens nicht unmittelbar) um mehr soziale Gerechtigkeit geht, sondern um mehr Macht, sein oder seiner Bezugsgruppe politisches Belieben durchzusetzen, darf dieses schwelende Neidgefühl nicht aufs Geratewohl auflodern lassen, vielmehr muß er darauf achten, *wem* der exklusive Konsum süßester Früchte angekreidet werden soll. Schließlich gibt es in jedem Lager genügend Privilegierte, die imstande sind, Mißgunst auf sich zu lenken. Er, der Agitator, tut also gut daran, alle Annehmlichkeiten des menschlichen Daseins, die über das Betrachten der Gänseblümchen im Stadtpark hinausgehen, zu unterteilen, und zwar in solche, die »sauer verdient«, und in solche, die »für *unser* Geld«, soll heißen auf parasitäre Weise erschlichen wurden.

Einen ihrer Position angemessenen Lebensaufwand treiben Führung und engere Gefolgschaft der eigenen Gruppe sowie deren hilfreiche Hochfinanz. Leisten sich Führer, Gefolge und Geldgeber der Gegenseite die gleichen Bequemlichkeiten, ist es übertriebener, ja skandalöser Luxus.

Was Neid herrufen soll, braucht nicht in jedem Fall begehrenswerter Besitz zu sein. Da sich in jeder Masse naturgemäß mehr arbeitende Menschen als Urlauber befinden, ist schon die Meldung, daß ein Politiker des feindlichen Lagers offiziellen Besuch an einem idyllischen, gewöhnlich der Erholung dienenden Ort empfangen hat, Anlaß genug für einen mißbilligenden Kommentar oder die Schlagzeile: MINISTER MÜSSTE MAN SEIN! Hängt der zu Beneidende nach erfüllter Amtspflicht noch einen dienstfreien Tag daran, kann der Aufwiegler aus dieser Tatsache fast soviel

Massen-Unwillen zapfen wie daraus, daß ein Strafgefangener nach abgebrochenem Hungerstreik statt mit verschimmelten Brotrinden mit Rührei aufgepäppelt wurde. Was das Wesen Masse, das in uns allen steckt, der Person oder Gesellschaftsschicht, die ihm als hassenswert bezeichnet wird, am meisten neidet, sind seltsamerweise nicht Pretiosen, Aktienmehrheiten oder fiskussichere Nummernkonten, es sind Werte, die sich heute jeder geschäftstüchtige Handwerker leisten kann: ein Haus und ein Wasserbecken, im Wörterbuch des Aufwieglers »weiße Villa« und »Swimming-pool« genannt. Hier entsteht die gewünschte Emotion nicht durch bildhafte Vorstellung der mißgönnten Gegenstände, sondern wird durch bestimmte Worte geweckt, die diese Gegenstände reflexartig mit dem Klischee »schwelgerisches Wohlleben« in Gedankenverbindung bringen. »Reizworte« nennen die Soziologen solche Reflex-Auslöser.

Hektor, faß!

Das Reizwort ist nahe verwandt mit dem Schlag- oder Fahnenwort, das wir an anderer Stelle kennengelernt haben. Was es unterscheidet, ist seine Unbestimmtheit, im Idealfall Unverständlichkeit, die das Kontrollbewußtsein daran hindert, es zu »erfassen«, so daß es ungeprüft an ihm vorbeigleitet.
Die blutigen spanischen Unruhen von 1873 entzündeten sich an dem Wort »Salud y republica federal« (Heil- und Bundesrepublik), mit dem im Grunde niemand etwas anfangen konnte. Die einen verstanden darunter die Gleichberechtigung aller Provinzen, wie sie in den Vereinigten Staaten von Amerika herrschte, andere meinten, es sei der

Aufruf zur großen Abrechnung mit den erbstreitsüchtigen Bourbonen, wieder andere dachten an eine Art Räteregierung. »Unamerikanische Umtriebe« hieß in den USA der fünfziger Jahre das Signal zur Hexenjagd des Senators McCarthy, weil die »echten« Amerikaner, die ja in ihrer Geschichte noch nicht einmal einem *demokratischen* Sozialisten begegnet sind, das Wort »Kommunist« gar nicht als abstoßend empfunden hätten.

In Deutschland waren Worte wie »Blut und Eisen« (für militärische Stärke), »Kulturkampf« (für Konfessionsstreit), »catilinarische Existenzen« oder »Bassermannsche Gestalten« (für politisch Unbequeme) gegen Ende des vorigen Jahrhunderts so wenig definierbar und mit so viel Unlustgefühl beladen wie gegenwärtig das Wort »Volksfront« (für ein imaginäres Zweckbündnis zwischen Sozialdemokraten und Kommunisten), das viele in Empörung und Schrecken versetzt, die keine Ahnung haben, was es bedeutet.

Manche historische Reizvokabeln sind in unseren Sprachgebrauch eingegangen, ohne daß wir die Empfindungen, die sie einst verursacht haben, nacherleben können; etwa »Polizeistaat« (1848), »Mob« (1844), »Fortschritt« (1869) oder »Errungenschaften« (1848). Andere wie »niederkartätschen« (für Wiederherstellung von Ruhe und Ordnung) oder »vertierte Söldlinge« (für reguläre Truppen), beide aus dem Jahre 1848, sind uns inzwischen kaum noch verständlich.

Ähnlich wie der Hundedresseur, der seine Kommandos in kurzen, mit scharfen Konsonanten endenden Wörtern gibt (»Sitz!«, »Faß!«), deren Sinn das Tier nicht zu verstehen braucht, um in gewünschter Weise zu reagieren, so will auch der Aufwiegler, wenn er das Wesen Masse auf den

Buhmann hetzt, nichts anderes erreichen, als daß es ihm »aufs Wort folgt«, und zwar möglichst aufs Fremdwort, weil dieses den Verstand am wenigsten behelligt. Ein Kommando wie »Auf die Straßensperren!« würde womöglich bewirken, daß die Aufzuwiegelnden gemächlich das Schild »Umleitung« überklettern und von einem Haufen Pflastersteine aus nachsehen, ob der Fahrdamm einen neuen Belag bekommt. Heißt der Hetzruf jedoch »Auf die Barrikaden!«, gibt es keine Mißverständnisse. Schon aus diesem Grunde tarnt sich noch die biederste Hausmannspolitik mit verbaler Exotik, schimpft ein »-ist« den anderen einen »-isten«, weil keiner von seinem abscheulichen »-ismus« lassen will.

Fremdwörter umnebeln das, was sie bezeichnen wollen, gerade so dicht, daß man es erahnen, aber keine klaren Konturen erkennen kann. »Solidarität« bedeutet nicht einfach »Gemeinsinn«, sondern läßt obendrein Parteinahme anklingen; »radikal« ist keineswegs gleichbedeutend mit »gründlich«; »Revisionist« heißt durchaus nicht nur »Nachprüfer«; »System« meinte anfangs der dreißiger Jahre die Weimarer Republik und am Ende der sechziger Jahre die Parlamentarische Demokratie schlechthin, zu der man seitdem auch »Establishment« sagen kann.

Jean-Jacques Marcuse

Die Reizfremdwörter »System« und »Establishment« führen uns geradewegs zu einem Mann, dem es gelungen ist, eine ganze Generation Jungakademiker in den realitätsleeren Raum hochzuwiegeln und dort hängen zu lassen. Sein Name: Herbert Marcuse, sein Rang: Heidegger-Schüler und Politologieprofessor. Wäre die von ihm teils inspirierte, teils nur abgesegnete Studentenopposition, die zwischen 1966 und 1970 in westlichen Demokratien Wellen schlug, zur Großen Revolution wie der von 1789 angeschwollen, er dürfte sich brüsten, ihr Jean-Jacques Rousseau gewesen zu sein.

In Herbert Marcuse begegnen wir einem Aufwieglertypus, der seine Agitation im Stande der Unschuld treibt; der nichts Ärgeres im Sinn hat als die Ablösung des Geltenden durch das Wünschenswerte, und den es zutiefst verwundert, daß vieles, was er melodisch in den Wald hineinphilosophiert, ein so mißtöniges Ende findet.

Sowenig Rousseau die Franzosen zum Köpfen aufgefordert hatte, sowenig wollte Marcuse eine durch mancherlei Zeitumstände in Hitze geratene Studentenschaft zu Gewalttaten gegen Sachen oder gar Personen anstacheln. Ganz im Gegenteil. Was sich ihm in jenen Jahren als Aufmuckertum darbot, war »Opposition gegen eine demokratische, effektiv funktionierende Gesellschaft. . . eine Opposition gegen die Majorität der Bevölkerung, einschließlich der Arbeiterklasse«. Schon deswegen hielt er »Konfrontation mit der institutionalisierten Gewalt um der Konfrontation willen« für »verantwortungslos«. Das Bestehende, räumte Jean-Jacques Marcuse ein, »hat das legale Monopol der Gewalt und das positive Recht, ja die Pflicht, diese Gewalt zu seiner Verteidigung auszuüben«. Im Klartext: Die Demokratie ist eine ehrenwerte Staatsform, und wer von ihr eins aufs Scheitelbein bekommt, ist selber schuld. Einerseits.

Andererseits gab er der akademischen Jugend westlicher Provenienz folgendes zu bedenken:

1. Zu den Triebkräften der »geschichtlichen Entwicklung der Freiheit« gehören »die Anerkennung und Aus-

übung eines höheren Rechts und die Pflicht des Widerstandes«.

2. Das System (Establishment, institutionalisierte Gewalt) hat »durch seine Taten die Idee des geschichtlichen Fortschritts selbst desavouiert«.
3. »Die Predigt der prinzipiellen Gewaltlosigkeit reproduziert die bestehende institutionelle Gewalt.«
4. Eine Opposition, die nicht nur »rituelle Veranstaltung« sein will, hat »das Recht auf potentiell befreiende Gewalt« und auf »Gewalt der Verteidigung des Lebens«.
5. Konfrontationen mit der institutionalisierten Gewalt »erscheinen unvermeidlich«, da legale Demonstrationen durch Gesetze unwirksam gemacht werden, die das Betreten von Privat- oder Staatseigentum verbieten und Ruhe- oder Verkehrsstörung unter Strafe stellen.

Wir erkennen: Hier spricht nicht der *Agitator*, den vor allem diejenigen in ihm sehen, welche sich weigern, die Idee des geschichtlichen Fortschritts für eine empirisch gesicherte Erkenntnis zu halten, hier gelangt ein *Analytiker*, alles Für und Wider sachlich wägend, zu der Empfehlung: Immer feste druff, aber vorsichtig, die andern sind in der Überzahl! Mit Marcuses Worten: »Solange die Opposition nicht die gesellschaftliche Kraft einer neuen Allgemeinheit entwickelt hat, ist das Problem der Gewalt primär ein Problem der Taktik.« Rein theoretisch, wohlgemerkt.

Das Hochziel, dem diese Taktik des wohlüberlegten Blutvergießens dienen soll, heißt »Befriedete Gesellschaft«, worunter wir uns ein Gemeinwesen vorzustellen haben ohne Krieg, Brutalität, Häßlichkeit, »falsche Bedürfnisse« und »zementierte Hoffnungslosigkeit«, mit einer Kultur, »geschaffen vom Spieltrieb und nicht durch das Leistungsprinzip«. APO-Theose: »Der Mensch wird in der spielerischen Entfaltung statt im Mangel leben.«

In einem »Spiegel«-Interview gefragt, ob auch Tiere gegen die Grausamkeiten anderer Tiere zu schützen seien, antwortete Herbert Marcuse: »Ob man je verhindern können wird, daß der große Fisch den kleinen frißt? Vielleicht kommen wir noch einmal dazu, wenn nämlich der große Fisch genug Nahrung hat, so daß er den kleinen nicht braucht.« – Sankt Franziskus redivivus? Oder Christian Morgensterns »Hecht, vom heiligen Anton bekehrt«? Der Politprofessor wußte solchen Verdacht zu zerstreuen. »Die Idee der Befriedigung der Natur«, so fuhr er fort, »ist eine geschichtliche, keine metaphysische.«
Wie gesagt, eine ganze Studentengeneration.

Der Abwiegler

Aufgewiegeltes Volk, insbesondere junges, ist von Nutzen, solange Beweise ideologischen Einfallsreichstums verbreitet und durchgesetzt werden sollen. Ist eine neue oder neu anmutende Idee etabliert, muß die Unruhe, die man mit demagogischen Mitteln erzeugt hat, entweder in gleichgerichtete Energie (Sprech-Chöre, Aufmärsche) umgewandelt oder mit ebensolchen Mitteln gebändigt werden.
Will man eine erregte Menschenmasse »abwiegeln«, kann man es machen wie der preußische Minister von der Schulenburg nach der Schlacht bei Jena und sagen: »Ruhe ist die erste Bürgerpflicht.« Hat man statt einer preußischen eine beliebige oder gar studierende Menschenmasse vor sich, muß man es schon listiger anstellen; etwa so, wie Friedrich von Schelling, der nach tagelangen blutigen Zusammenstößen zwischen Soldaten und Studenten am Abend des 29. Dezember 1830 in der Aula der Münchner Ludwig-Maximilian-Universität die Worte fand:

»Aufgereiztem Pöbel kann man nicht zumuten, daß er sich selbst überwinde. Ihnen, Jünglingen, die die Sonnenhöhen der Wissenschaft kennen, die tief unter sich gemeine Denkart und gemeines Vorurteil sehen, die ihren Geist an dem Höchsten zu üben gewohnt sind und zu üben aufgefordert sind – Ihnen kann man zutrauen, daß Sie den Wert der Selbstüberwindung fühlen, und daß Sie in sich selbst die Kraft finden, sie wirklich zu üben; Sie kann man auffordern, eben jetzt ein Beispiel dieser Selbstüberwindung zu geben, das nicht allein *Sie* ehren, sondern . . . ein allgemeines Zeugnis für den Geist deutscher Universitäten ablegen wird . . . Den bloßen Naturmenschen kann man auch an dem Widerstand erkennen, den er der physischen Gewalt entgegensetzt; den gebildeten und wahrhaft menschlichen Menschen, unter den Gebildeten den Mann, der Mann ist im vollen Sinne des Wortes, erkennt man an der Gewalt, die er über sein eigenes Inneres ausübt. O lassen Sie diesen höchsten Sieg sich nicht entgehen! . . . Zeigen Sie, daß zwar nicht Kolbenstöße, nicht Bajonettstiche noch Säbelhiebe, aber das Wort eines einzigen Lehrers . . . imstande war, Sie zur Stille, zur Ruhe zurückzurufen. Jetzt gleich, indem Sie nach Hause gehen, bitte ich Sie, alles Aufsehen zu vermeiden . . . Die Ehre Ihres Lehrers ist eins mit Ihrer eigenen, und welches auch Ihre Empfindungen sein mögen, Sie werden den Lehrer, der sich an Ihr Vertrauen gewendet, nicht bloßstellen, Sie werden das Vertrauen, daß er in Sie gesetzt hat, nicht beschämen lassen! Gott mit Ihnen!«

Die Münchner Studenten gingen vermutlich mit Gott, aber ohne die Erkenntnis nach Hause, folgenden Abwiegler-Tricks aufgesessen zu sein:

Trick eins: Appell an den akademischen Dünkel (»Sonnenhöhen der Wissenschaft« – »gemeine Denkart«)

Trick zwei: Spekulation auf die Unsicherheit junger Menschen bezüglich ihres Erwachsenen-Status (»Mann im vollen Sinne des Wortes«).
Trick drei: Appell an die martialische Eitelkeit (». . . nicht Bajonette noch Säbelstiche«).
Trick vier: Suggestion einer Verantwortung (hier: für den Lehrer und dessen Ehre), die zu tragen man nicht verpflichtet ist.
Trick fünf: Vorspiegelung, daß man ein Vertrauen, das jemand ungebetenerweise in einen setzt, beschämen kann.
Daß Friedrich Wilhelm Joseph von Schelling gleichwohl kein Demagoge, sondern ein von hohem Ethos geprägter Philosoph war, sei ihm mit Respekt bescheinigt.

3. *Die großen Töne*

Hat jemand einer Masse Angenehmes mitzuteilen, braucht er ihr keine rednerischen Kunststückchen vorzumachen. Eine erfreuliche Nachricht wird in jedem Fall Freude auslösen, die automatisch auch ihm als ihrem Verkünder zugute kommt. Schwieriger ist es schon bei den Hiobsbotschaften, falls sie keine so unergiebigen Empfindungen wie Trauer oder Resignation, sondern agitatorisch nutzbare wie Empörung oder Haß hervorrufen sollen. Am schwersten hat es, wer dem demagogischen Alltag Rechnung tragen und ein Auditorium ohne besondere Vorkommnisse in eine für seine Zwecke günstige Stimmung bringen muß.
Hierbei allerdings kommt dem Agitator zustatten, daß eine psychologische Masse im Grunde gar nicht informiert werden will. Informieren heißt ja Wissen vermitteln, einen

Denkanstoß in Gang setzen, und denken mag das Wesen Masse in uns nicht. Es will hören, daß heißt mit Worten gestreichelt werden – oder väterlich geknufft, wenn's mal sein muß. »Die Masse«, schrieb der eingangs vorgestellte Werbe-Pionier Hans Domizlaff, »wird weit mehr durch Form und Tenor einer Rede. . . beeinflußt als durch den realen, gedanklichen Inhalt. Deshalb haben Pathos und Theatralik eine ungleich größere Kraft, die Sympathie der Masse zu erwerben als die bedeutendsten geistigen Analysen und Kenntnisse.«

Demagogisches Pathos meint nicht einen Ausdruck von tiefleidenschaftlicher Ergriffenheit, sondern ist die vokale Bemühung, das Selbstverständliche absonderlich und das Gewöhnliche weltbewegend erscheinen zu lassen.

Heißt eine Aussage etwa im Abriß: »Dem Fürsten von Bismarck alles Gute zum 80. Geburtstag«, empfiehlt sich für die pathetische Version dieser Aussage folgender Wortlaut: »Wir aber, die wir mit Freude Euer Durchlaucht als Kameraden und Standesgenossen bewundernd feiern, in bewegtem Danke gegen Gott, der Sie unter unserem glorreichen alten Kaiser so Herrliches vollbringen ließ, stimmen ein in den Ruf, den alle Deutschen von der schneebedeckten Alpe bis zu den Schären des Belt, wo die Brandung donnernd tost, aus glühendem Herzen ausrufen, Seine Durchlaucht, der Fürst von Bismarck, Herzog von Lauenburg, lebe hoch! Hurra! Hurra! Hurra!« Dabei können, wenn der Pathetiker wie im vorliegenden Fall Wilhelm II. heißt, die Hurra-Rufe von 21 Salutschüssen der Artillerie begleitet werden. Dies ergibt insofern einen sinnigen Zusammenklang, als Pathos die etwas verfeinerte Form jenes Lärms ist, den der Test-Schimpanse der Tierpsychologin van Lawick-Goodall mit leeren Benzinkanistern hervorbrachte (siehe S. 37).

Daß der von Wilhelm Gefeierte die großen Töne nicht mit der gleichen Bildkraft und Bruststimme, dafür aber um so geschickter von sich geben konnte, hatte er oft bewiesen. So 1879 im Deutschen Reichstag, nachdem ihn ein Parlamentskollege wirtschaftspolitischer Ahnungslosigkeit geziehen hatte: »Ich weiß nicht, . . . ob in dem absprechenden und wegwerfenden Urteile über mich der Abgeordnete Weber recht bekommt vor der Mit- und Nachwelt, oder ob mir zuerkannt wird, daß ich, nachdem ich 17 Jahre lang an der Spitze der Gesamtgeschäfte stehe, auch ein Recht zu einer Meinung über wirtschaftliche Fragen habe. Darüber erwarte ich getrost das Urteil meiner Mitbürger – ich will von Nachwelt nicht sprechen, es ist mir zu pathetisch.«

Beachten wir: Bismarck hat das Wort »Nachwelt«, ehe er es zu pathetisch findet, bereits verwendet. Außerdem begegnen wir hier dem beliebten Trick, etwas Gewagtes oder dem Konsensus Widersprechendes zu sagen, indem man vorgibt, es nicht zu sagen, etwas zu tun, indem man behauptet, es zu lassen.

»Ich bin weiß Gott der Letzte, der einem politischen Gegner das Recht bestreiten wollte, frei und offen seine Meinung zu äußern!« erklärt ein Großtöner emphatisch – und sein nachfolgendes »Aber« macht deutlich, daß er der Erste ist, der ebendies am liebsten täte. »Ich will dem Kollegen Rot bestimmt nicht zu nahe treten«, tönt Blau, »aber er ist unfähig, faul, korrupt und überhaupt eine Schande für das Hohe Haus.« Oder, wenn jemand alles gegen jemanden gesagt hat: »Damit will ich nichts gegen ihn gesagt haben.«

Das beleidigte Pathos, wie Bismarck es uns vorführte, ist nahe verwandt mit jenem geschmerzten, das besonders

während der Französischen Revolution zu hören war. »Was bin ich anders als ein unglücklicher Sklave der Freiheit?« klagte Robespierre, wenn er im Konvent auf Unverständnis stieß. Oder: »Wenn man verlangt, daß ich diese Wahrheiten verhehle, bringe man mir lieber den Schierlingsbecher!« Als ihm statt des Giftes eine Einladung zu »Monsieur de Paris«, dem beamteten Halsabschneider, drohte, rief er aus: »Gegen mich werden tausend Dolche geschliffen!« Vermutlich war ihm das eine Fallbeil nicht attraktiv genug.
Der leidvolle Tenor ist auch dann gebräuchlich, wenn ein Redner seine Einzigartigkeit und damit die klassische Einsamkeit des Massenhelden demonstrieren will. Der vom Schicksal auserwählte Eine, der das Mittelmaß so sichtbar überragt, ist zwar in gewisser Weise immer noch der »Kleine Korporal«, der »unbekannte Soldat«, der Mensch wie du und ich, als der er das höchste Amt angetreten hat, zugleich aber ist er durch seine Mission ein anderer geworden, ja trug den Keim zu diesem Anderssein vielleicht schon in sich, als seine Spielgefährten in ihm den »kleinen Rädelsführer« erblickten. Zwischen dem Helden und der Masse erhebt sich ein Berg von streng zu hütenden Staatsgeheimnissen, türmen sich Verantwortung und Sorge um das Wohl aller, gähnen Abgründe von Engstirnigkeit und Ignoranz. Das alles macht den kleinen Mann zum großen kleinen Mann, der, wenn's schiefgegangen ist, in larmoyantem Trotz versichert: »Ich habe es nie verstanden, mich unter das Joch der Gemeinheit zu beugen« (Robespierre).
Das empörte Pathos ist uns aus dem parlamentarischen Alltag so vertraut, daß ein exemplarisches Zitat genügen mag. Der CDU-Abgeordnete Kurt G. Kiesinger am 22.

März 1958 im Deutschen Bundestag, nach einer Rede des SPD-Abgeordneten Helmut Schmidt: »Herr Präsident, meine Damen und Herren! Ich schäme mich für das ganze Parlament, daß diese Rede hier gehalten worden ist – und ich schäme mich dafür, daß Herr Ollenhauer zu dieser Rede gratuliert hat. . . Die Rede, die wir soeben hören mußten, war ein einziger Schmutzkübel, der ausgegossen wurde über dieses Haus!«
Merken wir besonders: Der Redner versucht die Gegenpartei zu disqualifizieren, indem er sich über ihr tiefes sittliches Niveau besorgt zeigt. Die Ärmste ist unfähig, sich zu schämen, also schämt er sich kollegialerweise für sie.

Eine beliebte Spielart ist das heroische Pathos, zumal, wenn sich eine Sache gar nicht oder nur unzulänglich mit Argumenten vertreten läßt. Franco 1962: »Das Regime, das wir heute haben, ist nicht heuchlerisch auf einige Wahlzettel gegründet, sondern wurde von uns mit den Spitzen unserer Bajonette und mit dem Blute unserer Besten erobert.«
Der Caudillo liefert uns hier in mehrfacher Hinsicht ein Lehrbeispiel: 1. Er benützt ein abwertendes Eigenschaftswort (heuchlerisch) zur Kennzeichnung eines ihm unliebsamen Vorgangs (freie und geheime Wahl), obgleich es auf diesen Vorgang gar nicht anwendbar ist. 2. Er unterstellt, daß etwas schon darum gut sein müsse, weil dafür Blut vergossen wurde. 3. Er weiß und baut darauf, daß die Masse gern Selbstverständlichkeiten hört wie etwa die, daß im spanischen Bürgerkrieg nicht mit der stumpfen, sondern mit der spitzen Seite des Bajonetts gefochten wurde. 4. Das Wort »Bajonett« erweckt die Vorstellung von ritterlichen Mann-gegen-Mann-Kämpfen, ist

also zur Glorifizierung besser geeignet als die modernen Vernichtungswaffen, mit denen im spanischen Bürgerkrieg *wirklich* gekämpft wurde. 5. Mit dem Hinweis, bei der Durchsetzung seines Machtanspruchs seien »die Besten« zu Tode gekommen, redet Franco den Überlebenden ein oppositionshemmendes schlechtes Gewissen ein. Eigentlich, so sollen sie sich ständig vorwerfen, müßten wir tot sein. (In Wirklichkeit fallen natürlich nicht »die Besten«, sondern, falls es im Krieg überhaupt Unterschiede in der Sterblichkeit gibt, die Unerschrockensten, sprich: die mit der wenigsten Phantasie.)
Heroisches Pathos gibt es nicht nur in Diktaturen. Auch die parlamentarische Redeweise kennt den Appell an den »Helden im Manne«, der selbst im zaghaftesten Hinterbänkler horstet, und solch ein Mahnruf kann sogar erschallen, wenn es um ein humanitäres Anliegen, zum Beispiel um die Ablehnung gewisser Auswüchse der Wehrhaftigkeit geht. Der SPD-Abgeordnete Helmut Schmidt 1958: »Zur Zeit gibt es ein neues Stabsmanöver. . ., ein Planspiel, von der NATO angelegt. Dieses Planspiel heißt. . . ›Lion Bleu‹. Ich habe sagen hören: Diejenigen Offiziere, die dieses Planspiel vorbereiten mußten, haben dabei geweint. Ich wiederhole: Offiziere, deutsche Offiziere, die dieses Atombomben-Planspiel mit vorbereiten mußten, haben dabei geweint!« – Man denke: Nicht die Heulsusen der übrigen NATO, nein, Deutsche und noch dazu Portepee-Träger!
Weit heimischer freilich als auf der parlamentarischen fühlt sich das Pathos, besonders der weihevolle Schwulst, auf der revolutionären oder totalitären Szene.
»Erfahre, Europa«, tat Saint-Just, Robespierres Freund und Schafottgenosse, diesem Kontinent kund, »daß wir

auf dem Boden Frankreichs keinen einzigen Unglücklichen mehr haben wollen! Das Glück ist in Europa eine neue Idee!« – »Jetzt streift Gottes Mantel über Deutschland hin, und die Deutschen brauchen nichts zu tun, als ihn zu ergreifen und den Saum festzuhalten!« frömmelte Joseph Goebbels zu einer Zeit, als dieses himmlische Kleidungsstück den großdeutschen Luftraum geflissentlich zu meiden schien.

Bezeichnend für die Pathetiker totalitärer Systeme ist jene Art von Geschwollenheit, die ihre schwammige Fülle auf einen ganz normalen biologischen Vorgang, nämlich die Mutterschaft stützt. Darin liegt Methode. Zeugungsfähigkeit gibt es so reichlich, daß jedes Gewaltregime die Hälfte seiner potentiellen Kindsväter ruhig abschlachten lassen kann, Gebärtüchtigkeit aber will gehegt sein. Deshalb ließ die Nazipropaganda das Wort »Mutter« sogar auf griechischen Versfüßen wandeln: »Die Arbeit ehrt die Frau wie den Mann. Das Kind aber adelt die Mutter«, hieß es 1932 in einem Wahlaufruf der NSDAP. Ein Jahr später bekränzte das Partei-Organ »Der Angriff« die via Entbindung zu Freifrauen Avancierten mit völkischem Eichenlaub: »Die Idee des Muttertages ist dazu angetan, das zu ehren, was die deutsche Frau versinnbildlicht: die deutsche Mutter! Nirgendwo fällt der Frau und Mutter diese Bedeutung zu als im neuen Deutschland. Sie ist die alleinige Trägerin deutschen Volksgedankens. Mit dem Begriff ›Mutter‹ ist ›Deutschsein‹ ewig verbunden.«

Bla pour Bla

Mit Pathos allein ist es nicht getan. Der Schwulst, der ans Gemüt rühren soll, muß sich erst einmal am Check-point

Verstand vorbeischmuggeln, sonst läuft er bei aller Humorlosigkeit der Masse Gefahr, lächerlich zu wirken; und Lächerlichkeit macht nicht immer populär, manchmal tötet sie auch. Darum gestaltet der Demagoge seine Sätze so, daß sie ans Trommelfell dröhnen, ohne deshalb gleich zum Denken anzuregen: er drechselt Phrasen.

Die Phrase hat eine entfernte Ähnlichkeit mit dem Schlag- oder Fahnenwort, unterscheidet sich jedoch erheblich vom aufwieglerischen Reizwort, ist gleichsam der Thermostat, der die bereits eingebrockte Suppe nicht sprudelnd kochen lassen, sondern nur am Köcheln halten soll. Diese temperaturregelnde Aufgabe hatten vor allem die Phrasen der Jahre 1933 bis 1939 zu erfüllen, Satzhülsen wie: »Deutschland muß leben, und wenn wir sterben müssen«, »Du bist nichts, dein Volk ist alles« oder gar »Wir sind zum Sterben für Deutschland geboren«. Hier sollte nicht Todesmut zu jähem Aufwallen gebracht werden, hier sollte Ergebenheit in den Willen des Führers und einer martialischen Vorsehung still dahinblubbern – bis zum 1. September 1939, 04.45 MEZ.

Auch der im östlichen Europa praktizierte Sozialismus hält sein Süppchen gern mit Phrasen warm. Mag die Zukunft dort noch so rosig schimmern, die gegenwärtige Lage muß ernst sein, muß wenigstens so viel Bedrohliches an sich haben, daß der werktätige Mensch nicht aus dem Trab in den Trott verfällt. Daher heißen Ernten und sonstige Produktionsstadien »Erzeugungsschlachten«, strampeln sich Radrennfahrer nicht für versilberte Pokale ab, sondern – wie vor Jahren in der DDR – »für den Frieden«; womit sie westliche Matadore dieser Sportart quasi in die Verlegenheit bringen, für einen dritten Weltkrieg zu radeln.

Eine andere, nicht weniger wichtige Funktion hat die Phrase in der Parlamentarischen Demokratie. Dort soll sie kein politisches Klima aufrechterhalten, sondern dafür sorgen, daß die Anzahl der während Plenarsitzungen gesprochenen Worte auch dann die gleiche bleibt, wenn es nichts zu sagen gibt; was angesichts des Umstandes, daß die eigentliche Parlamentsarbeit innerhalb der Ausschüsse und Fraktionen geschieht, der Normalfall ist.
Da eine ehrwürdige Gepflogenheit es will, daß alles, was Parlamentsmitglieder im Hohen Hause äußern, fürs Protokoll mitstenographiert wird, darf die Tagesmenge Redegeräusch, die der »große Haufe« an den Fernsehgeräten und der kleine im Plenum erwartet, nicht unartikuliert fluten, sondern muß beim Nachlesen einen gewissen Sinn erkennen lassen. Natürlich braucht es kein tiefer Sinn zu sein.
Masse, wir erfuhren es eben, liebt das Selbstverständliche, die Binsenweisheit; eine Tatsache, von der nicht zuletzt die Phono-Industrie profitiert. Ihre »Renner« sind zu Schallplatten verdichtete Dokumente des Unbestreitbaren. An Refrain-Zeilen wie »So oder so ist das Leben« oder »Im Leben geht alles vorüber« kann eine breite Öffentlichkeit sich ebensowenig satt hören wie an der Tröstung, daß auf Weinen irgendwann auch wieder Lachen folge, oder nach Regenperioden mit Aufklarungen zu rechnen sei.
Die politische Phrase beruht auf dem gleichen Prinzip, nur werden mit ihr Selbstverständlichkeiten nicht einfach konstatiert, sondern auch postuliert, wenn möglich inkriminiert. Selbst wo es sich scheinbar um eine Feststellung handelt, etwa: »Nur wer im Wohlstand lebt, lebt angenehm«, schwingt eine Forderung mit, nämlich die, daß gerechterweise *alle* im Wohlstand leben sollten, oder es klingt der

Vorwurf an, daß nur einige wenige (und zwar unverdientermaßen) angenehm leben.
Die Banalität, mit welchem Unterton auch vorgebracht, ist jedoch für den politischen Phraseur nur der Grundstoff, sozusagen das Eiklar, woraus er diejenige Menge Schaum schlagen muß, die erforderlich ist, um das ihm zugewiesene akustische Vakuum zu füllen. Die gebräuchlichsten Grundvorstellungen heißen: »Vollbeschäftigung ist schöner als Arbeitslosigkeit«, »Besser stabile Preise als Inflation«, »Lieber hohe Löhne und Unternehmergewinne als keine Aufträge«, »Kriminalität ist ba-ba« oder einfach »So geht es nicht weiter!« (Opposition) bzw. »Mehr läßt sich nicht tun« (Regierung). Der rhetorische Schaum, der aus einer solchen Minimalaussage geschlagen wird, richtet sich qualitativ nach dem Füllwortschatz des einzelnen, quantitativ nach der beantragten Redezeit. Das bekannte Basis-Postulat: »Lieber reich und gesund als arm und krank« würde, mit dem Schneebesen bearbeitet, etwa so aussehen:
»Unsere Partei, meine Damen und Herren, und erlauben Sie mir, daß ich dies hier mit allem gebotenen Ernst und in aller Deutlichkeit einmal so sagen darf, unsere Partei wird das Ziel, das sie sich seinerzeit auf ihrem traditionellen Bußtagstreffen gesteckt hat, und das sie seitdem niemals aus den Augen verloren hat, dieses hohe Ziel, meine Damen und Herren, wird sie... Nein, Herr Präsident, ich gestatte *keine* Zwischenfrage! – Dieses Ziel werden wir auch weiterhin verfolgen; unbeirrbar, unermüdlich und, was genauso wichtig ist, meine Damen und Herren hier in diesem Hohen Hause, mit Augenmaß! Erlauben Sie mir, daß ich Ihnen dieses unser Ziel noch einmal in Erinnerung bringe. Es lautet: Wohlstand... meine Damen und Her-

ren von der Linken (Rechten), da mögen Sie noch so einmütig Ihre Köpfe schütteln, unsere Auffassung von Wohlstand ist eben eine andere als die Ihre, ob Ihnen das nun paßt oder nicht, und ich möchte für meine Person hinzufügen: Gott sei Dank! – Meine Damen und Herren, unsere Zielvorstellung lautet: Wohlstand für alle in unserem schönen und so reich gesegneten Vaterland . . . ja, auch für Sie, Herr Kollege dort drüben, obwohl Ihnen andere Zustände wahrscheinlich lieber wären! Wohlstand für alle, in einem an Leib und Seele gesunden Volkskörper! Meine Damen und Herren, ich danke Ihnen für Ihre geduldige Aufmerksamkeit.«

Ein herrlich Volk

Das Wesen Masse in uns, so haben wir gelernt, ist eitel. Und weil es kein denkendes, also urteilsfähiges, sondern ein fühlendes, also der Kritik, speziell der Selbstkritik, ermangelndes Wesen ist, verfolgt es jeden, der sich weigert, es zu hofieren, mit Haß; wer ihm jedoch schöntut, dem jubelt es zu. Je plumper die Schmeichelei, desto lauter der Jubel. Ein Kompliment, so dick aufgetragen, daß der dümmste einzelne es sogleich als Lüge durchschauen würde, ist für den Menschen in der Masse nur die Feststellung einer objektiv bewundernswerten Handlung oder Eigenschaft.

Wäre uns von Moses nichts weiter als das 4. Kapitel seines fünften Buches überliefert, könnten wir schon daraus seinen Rang als Massenverführer ersehen, denn dort steht geschrieben, mit welchen Worten er dem Volke Israel sein Gesetzwerk schmackhaft machte: ». . . das wird eure Weisheit und Verstand sein bei allen Völkern, wenn sie hören werden alle diese Gebote, daß sie müssen sagen: Ei, welche weisen und verständigen Leute sind das, und ein herrlich Volk! Denn wo ist ein so herrlich Volk, zu dem Götter also nahe sich tun als der Herr, unser Gott, so oft wir ihn anrufen? Und wo ist so ein herrlich Volk, das so gerechte Sitten und Gebote hat als alle diese Gesetze, die ich euch heutigen Tages vorlege?«

Aus der Sicht der jeweiligen Machthaber oder -anstreber ist dieser Planet Erde übersät mit herrlichen Völkern oder Volksgruppen, deren Herrlichkeit freilich, betrachtet man sie mit unbefangenen Augen, der Überheblichkeit zum Verwechseln ähnlich sieht.

»Dem römischen Volke ist es nicht bestimmt, zu dienen...«, proklamierte der Staatsmann Cicero, und Vergil der Poet, nicht weniger bewandert in der Kunst, die Masse mit großen Tönen zu berauschen, dichtete: »Du bist ein Römer, dies sei dein Beruf:/Die Welt regiere, denn du bist ihr Herr,/ dem Frieden gib Gesittung und Gesetze,/ begnad'ge, die sich dir gehorsam fügen,/ und brich in Kriegen der Rebellen Trotz!«

Die Neigung menschlicher Kollektive, sich selbst zu verherrlichen oder von beredten Liebedienern verherrlichen zu lassen, ist elementar. Irgendwelcher Gründe für eine solche Glorifizierung bedarf es nicht. Dennoch braucht die Eitelkeit einer Volksmasse gewisse Markierungspunkte, an denen sich Art und Ausmaß ihrer Herrlichkeit erkennen lassen. Zum Beispiel Nationalfeiertage. Sie nehmen in der Regel auf ein blutiges Ereignis Bezug, das gar nicht einmal besonders ruhmreich zu sein braucht. Der 14. Juli, den Frankreich als Stichtag für den Anbruch von Freiheit, Gleichheit und Brüderlichkeit feiert, verdient diese Ehre nur bei großzügigster Auslegung dieser Begriffe; der in der Bundesrepublik Deutschland als »Tag der deutschen Einheit« begangene 17. Juni beruft sich auf Vorgänge, die eher geeignet wären, ein Fest der deutschen Teilung zu zelebrieren. Wie wenig die Gründe, nationalem Eigendünkel den Hof zu machen, von der Vernunft bestimmt werden, zeigt auch die Unverwüstlichkeit von Gedenktagen an Triumphe in Schlachten und Kriegen, wobei es keine Rolle spielt, ob man mit dem Volk, das man einst glorreich bezwungen hat, noch immer böse ist oder seit langem in guter Geschäftsverbindung, wenn nicht sogar im Waffenbündnis steht.

Neben den historischen Daten sind es die historischen Helden, die »Männer, die Geschichte machen« (Mussolini), mit denen sich nationales Selbstgefühl nach demagogischem Belieben steigern läßt. Auch ihre Größe ist keine geistige oder moralische, sondern entspricht etwa der zu ihren Glanzzeiten vergossenen Blutmenge. Daß die Nachgeborenen sich dieser gekrönten oder selbsternannten Blutegel nicht schämen, daß sie im Gegenteil deren Aderlässe als schmeichelhaft empfinden, beruht auf dem Phänomen »Legendenbildung«. Friedrich II. von Preußen wurde nur deshalb »der Große«, weil die Ahnen den Enkeln verschwiegen, daß dieser Monarch ein skrupelloser Landräuber war, ihnen aber erzählten, wie fein er philosophierte und mit welchem Weitblick er den Kartoffelanbau förderte. Napoleon kam ins nachrühmliche Gerede nicht, weil er Europa entvölkert oder die Ideale der Revolution verraten hätte, sondern weil die gloire de la France nach einem wetterfesten Idol verlangte.

Was Demagogen an solchen Renommierhelden besonders schätzen, ist deren Passe-partout-Eigenschaft. Preußens Friedrich wirkte auf die Grenadiere der Befreiungskriege ebenso anspornend wie auf die Fallschirmjäger Hitlers, Frankreichs Bonaparte hatte keine Mühe, der gute Stern aller seiner Nachfolge-Regenten zu sein. Dazu kommt erleichternd, daß auch die Legenden wandelbar sind. Über die Wandlungen der Napoleon-Legende schrieb Le Bon 1895: »Unter den Bourbonen wurde Napoleon zu einer idyllischen, menschenfreundlichen und freisinnigen Persönlichkeit, einem Freund der Armen, die. . . sein Andenken in ihrer Hütte für lange Zeit bewahren würden. Dreißig Jahre später war der gutmütige Held zu einem grausamen Despoten geworden, zu einem Usurpator von Macht und Freiheit, der drei Millionen Menschen nur zur Befriedigung seines Ehrgeizes geopfert hatte. Gerade jetzt wandelt sich die Legende wieder. Wenn einige Dutzend Jahrhunderte darüber hingegangen sind, werden die zukünftigen Forscher angesichts dieser widersprüchlichen Berichte vielleicht die Existenz des Helden bezweifeln und werden dann in ihm nur einen Sonnenmythus oder eine Fortentwicklung der Herkulessage erblicken.«

Den Versuch, aus Napoleon Bonaparte eine Sagengestalt zu machen, hatte schon 1835 ein französischer Notar unternommen. Seine Deutung: Geburt des Sonnengottes »Napollon« auf einer Mittelmeerinsel (Korsika), Aufstieg zum Zenit (Austerlitz), Abstieg und letztes Aufbäumen gegen den Erzfeind Frost (Rußland), Versinken in westlichen Meeren (St. Helena).

Vielleicht war der Lebensweg Adolf Hitlers vom Inn an die Spree wenigstens insofern glücklich gewählt, als er zu einem Vergleich mit dem Lauf der Sonne nicht sonderlich hart herausfordert.

Das Volk irrt sich nie

Giacomo Casanova lobte an den Frauen, die er begehrte, weniger die Vorzüge, die sie besaßen, als jene, die sie nicht besaßen, folglich gern besessen hätten. Den Geistreichen attestierte er Schönheit, den Schönen Geist und die Flatterhaften bewunderte er ob der Treue, zu der sie fähig wären, wenn erst einmal der Richtige käme. Der Erfolg dieser Taktik bestand darin, daß jeder Mensch seine Mängel kennt oder zumindest ahnt, und darum auf das angenehmste überrascht ist, wenn ein anderer sie nicht bemerkt. Mit diesem Verblüffungs-Trick arbeitet auch der Massenverführer.

Weil das Wesen Masse in seinem Innersten spürt, daß es von Politik keine Ahnung hat, konnte ihm ein Robespierre schmeicheln: »Das Volk irrt sich nie«; weil es im Grunde ein unheroisches und einfältiges Wesen ist, flirtete Mao: »Die wahren Helden sind die Massen, wir selbst aber sind oft naiv bis zur Lächerlichkeit«. »Sehen Sie sich ein paar hundert Studenten aus den kommunistischen Kaderschmieden an und dann ein paar hundert Lehrlinge aus Siegen, dann wissen Sie, wer gebildet ist«, balzte Wahlkämpfer Helmut Kohl. Und weil »die da unten« es nicht gewöhnt sind, daß »die da oben« von ihnen Ratschläge brauchen oder gar annehmen, girrte Josef Stalin vor Nacheiferern des sowjetischen Übersoll-Erfüllers Stachanow: »Wir, die Führer der Partei und der Regierung, müssen. . . nicht nur die Arbeiter lehren, sondern auch von ihnen lernen. Daß Ihr. . . einiges von den Führern unserer Regierung gelernt habt, das will ich nicht bestreiten. Aber man kann ebensowenig bestreiten, daß auch wir, die Führer der Regierung, von (Euch). . . viel gelernt haben. Also habt Dank,Genossen, für die Lehre, vielen Dank!«

Wie sich Schmeichel- und Überraschungseffekt noch listiger kombinieren lassen, lehrt uns der römische Tribun Gajus Sempronius Gracchus (154 bis 121 v. Chr.), einer der begabtesten Demagogen der Antike. Als gegen ihn der Vorwurf erhoben worden war, er führe ein zu luxuriöses Leben, verteidigte er sich auf dem Forum, wobei ihn ein Freigelassener namens Licinius auf der Flöte begleitete:
»Es ist keineswegs Luxus, edle Bürger Roms, sich anzuschaffen, was man zum Leben braucht! Wenn ihr all eure Weisheit und Tugendhaftigkeit zusammennehmt und euch ehrlich prüft, werdet ihr mir darin beipflichten, wenn ich behaupte, daß, wie wir hier versammelt sind, keiner von uns an die Öffentlichkeit tritt, ohne sich etwas davon zu versprechen... Wer hier auf diesem Forum das Wort ergreift, will damit etwas erreichen, erhofft sich davon einen Vorteil... Auch ich, der ich hier zu euch rede, tue dies nicht uneigennützig. Ja, ich will etwas von euch... Ich will, daß ihr euere Einkünfte ebenso beharrlich vermehrt, wie ich die meinen vermehrt habe. Denn nur, wer sein eigenes Wohl im Auge hat, kann auch über das Staatswohl wachen...«
Gracchus schmeichelt seinen Zuhörern, indem er ihnen en bloc hohe geistige und moralische Qualitäten zubilligt. Er verblüfft sie mit dem Eingeständnis, auf seinen Vorteil bedacht zu sein, und er versucht sie dadurch, daß er das Streben nach persönlichem Reichtum für eine Bürgerpflicht erklärt, zu Komplizen des exzessiven Wohllebens zu machen, das man ihm vorwirft.
Konrad Adenauer 1957 (ohne Flötenbegleitung): »Ich weiß sehr wohl, meine Freunde, daß innerhalb der sozialdemokratischen Partei auch eine ganze Reihe von Menschen sind, die vernünftig denken, auch wenn sie nicht zu

uns gehören, vernünftig denken in vielen, vielen Sachen wie wir. Und ich habe oft den Wunsch, daß solche Sozialisten einmal in unsere Versammlungen kommen, um sich anzuhören, was dort gesagt wird. Und ich glaube, daß sie dann vielleicht doch bei der Wahl ihre Zweitstimme nicht der SPD, sondern der CDU geben.«

Das überraschende Zugeständnis, daß dem politischen Gegner in bescheidenem Maße Vernunft innewohne, richtet sich hier sowohl an die CDU-Freunde, denen es schmeicheln soll, einer so toleranten Partei nahezustehen, als auch an versprengte SPD-Anhänger mit extrem niedrigem Intelligenzgrad. Die Zweitstimme nämlich ist nach bundesdeutschem Wahlrecht die wichtigere, denn sie entscheidet letztlich über die Sitzverteilung im Bonner Parlament.

Natürlich gefallen der Masse genausogut Komplimente, die sie *nicht* in Erstaunen versetzen, und zwar gefallen sie ihr auch, ja besonders dann, wenn sie eigentlich überrascht sein müßte, daß man überhaupt Schmeichelhaftes über sie äußert; etwa nach ruhmlosen Vorkommnissen in ihrer jüngsten Vergangenheit. Ob Willy Brandts Wahlkampf-Appell an Konrad Adenauer: »Das deutsche Volk verdient, mit mehr Liebe und weniger Gerissenheit regiert zu werden!«, ob Jimmy Carters Jubelruf: »Es ist schön, Amerikaner zu sein; wir sind ein gutes Volk!« – das millionenköpfige Wesen schlürft es genüßlich und ohne eine Spur von Verlegenheit. Mag sein Sündenregister noch so lang sein, es *hat* Liebe verdient; mögen die Meinungen über sein Handeln oder Verhalten noch so ungünstig lauten, es *ist* gut. Ein herrlich Volk.

Schmeichelei als berechnende Zuwendung an Individuen oder Gruppen ist im allgemeinen ortsgebunden, das heißt, der Schmeichler hat es mit einer Person oder Masse zu tun, die ihn kennt, als ihresgleichen akzeptiert, in ihm den Mitbürger und Landsmann sieht. Neben diesem stationären gibt es noch das ambulante Schöntun: die Bemühung des Orts- oder Landfremden, ein ansässiges Kollektiv für sich oder ein ihm nützliches Vorhaben einzunehmen. Die Urform dieser Art von Sympathie-Heuchelei finden wir heute noch bei herumziehenden Ex-Quiz-Meistern des Fernsehens und bei Komikern, die den kärglichen Rest ihrer Popularität verhökern müssen und nun »ehrlich glücklich« sind, sich den Wunsch ihres Lebens zu erfüllen und vor die Einwohner von Schweinschied, Motzenrode oder Kleinbittersdorf hintreten zu dürfen, dem »besten, liebsten und intelligentesten Publikum«, dem sie jemals begegnet sind.
Auch Politiker müssen vor Volksentscheiden dem »midlothischen Geist« Tribut zollen und sich aufs sogenannte »flache Land« begeben, obgleich ihre Ortsfremdheit dank der Massenmedien nur noch eine symbolische sein kann. Jedermann in Dorf, Marktflecken oder Kleinstadt kennt die reisigen Wahlkämpfer »vom Sehen«, und er jubelt sogar ein bißchen, wenn dieser kokettiert: »Kritiker haben gesagt, jetzt geht der Brandt auf die Dörfer. Als ob jemand zu gut wäre, nun auf die Dörfer zu gehen!« Oder: »Wer nur die deutschen Großstädte kennt, der kennt Deutschland nicht!« (Willy Brandt 1961). Doch Jubel, wie man ihn aus allzu großen Zeiten kennt, Jubel in Länderspiel-Lautstärke, gilt heute nicht mehr Spitzenvertretern der engeren

Bezugsgruppe (Staat, Partei), sondern schallt dem prominenten Fremdling entgegen, zumal, wenn er als Repräsentant eines übergeordneten Machtsystems (Atlantisches Bündnis, Warschauer Pakt) Gastfreundschaft in Anspruch nimmt.

Da Begeisterung, die über ein gewisses, nach Dezibel zu errechnendes Maß hinausgeht, weder durch gezielte Aussetzung des Schulunterrichts noch durch günstig anberaumte Betriebspausen erzielt werden kann, muß sie »ehrlich« sein, muß aus eigenem Antrieb erfolgen. Und spontan begeistert sich das Wesen Masse nur, wenn es in jemandem seinen »wahren Herrn« erkennt. Dazu geboren, sich dem Mächtigsten zu unterwerfen, erspürt es den richtigen Empfänger seiner Huldigung so sicher wie die Schwalbe den Süden. Dabei spielen oft die Zeitumstände mit, ebenso kann die individuelle Ausstrahlung eines hohen Besuchers, sein Charisma, auf die Jubelwilligkeit einer Masse Einfluß haben.

John F. Kennedys Anbiedermanns-Bekenntnis: »Ich bin ein Berliner!« sprang wie ein Funke vom Schöneberger Rathausbalkon auf den Zunder angestauter Frontstadt-Emotionen herab und dokumentierte zugleich das massenpsychologische Genie eines Mannes, der zudem noch den Nimbus einer Supermacht mit persönlichem Gralsritter-Charme zu verbinden wußte. Wie armselig dagegen Richard M. Nixons nachklapperndes »Ha, ho, he, Berliners are okay!« So antworten Mr. und Mrs. Peabody aus Cleveland, Ohio, wenn der Portier des »Hilton« sie nach ihren Eindrücken fragt.

Wir sollten dieses Kapitel nicht beschließen, ohne die Kunst des Schmeichelns am Beispiel eines Politikers anschaulich zu machen, den Massenjubel in Sportpalast-

Stärke umbrandete, ohne daß er das Gewicht einer Weltmacht auf die Waage zu bringen brauchte. Wir sprechen von Charles de Gaulle und seiner Deutschland-Tour im Jahre 1962.

Was wollte der französische Staatspräsident, bekanntermaßen kein Fan des deutschen Wesens, damals von Adenauers Bundesrepublikanern? Er wollte sie dazu bewegen, sein »Europa der Vaterländer« gutzuheißen, vor allem dafür einzutreten, daß in diesem aus lauter Star-Solisten bestehenden Orchester Frankreich nicht gar zu sehr benachteiligt werde. Wenn schon aus Gründen der Parität niemand da sei, der dirigiere, sollte es wenigstens die Erste Geige spielen dürfen. Also raffte er all sein staatsmännisches Fluidum und seine Deutschkenntnisse zusammen und sagte. . .

In Bonn: »Wenn ich Sie so um mich herum versammelt sehe, wenn ich Ihre Kundgebungen höre, empfinde ich noch stärker als zuvor die Würdigung und das Vertrauen, das ich für Ihr großes Volk, jawohl! für das große deutsche Volk hege. . .«

In Köln: »Ich möchte der Stadt Köln sagen, wie sehr ich über ihren herzlichen Empfang gerührt bin. Ich bin gerührt, weil Ihre Empfindung die einer großen, schönen und noblen Stadt ist. . .«

In Ludwigsburg: »Ich beglückwünsche Sie,. . . junge Deutsche zu sein, das heißt Kinder eines großen Volkes. Jawohl, eines großen Volkes. . .«

Mit gleichen und ähnlichen Worten spendete er den Bewohnern anderer Großgemeinden Lob. Und das Wesen »deutsche Masse«, erstaunt über seine plötzlich entdeckte Grandeur, jubelte ihm und sich selbst orkanartig zu. Ein bißchen freilich jauchzte in ihm auch das unartige Kind mit, dem der strenge Euro-Papa endlich erlaubt hat, wieder mit den artigen Kindern zu spielen.

4. *Die da ganz oben*

Das Verhalten einer psychologischen Masse wird nach Gustave Le Bon bestimmt durch »feste Grundideen« (»croyances fixes«), die der nach Macht Strebende als unabänderlich hinnehmen muß, und durch »vergängliche Meinungen« (»opinions mobiles«), die er in seinem Sinne beeinflussen, erforderlichenfalls auch umstoßen kann.
Da Masse, wie wir gelernt haben, zäh am Herkommen festhält und zwar an einem Herkommen, dessen Ursprung in nahezu allen Kulturen als übernatürlich gedacht wird, sind die unumstößlichen Grundanschauungen zumeist religiöser Art, weshalb die Obrigkeit, wo immer möglich, in der Personalunion von Volksführer und oberstem Priester besteht, im Idealfall von Herrscher und Gottheit. Angefangen bei den Pharaonen, die als Abkömmlinge des Welt- und Lichtgottes Horus galten, über die Gottkaiser von China und Rom bis zum letzten Enkel der japanischen Sonnengöttin Amaterasu waren »die da oben« gleichzeitig »die da ganz oben«, und wer sich nicht Gott, Halbgott oder Gottessohn nennen durfte, erhob wenigstens Anspruch auf Gottähnlichkeit. »Unser Geschlecht«, offenbarte Cäsar in einer Lobrede auf seine Tante Julia, »besitzt. . . zugleich die Herrlichkeit von Königen, die die höchste Macht über die Sterblichen haben, und ein Anrecht auf Verehrung wie Götter, die selbst über Könige herrschen.«
Was wir an anderer Stelle über »Berufungs-Autoritäten«

sagten, gilt ganz besonders im kultisch-metaphysischen Bereich. Das Wesen Masse, so spontan und ungestüm es auch agiert und reagiert, legt Wert darauf, daß ihm zu allem, was es unternimmt, eine unwiderrufliche Erlaubnis, ein »Segen«, erteilt wird. Es will jederzeit, am liebsten schon im vornhinein, wissen, ob eine allerhöchste Instanz sein Tun oder Vorhaben gutheißt. Und weil Götter niemals zu gegenwärtigen Generationen sprechen, sondern bestenfalls zu legendären Voreltern, muß alles himmlische Trachten durch Geheimzeichen angedeutet und von irdischen Stellvertretern dechiffriert werden. Je riskanter das Projekt, desto aufschlußreicher die Flugrichtung der Vögel, das Eingeweide der Opfertiere oder die Sprüche des Orakels.

Da auch dort, wo Machthaber der Göttlichkeit ermangeln, Politik getrieben wird, kann es nicht ausbleiben, daß zwischen den Führern der Staatsgeschäfte und den Statthaltern des Überirdischen ein mehr oder weniger diskretes Einvernehmen besteht; denn, so erkannte Goebbels (und nicht nur er): »Der mystische Trieb ist nun eben mal vorhanden. Es wäre töricht, ihn nicht zu nutzen.«

Je unbefangener ein Machtmensch der fixen Grundidee seines Kulturkreises gegenübersteht, desto leichter kann er die Masse lenken – vorausgesetzt, er pfuscht denen, die das Walten unsichtbarer Mächte sichtbar bezeugen, nicht ins Handwerk. Nur wenige Massenbeweger haben sich mit ihren Auguren angelegt, und die es taten, mußten es bereuen. Heinrichs IV. Bußgang nach Canossa vor Augen, bat darum der erste Kaiser Napoleon den siebten Papst Pius immerhin zur Krönungsfeier, schloß Hitler mit dem elften Oberhirten dieses Namens das Reichskonkordat, lassen noch so atheistische Zentralkomitees ihre Popen gewäh-

ren. Denn wer die Masse kennt, kennt auch und respektiert die Macht der Mythen. »Die einzigen wahren Tyrannen der Menschheit«, schreibt Le Bon, »sind immer. . . die Einbildungen, die sie sich selbst geschaffen hat.«
Ist die Geistlichkeit für eine Sache nicht zu gewinnen, darf man sie nicht brüskieren, sondern muß es machen wie der Griechenführer Themistokles vor der für ihn so ruhmreich verlaufenen Seeschlacht bei Salamis. Der amtierende Klerus bzw. die mit ihm konspirierende Interessengruppe war gegen maritime Experimente, deshalb verkündete das Orakel zu Delphi, die Griechen sollten »auf hölzerne Mauern vertrauen«, was allgemein als Ermunterung zum Bau von Befestigungsanlagen verstanden wurde. Themistokles, der das persische Heer schlagen wollte, bevor es griechischen Boden betrat, deutete den Orakelspruch als Aufruf zum Bau von Kriegsschiffen, und die diensthabende Pythia sah sich außerstande, ihm diese Auslegung zu verwehren.
Eine im Volk vorhandene feste Grundanschauung ist für den Machtliebhaber nicht unbedingt ein Handikap. Eben dadurch, daß die Masse etwas »heilig hält«, bietet sie ihm und seinen Propagandisten die Möglichkeit, politische Absichten in göttliche Willenskundgebungen umzumogeln und mit dem Anspruch auf absolute Gültigkeit zu vertreten. So gab und gibt es in unserem kultischen Umfeld »christlich« firmierende Staaten und Parteien, ja ein komplettes »christliches Abendland«, wurden und werden Raubkriege unter dem Kosenamen »Kreuzzug« geführt, erschlug und erschlägt man einander »mit Gott« für König und Vaterland, Thron und Altar, Frieden und Freiheit, ließen sich gekrönte Raufbolde »Allerchristlichste Majestät« (Frankreich), »Allergläubigste Majestät« (Portugal)

und »Allerkatholischste Majestät« (Österreich-Ungarn) titulieren.

Das ewige Hämmern

Die fixe Grundidee »Christentum« hat nicht nur demagogische Genies vom Schlage eines Peter von Amiens hervorgebracht, sie hat auch dazu beigetragen, daß die Hohe Schule der Massenverführung ihren derzeitigen Stand erreichen konnte. Das darf uns nicht wundern. Religionen, mit wenigen Ausnahmen auf die Bekehrung Andersgläubiger erpicht, müssen die Massenseele bis in den hintersten Winkel kennen, und, haben sie erst einmal zehn oder mehr Jahrhunderte auf dem Buckel, finden sie sich auch mühelos darin zurecht – ohne Freud und Le Bon. Freilich nennen sie die Nutzanwendung ihrer Kenntnisse nicht Demagogie, sondern Homiletik, auf Deutsch Predigtkunde.
Kann laut Goethes Faust ein Komödiant einen Pfarrer lehren, so wäre der politische oder Machtmensch nicht schlecht beraten, wenn er zur Schulung seines angeborenen Talents ins Pfarrhaus ginge.
»Der Mensch ist Gummimasse. Er nimmt Eindrücke ebenso leicht auf, als er sie wieder verliert«, heißt es in einem homiletischen Lehrbuch aus dem Jahre 1937. »Man rechne eben mit dieser Gegebenheit und hämmere drauflos. Immer wieder. Mit dem gleichen Hammer auf die gleiche Stelle. Mögen immer die Menschen wie Gummi sein! Das ewige Hämmern wird doch einmal Wirkung tun. Bleibende Wirkung« (Dr. Alois Nikolussi, »Aus der Werkstatt des Predigers«). Ein Lehrmeister der Demagogie könnte es nicht treffender formulieren.
Ob das »ewige Hämmern« von geistlichen oder von weltli-

chen Seelen-Masseuren begonnen wurde, ist nicht bekannt. Dagegen wissen wir, daß das Prinzip der ständigen unreflektierten Wiederholung ein und derselben Lautfolge weit in die menschliche Frühgeschichte zurückreicht. Ob durch Gebetsmühlen- oder trommeln, durch Sprech-Chöre oder stereotype Wechselgesänge hervorgerufen, der »Litanei-Effekt« ist ein seit Urzeiten erprobtes Manipulatitonsmittel und besonders von denen geschätzt, die ihre irdische Macht mit dem Flair des Überirdischen ausstatten möchten.

Unter der Regierung des Augustus wurde im römischen Senat vor Beginn jeder Sitzung achtmal gerufen »O Kaiser der Kaiser, größter der Kaiser!«, darauf 27mal »Gott hat Euch uns geschenkt, Gott erhalte Euch uns!« und anschließend 22mal »Ihr frommen, glücklichen Kaiser Roms, möget Ihr noch viele Jahre regieren!« Bei solchen An- und Ausrufen kommt es nicht auf die Wortbedeutung an, vielmehr liegt ihr »Sinn« einzig darin, daß sie mit einer bestimmten Frequenz wiederholt werden, wodurch alle Beteiligten in einen ähnlichen Zustand geraten, wie er bei transzendentaler Meditation erreicht wird. Auch die »Sieg Heil!« brüllenden Nationalsozialisten und Mussolinis Faschisten mit ihrem »Eia, eia, alalà!« wollten eine Wendung zum Besseren heraufbeschwören, trieben unbewußt Kultmagie.

Gleiches gilt für die Sitte, unverständliche Texte in psalmodierendem Ton vorzutragen. Sie war und ist den Führern religiöser und anderer Massenbewegungen eine wertvolle Hilfe, und wäre dies unsere Sache, müßten wir die römische Kurie fragen, welcher Dämon ihr eingeflüstert hat, dem 17 Jahrhunderte lang bewährten Kirchenlatein den Laufpaß zu geben. Ebenso ist der geringe Leseanreiz

ideologischer Standardwerke ein propagandistisches Plus. Marx' »Kapital«, das weniger die Proletarier als die Politologen aller Länder aktivierte, Hitlers »Mein Kampf«, für die meisten nur ein Buchrücken, seines Chefideologen Alfred Rosenbergs »Mythus des zwanzigsten Jahrhunderts« – es waren papierene Fetische. Und wenn auf so einem Fetisch geschrieben steht: »Seele bedeutet Rasse von innen gesehen. Und umgekehrt ist Rasse die Außenwelt der Seele« (A. Rosenberg), dann will gar niemand wissen, was damit gemeint ist.
Doch zurück zur Homiletik.

Schuß ins Zentrum

Ein Predigtkundiger mit Namen Peter Adamer riet Anno 1953 wißbegierigen Amtsbürdern zu einer Redeweise, wie wir sie kennenlernten, als es um den Kreuzzugsprediger »Kukupeter« und dessen Europa-Tournee Anno 1095 ging. Adamer scheint bei seinen geistlichen Lesern nicht nur eine spezielle Begabung, sondern auch gewisse Grundkenntnisse vorauszusetzen, denn seine Anweisungen sind so knapp gehalten, als hätte er sie seinem Verleger telegraphisch übermittelt. Eine Kostprobe:
»Apostrophe-Anruf Abwesender oder Unsichtbarer. Personifikation-Einführung unpersönlicher Wesen als Sprechende *(Steine auf Golgatha spalten sich und das Sündenherz?)* . . . Affektfiguren, richtig gebraucht, können die Sprache des Gemüts verstärken: Ausrufe wie *arme betörte Jugend*; Wunsch, Bitte, Beschwörung. . . Rhetorische Ausdrucksfiguren: Steigerungsfiguren *(Sünde ist Torheit, Grausamkeit gegen sich, Lästerung Gottes)* – Kontrastfiguren: Übergehung *(Nicht ins Jenseits blicken wir*

jetzt, nur auf dieses Leben: was bringt dir die Keuschheit?) – Gegenüberstellung *(So die Demut, so der Stolz)*. . . Hierher gehört auch der ›springende Punkt‹ oder ›wekkende Anruf‹: Ein Wort, ein Satz, ein Gedanke klingt immer wieder auf. . . Prägung eines Schlagwortes. . .« Damit sind wir auf bekanntem Terrain.

Des Lehrbuchautors liebster Schlagwortschöpfer heißt Pius XII. Lautet dessen Sentenz: »Erwecke Hunger und Durst nach sozialer Gerechtigkeit, nach Brudersinn in Werk und Arbeit«, lobt Adamer: »Diese nach beiden Seiten (Kapitalismus und Kommunismus) fein abgewogene Doktrin. . . ist auch für den Prediger die beste Sicherung gegen Einseitigkeit, sei es zu Gunsten der beati possidentes oder der nihil habentes. . .« Hämmert der römische Pontifex: »Katholische Jugend bedeutet: Gläubige Jugend, lebendige Jugend, heilige Jugend!« Und: »Dreifach soll euer Sieg sein: ein Sieg über die Gottesverneinung, ein Sieg über die Materie und ein Sieg über die soziale Not«, schmeichelt ihm das homiletische Echo: »Da ist man beim Idealgebrauch des Schlagwortes im Dienste des Evangeliums angelangt. . . da wird einem erschütternd klar, wie lebensfern und untüchtig eine Predigtart ist, die mit ein paar hingeworfenen Geistreichigkeiten. . . das Umdenken und Andershandeln zu erreichen hofft.« Beachten wir: Auch hier wird nur die uns bekannte Regel modifiziert, wonach man dem Wesen Masse mit nichts kommen darf, was Denkarbeit erfordert.

In seinem Bestreben, das lebensnahe Moment nicht zu vernachlässigen, geht Kukupeter Adamer noch einen Stechschritt weiter als sein Idol Pius: »Gegen die Großmächte der Welt in uns und um uns und unter uns muß ein wohlgeordnetes Kriegsheer aufgeboten werden – auch in der Form einer wohl disponierten Wortgottes-Verkündung.« Oder noch lebensnäher: »Jede echte Marienpredigt ist ein Schuß ins Zentrum.«

Weise Pfaffheit

Oft muß sich der Prediger, statt den Belangen des Himmels das Wort zu reden, profaner Dinge annehmen, zum Beispiel in Wahljahren dafür sorgen, daß mit dem Zeichen des Kreuzes auch auf dem Stimmzettel nicht Schindluder getrieben wird. Eine Kanzelbotschaft, deren Quintessenz lautet: »Konrad Adenauer soll Bundeskanzler bleiben!« hört sich auf Homiletisch dann so an: »Erfüllt eure Wahlpflicht! Wählt solche Männer und Frauen, deren christliche Grundhaltung bekannt ist und deren öffentliche Tätigkeit dieser Grundhaltung entspricht« (Hirtenbrief der deutschen katholischen Bischöfe vom 30.8.1957).

Zu welcher Meisterschaft es ein Wortgottes-Verkünder bringen kann, wenn es ums Allerweltlichste, nämlich um Finanzfragen geht, lernen wir am Beispiel des Franziskanermönchs Berthold von Regensburg (1210 bis 1272), welcher die Botschaft: »Zahlt gefälligst eure Kirchensteuer, ihr Bauernköpfe!« folgendermaßen vermittelte:

»Und darum ihr Leute, ihr Bauernleute, ihr sollt euere Zehnten gar willig und gar vollständig geben. Ihr wähnet alle, die Priester, die euere Pfarrer sind, die sagen es euch zu ihrem Vorteile, auf daß ihnen der Zehnte werde. So ist es nicht. Und manchmal denken einige unter euch auch so: ›Ach, es schadet dem Pfaffen nicht viel, ob ihm vom Zehnten ein Teil entgeht. Sie han doch sonst genug, sie sind reich und han viel mehr als ich. Mir ist es viel nötiger als ihnen.‹ Die denken wie Toren. Es war hievor, daß man den Zehnten auf dem Felde verbrannte und er niemand zunutze ward. Doch wollte Gott ihn nicht verzichten, man sollte ihn voll und ganz geben. Daß das wahr sei, daß er des zehnten Teils nicht entraten will, das zeiget er uns im Paradiese. Da er Adam alles das machte untertan, das in dem Paradiese war, da verbot er ihm einen Baum, den wollte er für sich selber han. Nun seht, was wir dadurch für Unsälde han seit Angange der Welt, allein darum, daß Adam einen einzigen Apfel stahl von unseres Herren Teile. Daß er ihn sich selber hatte genommen, darum han wir wohl sechstausend Jahr Unsälde, Not und Angst gehabt. . . Nun seht, die Ungnade allesamt han wir nur davon, daß Herr Adam dem allmächtigen Gott seinen Teil anrührte wider seinen Willen und wider sein Gebot, sonst wären wir allesamt mit Leib und Seele in das Himmelreich kommen, ohne Mühe und ohne Kummer. Nun seht, wie gar greulich das der allmächtige Gott rächt, wenn man ihm seinen Teil mit Unrecht nimmt, das heißt den Zehnten. Darauf will der allmächtige Gott nicht verzichten. . . Davor hüte sich all die Welt, daß jemand dem allmächtigen Gotte an seinem zehnten Teile Leid tue. Denn da man ihn verbrannte auf dem Felde, wagte ihn niemand ein Leid daran zu tun, und ihr könnt ihn nun zehnmal leichter und besser und glänzlicher geben, als da man ihn verbrannte, denn man wendet ihn nun nützlich an. Da die Christenheit gar wohl guter Lehre bedarf und weiser Pfaffheit, so hat man das nun in der Christenheit eingesetzt, daß man ihn der Pfaffheit geben soll, auf daß sie desto besser große Weisheit und große Kunst lehren könne. . .«

Der Alliierte

Daß es die Überirdischen nicht gleichgültig läßt, was die Irdischen insbesondere auf Schlachtfeldern tun oder lassen, ist eine sehr alte Vorstellung. Wenn auch nicht alle »da ganz oben« so weit gehen wie die Götter Homers, die beim Ausfechten ihrer Familienfehden mit den Helden der Ägäis wie mit Schachfiguren umsprangen, so wird doch in den meisten Mythen und Konfessionen deutlich, daß in bezug auf bewaffnete Konflikte himmlischerseits klare Vorlieben und Abneigungen bestehen. Dabei müssen wir unterscheiden zwischen einer göttlichen Parteinahme, die anscheinend grundlos erfolgt (Beispiel: Jehovas Bevorzugung des »auserwählten« Volkes Israel zu Ungunsten der Ureinwohner Palästinas), und einer, die auf gewissen für gottgefällig erachteten Voraussetzungen (Tapferkeit, gute Sache) beruht. Auf Erfahrung fußende Äußerungen wie: »Ich kann mich von dem Vorurteil, in dem ich befangen bin, nicht losmachen, daß im Kriege Gott bei den starken Eskadronen ist« (Friedrich II. von Preußen an Luise Dorothea Herzogin von Gotha) werden bis zum heutigen Tag als zynisch empfunden.

Da keine von zwei miteinander in Streit liegenden Parteien sagen kann, welcher von beiden die Sympathie des Himmels gehört, haben Demagogen vor Beginn der Feindseligkeiten gut reden.

Demosthenes, der in geheimer Mission des Perserkönigs Artaxerxes III. die Athener gegen Philipp von Makedonien aufwiegelte, in seiner »Zweiten Olynthischen Rede« (349 v. Chr.): »Sollte einer unter euch glauben, daß Philipp, weil er im Glück ist, schwer zu bekämpfen sei, so wäre dies nicht unvernünftig, weil im menschlichen Leben viel, ja alles auf das Glück ankommt. Doch hätte ich die Wahl, würde ich dennoch – vorausgesetzt, ihr selbst wolltet auch nur halbwegs eure Schuldigkeit tun – unser Glück dem seinigen vorziehen. Denn ich finde, ihr habt weit mehr Anrecht auf die Gnade der Götter als er.«

Dieses Anrecht auf Gottes Gnaden, diese aus keinerlei Anzeichen, geschweige verbindlichen Zusagen gewonnene Gewißheit, »überm Sternenzelt« nicht nur einen guten Vater, sondern auch einen mächtigen Verbündeten zu haben, nehmen beide in Anspruch – verständlicherweise. Denn wer käme schon auf die Idee, die Blüte seiner Nation in des Teufels Namen mähen zu lassen. »Der Gott des Krieges und der Gott des Glücks sind mit mir!« versicherte Napoleon Bonaparte am 18. Brumaire; vom »großen Alliierten, der noch nie die Deutschen verlassen hat«, kündete Wilhelm II.; und Spaniens Caudillo Franco gab 1971 zu bedenken: »In den Monaten unseres Befreiungsfeldzuges konnte man immer wieder feststellen, daß die Entscheidungsschlachten stets an hohen kirchlichen Feiertagen glücklich für uns ausgingen. Und anders konnte es auch nicht sein, da wir ja für den Glauben, für Spanien und für die Gerechtigkeit kämpften: Der Krieg ist leichter, wenn man Gott zum Verbündeten hat.« Mit »Befreiungsfeldzug« meinte Franco den Bürgerkrieg von 1936/39.

Otto von Bismarck konnte seinem Schöpfer Vorhaltungen betreffs dessen geopolitischer Dispositionen nicht ersparen: »Gott hat uns«, rügte er am 2. Februar 1888 vor versammeltem Reichstag, »die kriegerischste und unruhigste Nation, die Franzosen, an die Seite gesetzt, und er hat in Rußland kriegerische Neigungen groß werden lassen, die in früheren Jahrhunderten nicht in dem Maße vorhanden waren. So bekommen wir gewissermaßen von beiden Sei-

ten die Sporen.« Trotzdem wußte der Eiserne Kanzler aus sicherer Quelle: »Gott wird mit uns sein!«
Die Mitwirkung eines allerhöchsten Wesens an Kriegshandlungen ist deshalb so wichtig, weil auch der Mensch in der Masse am Leben hängt, infolgedessen wenig Laune verspürt, dieses Leben nur für die Interessen einer Dynastie oder sonstigen Führungs-Clique aufs Spiel zu setzen. Glaubt er Gott und damit das »gute Recht« auf seiner Seite, stört ihn – etwa im christlichen Abendland – nicht einmal der Gedanke, daß der Feind *sein* Vertrauen in denselben Schlachtenlenker setzt. Gibt es nach dem Gemetzel Sieger und Besiegte, sehen jene, die Gott so augenfällig begünstigte, sich in ihrem Vertrauen bestätigt – was die Unterlegenen nicht daran hindert, den, der ihnen die Schlappe eingebrockt hat, auch weiterhin als den Garanten des Sieges zu verehren. Damit dies besser gelingt, suchen (und finden) sie mit demagogischer Beihilfe »Verräter«, welche die Absichten der als allmächtig und allwissend gedachten Gottheit durchkreuzt, ihr quasi »hinter dem Rücken der kämpfenden Front« dazwischengepfuscht haben.

Das Werkzeug

Mit den Göttern verbündet zu sein, ist gut, in ihrem Auftrag zu handeln, noch besser. Wer würde die mosaischen Gesetze jemals befolgt haben, stammten sie nur von Mose und nicht von »ganz oben«? Auf welche Widerstände wären die Reformen des Königs Hammurabi von Babylon gestoßen, hätte er nicht behauptet, sie seien ihm vom Sonnengott Schamasch diktiert worden? Himmlisches Gutdünken fand zu allen Zeiten eifrige Vollstrecker, und der Schlachtruf »deus vult!« (Gott will es) schallte nicht nur den Heerzügen der Kreuzfahrer voran.

Hat es ein Verkünder überirdischer Ratschlüsse mit einer »aufgeklärten« Masse zu tun, daß heißt mit einer, der es dann und wann Freude macht, wider den klerikalen Stachel zu löcken, nennt er seinen Auftraggeber nicht »Gott«, sondern »Vorsehung«. Damit gibt er zu erkennen, daß es ihm um Wichtigeres geht als um engherzige Theologen-Tüftelei. »Vorsehung« bezeichnet den Kompromiß, ist sozusagen das metaphysische Minimum, auf das man sich bei etwas gutem Willen einigen kann, meint jene unerforschliche Macht, die nach Ansicht des britischen Premierministers Lloyd George »England offensichtlich dazu ausersehen hat, über die Völker zu herrschen«, und die andererseits so kapriziös war, Adolf Hitler einen vorzeitigen Tod durch Bombenanschläge zu ersparen.

Gottes Alliierter, zugleich aber auch eines seiner handlichsten Werkzeuge war der letzte deutsche Kaiser, der die Welt mit nachstehender Seepredigt aufhorchen ließ; gehalten den 20. Juli 1900, am siebten Sonntag nach Trinitatis. Anlaß der rhetorischen Verrichtung: Ein deutsches Expeditionskorps war auf dem Wege nach China, um dort zusammen mit internationalen Streitkräften den »Boxeraufstand« niederzuschlagen. Ort des Geschehens: Die kaiserliche Hochseejacht »Hohenzollern«. Thema der Predigt: »Solange Moses seine betenden Hände emporhielt, siegte Israel; wenn er aber seine Hände niederließ, siegte Amalek« (2. Mosis 17, V. 11).

»Wiederum hat sich heidnischer Amalekitergeist geregt im fernen Asien. An Preußen ist der Gottesbefehl ergangen: Erwähle dir Männer, zeuch aus und streite wider Amalek. An die aber, so zurückbleiben müssen, ergeht der Ruf Gottes: hebet die Hände empor zum Himmel und betet! Man muß nicht bloß Bataillone von Kriegern mobil ma-

chen, nein, auch eine heilige Streitmacht von Betern. Oder glauben wir nicht an die heilige Macht der Fürbitte? Nun denn, was sagt der Text? ›Solange Moses seine Hände emporhielt, siegte Israel‹. . . Sollten nicht auch unsere Gebete solches vermögen? Ja, der alte Gott lebt noch! Der große Alliierte regiert noch, der heilige Gott, der Sünde und Freveltaten nicht kann triumphieren lassen, sondern seine heilige Sache führen wird wider ein unheiliges Volk. . . Der König aller Könige ruft: Freiwillige vor! Wer will des Reiches Beter sein? oh, wenn es auch hier hieße: Der König rief, und alle, alle kamen! Der ist ein Mann, der beten kann! Amen!«
Mit der Injurie »unheiliges Volk« strafte der Befehlsempfänger Gottes die damals immerhin schon 360 Millionen Chinesen, und unter »Amalekitergeist« verstand er keine Spirituose, sondern das Mißbehagen, welches die fälschlich »Boxer« genannte Befreiungsbewegung »I-ho-t'uan« gegenüber Chinas Kolonialherren empfand.

Der Kompagnon

In ihrem Staatspräsidenten Charles de Gaulle hatten die Franzosen den Prototyp dessen, was Alexander Mitscherlich den »Priesterpolitiker« nennt; einen Mann, der weder Gottes Werkzeug noch Bundesgenosse, sondern gewissermaßen sein Geschäftspartner ist. Als gleichberechtigter Teilhaber an der Firma Vorsehung & Co braucht er nicht wegen jeder Kleinigkeit den Seniorchef zu belästigen, er darf auch schon mal selbständig entscheiden, zumindest darf er den Anschein erwecken, daß der Alte ihm freie Hand läßt, ja daß er sogar für etwaige Fehlentscheidungen geradesteht. Mitscherlich über de Gaulle: »Wie er mit aus-

gebreiteten Armen die Akklamation der Menge provoziert und erwidert, belehrt (er) uns, daß er politische Autorität, in die Nähe der religiösen gerückt, zelebrieren will.«
Der Priesterpolitiker ist in alle göttlichen Heilspläne eingeweiht und wird durch himmlische Eingebung oder auf dem Wege des Gebets über Umdispositionen auf dem laufenden gehalten. Ein typischer Vertreter dieser Spezis ist auch der US-Präsidentschaftskandidat von 1976, Jimmy Carter. Zur Illustration ein paar Zitate aus seinen Wahlreden:
»Ich bete. . . mehrere Male am Tag. Wenn ich ein Gefühl der Ruhe und der Selbstsicherheit habe – ich weiß nicht, woher es mir zufließt –, dann ist immer alles richtig, was ich tue. Ich meine dann,. . . daß Gottes Wille geschieht.«
»Ich habe als Gouverneur (von Georgia) mehr Zeit auf den Knien zugebracht als mit anderen Dingen, weil von meinen Entscheidungen Menschen betroffen waren.«
»Ich bete oder denke an Gott bis zu 25mal am Tag.«
»Dank meiner Verbindung zu Jesus und Gott fühle ich mich fähig, Niederlagen hinzunehmen und mich über Siege zu freuen. . .«
Ob wir Gottes Kompagnons zu den Demagogen zählen müssen, hängt von drei Faktoren ab: Entweder sie glauben an ihre »Verbindung zu Jesus und Gott« und führen ihr politisches Geschäft verfassungsgetreu und redlich, dann verdienen sie diese Bezeichnung nicht; oder sie glauben daran und es ist ihnen jedes Machtmittel recht und jedes Menschenleben billig, um »Gottes heiligen Willen« zu vollstrecken, dann sind sie Demagogen und zwar von der gefährlichsten Sorte. Oder aber sie täuschen ein inniges Einvernehmen mit dem Himmel nur vor, dann haben wir

es, wenn auch nicht unbedingt mit Demagogen, so doch sicher mit Menschen zu tun, die mit dem Wesen Masse umzugehen wissen, mit Vollprofis also.

Das As im Ärmel

Nicht jeder Massenverführer ist in Glaubensfragen so offenherzig wie Napoleon Bonaparte, der im Staatsrat ausplauderte: »Ich habe den Krieg in der Vendée beendet, indem ich katholisch wurde, in Ägypten habe ich dadurch Fuß gefaßt, daß ich mich zum Mohammedaner machte, und die italienischen Priester gewann ich, indem ich ultramontan wurde. Wenn ich über ein jüdisches Volk herrschte, würde ich den Salomonischen Tempel wiederaufbauen lassen.« Machtmenschen kleineren Formats – und mit solchen hat es die Weltgeschichte gewöhnlich zu tun – brächten dergleichen niemals über die Lippen. Freilich denken sie auch nicht in napoleonischen Dimensionen. Ihnen genügt es, den Glauben ihrer Väter zu heucheln, und einige brachten es darin erstaunlich weit; zum Beipsiel der uns schon bekannte William Gladstone, von dem der Unterhaus-Abgeordnete Henry Labouchère meinte, er sei einer, der immer das Trumpf-As im Ärmel habe, und wenn es entdeckt werde, immer beschwören könne, es sei ihm von Gott dem Allmächtigen dort hineingesteckt worden.
»Bedenket«, sprach Gladstone im Wahljahr 1879 zu den Stimmberechtigten der Stadt Edinburg, »daß das Leben in den Dörfern Afghanistans auf schneebedeckten Bergen in den Augen des allmächtigen Gottes heilig und ebenso unverletzlich ist, wie das eure nur sein kann. Bedenket, daß Er, der euch als menschliche Wesen aus demselben Fleisch und Blut geschaffen hat, euch auch das Gesetz der Näch-

stenliebe gegeben hat, daß dieses Gebot der Nächstenliebe nicht an den Gestaden dieser Insel seine Grenzen findet und auch über den Bereich der christlichen Zivilisation hinaus gilt, daß es sich unermeßlich über die ganze Oberfläche der Erde erstreckt und Größtes und Kleinstes umfaßt!«

Warum erschien dem Redner gerade das Leben in jenem asiatischen Königreich so schützenswert? Aus welchem Grund sollten die Edinburger ausgerechnet den Afghanen Zuneigung entgegenbringen? Nun, Afghanistan lag damals im Spannungsfeld England-Rußland, und nicht lange vor Gladstones Wahlrede waren britische Truppen dort eingerückt und hatten, dem Gebot der Nächstenliebe folgend, »Größtes und Kleinstes« vor russischer Willkür bewahrt.

Wir wollen unsere Abhandlung des Themas »Staatskunst und Metaphysik« nicht beenden, ohne des Politikers Winston Churchill zu gedenken, der, wenn er seine Parlamentsreden konzipierte, an mehreren Stellen vermerkte: »Fit A.G. in!« (A.G. einfügen!), was als Anweisung für den gedacht war, der das Konzept auszuarbeiten hatte. Als dieser Anonymus eines Tages krank wurde, mußte ein Ersatzmann die Notizen zur Rede formen, dem die Abkürzung »A.G.« rätselhaft erschien. Da er Churchill nicht erreichen konnte, besuchte er dessen Ghost-Writer am Krankenbett und erfuhr: »A.G.« war eine Art rhetorischer Streuwürze und stand für »All-powerful God« (Allmächtiger Gott).

V. Epilog

Demagogie betreibt, so definierten wir zu Beginn, wer bei günstiger Gelegenheit öffentlich für ein politisches oder ideologisches Ziel wirbt, indem er der Masse schmeichelt, an ihre Gefühle, Instinkte und Vorurteile appelliert; ferner wer sich der Hetze und Lüge schuldig macht, Wahres übertrieben oder grob vereinfacht darstellt, die Sache, die er durchsetzen will, für die Sache aller Gutgesinnten ausgibt, und die Art und Weise, wie er sie durchsetzt oder durchzusetzen vorschlägt, als die einzig mögliche hinstellt.

Außerdem hatten wir uns vorgenommen, nicht jeden gleich einen Demagogen zu nennen, nur weil er sich bei politischen Auseinandersetzungen hin und wieder der genannten Mittel und Methoden bedient, und hatten versichert, daß, wenn die Namen von machtgierigen Ungeheuern mit denen von ehrengeachteten Staatsmännern in irgendeinen Zusammenhang gebracht würden, dies nicht in diffamierender Absicht, sondern besserer Ordnung halber geschehe. Gleichwohl mag sich mancher rückblätternd fragen, ob wir einigen politischen Menschen nicht doch Unrecht getan haben, als wir sie für ein Handbuch der Demagogie in den Zeugenstand zwangen.

Nun, mit den demagogischen Mitteln ist es wie mit den pharmazeutischen: Im Übermaß verwendet schaden sie oder wirken tödlich, richtig dosiert aber können sie heilsam sein. Überdies ist »Demagogie« einer jener komplexen Begriffe, die nicht scharf abzugrenzen sind, die fließend in verwandte Begriffe übergehen. Was ist noch Sparsamkeit

und was schon Geiz? Wo ist der Schlagbaum, der die Ordnungsliebe von der Pedanterie trennt? Welche Grenzlinie scheidet Vorsicht von Feigheit, Selbstbewußtsein von Arroganz? Und eben auch: Bis zu welchem Punkt ist Massenbeeinflussung vertretbar und wo beginnt sie, fragwürdig zu werden?
Natürlich hat das Phänomen »Demagogie« nicht nur verschwommene Randzonen, sondern auch einen »harten Kern«, wo all seine Kriterien konzentriert und unverwechselbar anzutreffen sind, und ganz sicher gibt es Machtmenschen, die keinen Zweifel daran lassen, daß ihre staatsmännische Unbekümmertheit mit dem Attribut »nicht pingelig« höchst unzureichend gekennzeichnet wäre. Dennoch dunstet nicht alles, was sich in diesem Buch niederschlug, aus den Phiolen massenverzaubernder Giftköche. Eine stattliche Menge Methoden, auf andere einzuwirken, stammt aus dem Geräteschuppen des politischen Alltags.
Dies darf uns nicht irritieren. Ein Politiker muß schließlich mit der Masse umgehen können, und das bedeutet: Er muß dieses seltsame Triebwesen, welches Teil eines jeden von uns ist, genau kennen, muß spüren, was es im Augenblick bewegt, muß erkennen, was es erbost oder ängstigt, muß vorausahnen, wie es unter diesen oder jenen Umständen reagieren wird. Und weil dieses Wesen ständig auf dem Sprung ist, irrational zu reagieren, muß er ihm, statt mit Vernunft, mit zumindest einigen der Tricks kommen, die wir kennengelernt haben. Wie denn anders könnte er eine Mehrheit für Maßnahmen gewinnen, die seines Erachtens nützlich oder notwendig sind?
Die Folgerung daraus, mag sie Idealisten noch so herb enttäuschen, lautet: Wenn wir das Wörtchen »gut« im fachli-

chen, nicht im moralischen Sinne verstehen, ist ein guter Politiker notwendigerweise auch ein guter Demagoge. Andererseits gibt es »gute« Demagogen, die, aus welcher Sicht auch immer, schlechte Politiker sind, wobei wir den moralischen Aspekt nicht überbewerten wollen. Oft ist ein Pragmatiker mit schwach ausgeprägtem Ethos einem Gemeinwesen bekömmlicher als ein machthabender Moralist, der seinem hohen Anspruch auf blamable Weise nicht gerecht wird. Ganz schlimm jedoch steht es um die Leidtragenden der Staatskunst, wenn deren Adepten in beiderlei Hinsicht schlecht sind; in fachlicher, weil sie ihre Chancen und Fähigkeiten überschätzen, in moralischer, weil Gewalt, die man über andere hat, dazu drängt, ausgeübt zu werden – und nicht nur rhetorisch.
Daher lohnt es sich schon, die Schliche und Kniffe der Demagogie so exakt bestimmen zu lernen, daß man sie bei jedem, den Massen umjubeln, erkennen und von dem Eindruck, den er auf einen macht, abziehen kann. Was nach dieser Subtraktion noch übrigbleibt, ist sehr wahrscheinlich kein politisches Jahrhundert-Genie, aber vielleicht doch das kleinste von jenen Übeln, zwischen denen man in einer Parlamentarischen Demokratie zu wählen hat.

Was aber, wenn?

Was aber, wenn der Psychologe Ludwig von Holzschuher recht hätte, der da schrieb: »Jeder Mensch muß wissen, daß er einer Propaganda auch dann unterliegt, wenn er sie bzw. das Propagierte bewußt ablehnt?« Was, wenn die zu blindem Gehorsam und zur Kritiklosigkeit neigende »Primitivperson« (wir nannten sie das »Wesen Masse«), die laut Holzschuher in jedem von uns steckt, die Oberhand gewinnt, weil der umjubelte Volksheld unserer urteilsfähigen »Ichperson« einen Bonbon hingeworfen hat, der ihr den Entschluß versüßt, bei etwas »mitzumachen«, was sie im Grunde ablehnt? Wie Hitler seine Reichsautobahnen, so hat schließlich jeder Massenverführer etwas vorzuweisen, womit er lästiger Skepsis imponieren kann. Und vor allem: Was, wenn das Charisma eines Machtlüsternen, sein demagogischer Charme, so betörend strahlt, daß wir der Tricks, die er anwendet, gar nicht gewahr werden, obwohl wir sie doch nun kennen?

Hiergegen gibt es für Gefährdete keinen sicheren Schutz, erst recht kein Heilmittel für bereits Infizierte. Wir können nur zu folgenden Vorkehrungen raten:

1. Jede politische *Kundgebung* ist strikt zu meiden. Gegen die Teilnahme an politischen *Versammlungen* bestehen nur dann keine Bedenken, wenn eine anschließende Diskussion gewährleistet ist. Kundgebungen, die nicht ausdrücklich als solche angekündigt sind, erkennen wir an dem hohen Wert, den ihre Veranstalter einem Zustand beimessen, den sie »Ordnung« nennen und der in Wahrheit die Zumutung meint, Äußerungen vorherbestimmter Redner mit Beifall oder wenigstens mit respektvollem Stillschweigen aufzunehmen. Diese Ordnung zu bewahren bzw. kraft sogenannten Hausrechts wiederherzustellen, obliegt zumeist mehreren, an ihren Nackenwülsten und Armbinden kenntlichen »Ordnern«.
2. Unpolitische Zusammenkünfte, zum Beispiel Sportveranstaltungen, eignen sich vorzüglich zur Früherkennung der eigenen Psyche und deren Anfälligkeit gegen emotionale Beeinflussung. Gehen wir darum wenigstens einmal in ein Sportstadion. Schon der Besuch einer

kampfsportlichen Begegnung von geringer Publizität kann uns darüber Aufschluß geben, ob und inwieweit wir dazu bereit sind, grundlos Partei zu ergreifen, uns also ein Feindbild aufnötigen zu lassen, ob wir einer Bagatelle, etwa einer Schiedsrichterentscheidung wegen unangemessen laut oder gar tätlich werden, ob das Gesamtverhalten der Stadion-Besucher uns auf andere Weise »mitreißen« kann.

3. Es wäre falsch, periodische Druckerzeugnisse links (oder rechts) liegenzulassen, nur um der darin wuchernden Demagogie zu entrinnen. Denn nirgendwo lassen sich die demagogischen Grundmuster deutlicher erkennen als in Zeitungen, die mangels Reputation, geschweige charismatischer Ausstrahlung, das Verdummungsgeschäft so faustdick betreiben müssen, daß ihre Geschäftsgeheimnisse nur den Allerdümmsten verborgen bleiben. Der Anfällige muß nur darauf achten, daß er ein derartiges Produkt, etwa ein Boulevardblatt, nicht zu seiner einzigen Informationsquelle macht. Am besten, er liest regelmäßig und gründlich zwei Blätter, die beiderseits das politische Extrem verfechten. Ähnliches gilt für demagogische Umtriebe in Hörfunk und Fernsehen. Auch sie sollte der emotional Beeinflußbare keinesfalls ignorieren, sondern in all ihrer Vielfalt wahrnehmen und daraus lernen; um so gefahrloser, als das Charisma, über welches ein Kommentator oder Moderator verfügen mag, außerstande ist, infektiösen Jubel hervorzurufen.

4. Der politische oder Machtmensch, erst recht der wahre Demagoge, scheut die öffentliche Diskussion, denn seine Stärke ist es nicht, Vernunftgründe leuchten zu lassen, sondern besteht darin, in Menschenmassen (und

Massenmenschen) Gefühle freizusetzen, die ihm oder seinem Vorhaben nützen. Gleichwohl hat er sich dem Elektronischen Zeitalter angepaßt und gelernt, auch am runden Tisch seinen Vorteil zu wahren.

Hier liegt für den leicht Beeinflußbaren die Gefährdung nicht so sehr im emotionalen Bereich, vielmehr darin, daß der Massenverführer, der sich einer Diskussion stellt, in der Regel auch ein Meister in der Kunst ist, leere Worte so stark aufzublasen, daß sie bei flüchtigem Hinhören wie Argumente wirken. Erlebt der Gefährdete solche verbalen Schausteller auf dem Fernsehbildschirm, darf er sich darum weder von deren Zungenfertigkeit beeindrucken lassen noch den Vorgang, dem er visuell beiwohnt, für einen Austausch von bedenkenswerten Meinungen halten. Im Grunde geht es bei solchen »Gesprächen« höchst simpel zu: Einer gibt möglichst pausenlos Sprache von sich, und jeder der anderen wartet begierig darauf, daß sich im vorbeirauschenden Redeschwall die Andeutung einer Lücke auftut, worin er *sein* Fuder Wortstroh abladen kann.

Hat die Runde einen Diskussionsleiter, der darauf achtet, daß sich das Gespräch nicht zu weit vom Diskussionsthema entfernt, ist der politische Mensch daran erkennbar, daß er dem Versuch, ihn am Abschweifen zu hindern, mit der Floskel begegnet: »Gestatten Sie mir nur noch kurz. . .« und sich, ohne die Erlaubnis abzuwarten, für den Rest der Sendezeit mit Dingen befaßt, die ihm am Herzen liegen, aber nicht zur Debatte stehen.

5. Die größte Gefahr, demagogischer Verführung nachzugeben, insbesondere dem eingangs besprochenen »Schinderhannes-Charme« zu verfallen, liegt in der

Gebundenheit des einzelnen an eine bestimmte politische Richtung und deren Repräsentanten. Diese Fixierung kann ebenso familiärer wie regionaler Tradition entspringen – Untersuchungen zufolge wird das Wählerverhalten in jeder Generation weitgehend von den Eltern und Voreltern bestimmt –, sie kann aber auch als »Treue« zu einer einmal getroffenen Entscheidung verstanden bzw. empfunden werden. Alle »Stammwähler« einer Partei, ob emotional anfällig oder nicht, sind der Gefahr ausgesetzt, »ihre« Demagogen nicht nur für ehrenwerte Männer, sondern sogar für politische Genies zu halten, mögen diese »Vollblutpolitiker« in der Wahl ihrer Mittel noch so bedenkenlos sein. Dagegen hilft nur eines, nämlich sich bei allem, was man von »seinen« Wortführern hört oder liest, vorzustellen, wie man reagieren würde, wenn Sprecher oder Publizisten der Gegenpartei in gleicher Weise redeten oder schrieben.

Damit sind wir am Ende eines Buches angelangt, das weder Neuland betreten will noch den Ehrgeiz hat, das Bekannte vollständig zu präsentieren. Sollte der eine oder andere beim Lesen Wichtiges vermißt haben, wäre dies nur mit Maßen bedauerlich, denn es würde anzeigen, daß er über den behandelten Gegenstand nachgedacht und dessen Gefährlichkeit begriffen hat, ja daß er womöglich mit dem Gedanken spielt, das Phänomen »Demagogie« wachsam im Auge zu behalten, ganz gleich, wann, bei wem und in welcher Maske es auftritt – womit der Zweck dieses Handbuches eigentlich schon erfüllt wäre.

Quellenangaben

Seite

11–12 Horkheimer, M., Gesellschaft im Übergang, Frankfurt/Main 1972, S. 54 und S. 173f.

12 Eibl-Eibesfeldt, I., Liebe und Haß, München 1970, S. 262

15 Lenin, W. I., Was tun? in: Lenin Werke, Berlin 1966, Bd. 5, S. 423

16 Hitler, A., Mein Kampf, München 1942, S. 197f.

16f. Mao Tse-tung, Das rote Buch, Frankfurt/Main 1967, S. 68

18 Vgl. Domizlaff, H., Propagandamittel der Staatsidee, Hamburg 1931

25f. LeBon, G., Psychologie der Massen, Leipzig 1912, S. 148

27 Shakespeare, W., Julius Caesar III. 2. aus: Shakespeare Werke, deutsch von A. W. Schlegel, Wiesbaden–Berlin o.J., Bd. III, S. 150

28 Ebda., S. 153

28f. Ebda., S. 155

29f. Plutarch, Caesar 68, aus: Plutarch, Große Griechen und Römer übers. v. Walter Wuhrmann, Zürich und Stuttgart 1960 Bd. 5, S. 175

33f. Peter von Amiens, vgl. Oldenburg, Zoé, Die Kreuzzüge, Frankfurt/Main 1967, S. 175

35f. Weber, M., Wirtschaft und Gesellschaft, Bd. I, zit. nach Bernsdorf, W. Hrsg., Wörterbuch der Soziologie, Stuttgart 1969, S. 650

37 Lawick-Goodall, J. van, My Friends the Wild Chimpanzees, Washington 1967, zit. nach Eibl-Eibesfeldt, Liebe und Haß, a.a.O., S. 40

38 Benedict, R., Patterns of Culture, New York 1949, S. 175f.

39 Vgl. Spranger, E., Lebensformen, Tübingen 1950

43 LeBon,G., Psychologie der Massen, a.a.O., S. 98

45 Taine, H., Die Entstehung des modernen Frankreich, Leipzig 1893–1894, Bd. II 3, S. 211

49 J. Kardinal Daniélou, s. Spiegel-Archiv

50 Cicero, M. T., de officiis 2, S. 27 f.
Sueton, G. T., Caesar 27, aus: Sueton, Leben der Caesaren, übers. von André Lambert, Zürich und Stuttgart 1955, S. 43

50 Taine, H., Die Entstehung des modernen Frankreichs, a.a.O. Bd. II 3, S. 175

50f. Marx, K., Der 18. Brumaire des Louis Bonaparte, Stuttgart 1921, S. 59

54 Siehe Sommervell, D.C., Disraeli and Gladstone, London 1925

54 Weber, Max, Gesammelte politische Schriften, hrsg. von Johannes Winkelmann, Tübingen 1958, S. 523ff.

58 Mitscherlich, A. u. M., Die Unfähigkeit zu trauern, München 1967, S. 353f.

63 Freud, S., Massenpsychologie und Ich-Analyse, Frankfurt/M. 1972, S. 12

65 LeBon, G., Psychologie der Massen, a.a.O., S. 57

67 Vgl. Thurstone, L. L., Attitudes can be measured, in: American Journal of Sociology Bd. 33, 1928

68 Mitscherlich, A. u. M., Die Unfähigkeit zu trauern, a.a.O., S. 146

71f. Elyashiv, V., Deutschland – Kein Wintermärchen, Wien–Düsseldorf 1964, S. 77ff.

75 Vgl. den Hollander, A. N. J., Soziale Beschreibung als Problem, in: Kölner Zeitschrift für Soziologie und Sozialpsychologie Bd. 17, 1965

83 Siehe Horkheimer, M., Gesellschaft im Übergang, a.a.O. passim

85 Lorenz, K., Das sogenannte Böse, Wien 1963, S. 371

88 Aus: Mao Tse-tung, Einige Fragen der Führungsmethoden, i. O., o. J. 1943

91 Vgl. Spranger, E., Lebensformen, a.a.O.

92 Vgl. Baeyer – Katte, W. von, Das Zerstörende in der Politik, Heidelberg 1958

96 Maslow, A. H., in: Journal of Social Psychology, Bd. 18, 1943, S. 401–411

Milgram, St., Einige Bedingungen von Autoritätsgehorsam und seiner Verweigerung, Zeitschrift für exp. angew. Psychologie 1966, 13, S. 433–463

98 Tocqueville, A. de, Demokratie in Amerika, zit. nach LeBon, G., Psychologie der Massen, a.a.O. S. 138f.

99 Canetti, E., Masse und Macht, Hamburg 1973, S. 213, F. J. Strauß, s. Spiegel-Archiv

101 Canetti, E., Masse und Macht, a.a.O., S. 36

103 Vgl. Festinger, L.A., Theory of Cognitive Dissonance, Stanford, Cal. 1957

105 Vgl. Silone, I., La Scuola dei Dittatori, Verona 1963

106 Canetti, E., Masse und Macht, a.a.O., S. 21

110 Vgl. Somervell, D. C., Disraeli and Gladstone, a.a.O.

111 Hamilton, Sir William, Discussions on Philosophy and Literature, Education and University Reform, London 1852
Vgl. Lorenz, K., Die Rückseite des Spiegels, München/Zürich 1973
Franco, F., s. Spiegel-Archiv

117 Hitler, A., Mein Kampf, a.a.O., S. 334ff.

118 Vgl. Lorenz, K., Die Rückseite des Spiegels, a.a.O.

119 Napoleon zit. nach Sturminger, A., 3000 Jahre Politische Propaganda, Wien/München 1960, S. 191
Hitler, A., Mein Kampf, a.a.O., S. 738f.

121 Napoleon zit. nach Silone, I., La Scuola dei Dittatori, a.a.O. Die Reden Kaiser Wilhelms II., hrsg. von Johannes Penzler, Leipzig 1904, Bd. 2, S. 210

122 Die politischen Reden des Fürsten Bismarck, hrsg. von Horst Kohl, Aalen 1970, Bd. I, S. 265
Ebda. Bd. II, S. 169

123 Thoma, L., Gesammelte Werke, München 1956, Bd. 8, S. 212 u. 213

124 Hofstätter, P. R., Die Psychologie der öffentlichen Meinung, Wien 1949

125 Bogardus, E. S., Contemporary Sociology, Los Angeles 1931

126 General Binoche, s. Spiegel-Archiv

129 Eibl-Eibesfeldt, I., Liebe und Haß, a.a.O., S. 267
Mitscherlich, A., Aggression ist eine Grundmacht des Lebens – Rede zur Verleihung des Friedenspreises des deutschen Buchhandels 12. 10. 1969, s. Spiegel-Archiv

130 Vgl. Mao Tse-tung, Zur Frage der richtigen Lösung von Widersprüchen im Volke, 1957, aus: Ausgewählte Schriften, Frankfurt/M. 1963

130f. Rauter, E. A., in der Monatsschrift »das da« o. J.
Lenin, W. I., Briefe, Lenin Werke, Berlin 1966, Bd. 15

135 Kennan, G. F., s. Spiegel-Archiv
Breschnew, L., s. Spiegel-Archiv

136 Harich, W., s. Spiegel-Archiv

137 Walden, M., s. Spiegel-Archiv

138 Platon, Phaidros, hrsg. von Wolfgang Buchwald, München 1964, S. 107

141 Arndt, E. M. zit. nach Dieckmann, W., Information oder Überredung, Diss. Marburg 1964

143 Bauer, O., Marcuse, H., Rosenberg, Arthur u. a., Faschismus und Kapitalismus, Frankfurt/M. u. Wien 1967, S. 78
148 Strauß, F. J., s. Spiegel-Archiv
150 Friedrich Wilhelm II., Zitat aus: Politische Briefe 1849, a.a.O. Mao Tse-tung, Das Rote Buch, a.a.O., S. 113
155 Rochow, G. von, zit. nach Dieckmann, W., Information oder Überredung, a.a.O.
156 Churchill, W., zit. nach Hughes, E., Churchill, Tübingen 1959, S. 55
156f. Rednerdienst der CDU, s. Spiegel-Archiv
157f. Adenauer, K., s. Spiegel-Archiv
159f. Jäger, R., s. Spiegel-Archiv
161 Robespierre, M. de, zit. nach Bychowski, G., Diktatoren, München 1965, S. 109
163 Collot – d'Herbois, J. M., zit. nach Taine, H., Die Entstehung des modernen Frankreich, Leipzig 1893–94, Bd. 2, 2, S. 46 Anm. Saint-Just, L. A., vgl. Taine, H., Die Entstehung des modernen Frankreich, a. a. O., Bd. 2, 3, S. 237 ff.
164 Mao Tse-tung, Das Rote Buch, a.a.O., S. 27
Perikles' Rede auf die Gefallenen, Thukydides, Geschichte des Peloponnesischen Krieges, Buch II 39
165 Demosthenes, Rede über den Kranz § 270. Demosthenes Werke 1–607, übers. von Heinrich August Pabst, Stuttgart 1887, Bd. 4, S. 434
165f. Churchill, W., zit. nach Hughes, E., Churchill, a.a.O., S. 114
167 Strauß, F. J., s. Spiegel-Archiv
168 Adenauer, K., s. Spiegel-Archiv
169 Robespierre, M. de, zit. nach Taine, H., Die Entstehung des modernen Frankreich, a.a.O., Bd. 2, 3, S. 200
170 Mussolini, B., zit. nach Silone, I., La Scuola dei Dittatori, a.a.O.
174 Hitler, A., Mein Kampf, a.a.O., S. 629f.
175f. Dieckmann, W., Information oder Überredung, a.a.O.
176 Wallace, G., s. Spiegel-Archiv
Shakespeare, W., Julius Cäsar III 2; a.a.O., S. 152
177 Ebda. I 2, S. 119
179 Vgl. Wieland, Chr. M., Idris und Zenide 3, 10. Wieland-Werke, hrsg. von Fritz Martini und Hans Werner Seiffert, München 1964, Bd. 3
Kant, I., Über das vermeinte Recht, aus Menschenliebe zu lügen. Kants Werke, Akademie Textausgabe, Berlin 1968, Bd. VIII, S. 426 Anm.

180 Napoleon zit. nach Quentin, P., Politische Propaganda, Zürich 1946
Hitler, A., Mein Kampf, a.a.O., S. 198
181 Goebbels, J., zit. nach Stephan, W., Joseph Goebbels, Dämon einer Diktatur, Stuttgart 1949, S. 69
182 Höcherl, H., s. Spiegel-Archiv
185 Adenauer, K., s. Spiegel-Archiv
186 Guttenberg, K. Th. Frhr. von, s. Spiegel-Archiv
187 Kohl, H., s. Spiegel-Archiv
Brandt, W., s. Spiegel-Archiv
Schlamm, W. S., s. Spiegel-Archiv
188 Löwenthal, G., s. Spiegel-Archiv
Goebbels, J., zit. nach Stephan, W., Joseph Goebbels, a.a.O., S. 259
Mao Tse-tung, Das Rote Buch, a.a.O., S. 27
191 Naumann, Fr., s. Spiegel-Archiv
Adenauer, K., s. Spiegel-Archiv
192 Strauß, F. J., s. Spiegel-Archiv
LeBon, G., Psychologie der Massen, a.a.O., S. 30
193 Löwenthal, G., s. Spiegel-Archiv
194 Demosthenes, Rede über den Kranz § 273. Werke, a.a.O., Bd. 4, S. 470
199 Brecht, B., Hundert Gedichte, Berlin 1958, S. 251
200 Goebbels, J., zit. nach Stephan, W., Joseph Goebbels, a.a.O., S. 72
207 Hitler, A., zit. nach Dieckmann, W., Information oder Überredung, a.a.O.
213 Habe, H., s. Spiegel-Archiv
213 Hitler, A., Zitat aus: Picker, Henry, Hitlers Tischgespräche im Führerhauptquartier, 1941–42, Bonn 1951, S. 270
219 Goebbels, J., zit. nach Stephan, W., Joseph Goebbels, a.a.O., S. 56
220 Poujade, P., s. Spiegel-Archiv
Churchill, W., zit. nach Hughes, E., Churchill, a.a.O., S. 54
Adenauer, K., s. Spiegel-Archiv
221 Bismarck, O. von, Politische Reden, a.a.O., Bd. VI, S. 222
221 ff. Adenauer, K., s. Spiegel-Archiv
225 Cicero b. Plutarch, Große Griechen und Römer, Cic. 27,3
225 f. Demosthenes, Rede über den Kranz § 245, Werke, a.a.O., Bd. 4, S. 466
227 Adenauer, K., s. Spiegel-Archiv

228 Caesar, Zitat »Aquila« aus: Bychowski, G., Diktatoren, a.a.O., S. 23
Bismarck, O. von, Politische Reden, a.a.O., Bd. I, S. 34
229 Hitler, A., zit. nach Dieckmann, W., Information oder Überredung, a.a.O.
Strauß, F. J., s. Spiegel-Archiv
Brandt, W., s. Spiegel-Archiv
231 Strauß, F. J., s. Spiegel-Archiv
233 Napoleon, vgl. Taine, H., Die Entstehung des modernen Frankreich, a.a.O., Bd. 3, 1, 2, S. 1ff.
234 Schlamm, W. S., s. Spiegel-Archiv
Seebohm, H. Chr., s. Spiegel-Archiv
Baseler Nationalzeitung 1961, s. Spiegel-Archiv
236 Aufruf der Christl. Soz. Partei 1903 aus: Anschläge, politische Plakate in Deutschland 1900–1970, München 1972
237 Notbund 1919, ebda.
238 »Bürgerinitiative Schalke« 1972, s. Spiegel-Archiv
239 CDU-»Rednerdienst« 1953, s. Spiegel-Archiv
240 Dregger, A., s. Spiegel-Archiv
Katholischer Pressebund e. V., s. Spiegel-Archiv
Strauß, F. J., s. Spiegel-Archiv
241 Schnitzler, K. E. von, s. Spiegel-Archiv
247 Marcuse, H., Psychoanalyse und Politik, Frankfurt/M.–Wien 1968, S. 63
248 Ebda., S. 63
249 Marcuse, H., s. Spiegel-Archiv
250 Schelling, F. von, Werke hrsg. von Manfred Schröter, München 1959, Bd. V, S. 62–70
252 Domizlaff, H., Die Gewinnung des öffentlichen Vertrauens, Hamburg 1951 (1939), S. 141
Wilhelm II., Reden, a.a.O., Bd. 1, S. 303
253 Bismarck, O. von, Politische Reden, a.a.O., Bd. VII, S. 378
254 Robespierre, M. de, zit. nach Taine, H., Die Entstehung des modernen Frankreich, a.a.O., Bd. 2, 3, S. 197
Bychowski, G., Diktatoren, a.a.O., S. 107
255 Kiesinger, K. G., s. Spiegel-Archiv
Franco, F., s. Spiegel-Archiv
256 Schmidt, H., s. Spiegel-Archiv
256f. Saint-Just, L. A., vgl. Taine, H., Die Entstehung des modernen Frankreich, a.a.O., Bd. 2, 3, S. 237ff.
257 Goebbels, J., s. Spiegel-Archiv

257 »Der Angriff« 1933, s. Spiegel-Archiv
262 Vgl. Cicero, M. T., Sämtl. Reden, übers. von Manfred Fuhrmann, Zürich u. Stuttgart 1970
Vergil, Aeneis VI 851–853. Vergil, Sämtl. Werke, hrsg. von Joh. u. Maria Götte, München 1972, S. 244
264 LeBon, G., Psychologie der Massen, a.a.O., S. 31
265 Robespierre, M. de, zit. nach Bychowski, G., Diktatoren, a.a.O., S. 102
265 Vgl. Mao Tse-tung, Ausgewählte Schriften, a.a.O.
Kohl, H., s. Spiegel-Archiv
Stalin, J., s. Spiegel-Archiv
266 Gaius Gracchus b. Aulus Gellius, Noctes Atticae IX 14 u. XI 10., übers. von Fritz Weiss, Darmstadt 1965, 2. Bd., S. 32 u. S. 112
266f. Adenauer, K., s. Spiegel-Archiv
267 Brandt, W., s. Spiegel-Archiv
Carter, J., s. »Playboy«-Magazin, November 1976, S. 63–86
268 Brandt, W., s. Spiegel-Archiv
270 de Gaulle, Ch., s. Spiegel-Archiv
271 Caesar zit. nach Bychowski, G., Diktatoren, a.a.O., S. 21
272 Goebbels, J., zit. nach Sturminger, A. 3000 Jahre Politische Propaganda, Wien–München 1960
273 LeBon, G., Psychologie der Massen, a.a.O., S. 79
274 Nikolussi, A., Aus der Werkstatt des Predigers, Innsbruck, Wien, München 1937 passim
276 Rosenberg, Alfred, Mythus des 20. Jahrhunderts, München 1941, S. 116
276ff. Adamer, P., Predigtkunde, Mainz 1953, passim
278f. Berthold von Regensburgs Deutsche Predigten, übertr. von Otto-Heinrich Brandt, Jena 1924, S. 52
280 Friedrich II., Zitat aus: Politische Korrespondenz, Hrsg. Richard Coser, Berlin o. J.
280f. Demosthenes II., Olynthische Rede § 24. Werke, a.a.O., 1881 Bd. 1, übers. von L. Döderlein, S. 101
281 Franco, F., s. Spiegel-Archiv
281f. Bismarck, O. von, Politische Reden, a.a.O., Bd. XII, S. 456 u. 477
283f. Wilhelm II., Reden, a.a.O., Bd. 2, S. 213–218
284f. Mitscherlich, A. u. M., Die Unfähigkeit zu trauern, a.a.O., S. 301
285 Carter, J., vgl. »Playboy« Magazin, Nov. 1976, S. 63–86

286 Napoleon I., zit. nach LeBon, G., Psychologie der Massen, a.a.O., S. 47

286f. Gladstone, W., vgl. Somervell, D. C., Disraeli and Gladstone, a.a.O.

291 Holzschuher, L. von, Praktische Psychologie, Seebruck am Chiemsee 1949, S. 150

Personenregister